La dette publique : monétisation, notation et restructuration

Collection « L'esprit économique »

fondée par Sophie Boutillier et Dimitri Uzunidis en 1996
dirigée par Sophie Boutillier, Blandine Laperche, Dimitri Uzunidis

Si l'apparence des choses se confondait avec leur réalité, toute réflexion, toute Science, toute recherche serait superflue. La collection « L'esprit économique » soulève le débat, textes et images à l'appui, sur la face cachée économique des faits sociaux : rapports de pouvoir, de production et d'échange, innovations organisationnelles, technologiques et financières, espaces globaux et microéconomiques de valorisation et de profit, pensées critiques et novatrices sur le monde en mouvement...
Ces ouvrages s'adressent aux étudiants, aux enseignants, aux chercheurs en sciences économiques, politiques, sociales, juridiques et de gestion, ainsi qu'aux experts d'entreprise et d'administration des institutions.

La collection est divisée en six séries :

Dans la série *Economie et Innovation* sont publiés des ouvrages d'économie industrielle, financière et du travail et de sociologie économique qui mettent l'accent sur les transformations économiques et sociales suite à l'introduction de nouvelles techniques et méthodes de production. L'innovation se confond avec la nouveauté marchande et touche le cœur même des rapports sociaux et de leurs représentations institutionnelles.

La série *Economie formelle* a pour objectif de promouvoir l'analyse des faits économiques contemporains en s'appuyant sur les approches critiques de l'économie telle qu'elle est enseignée et normalisée mondialement. Elle comprend des livres qui s'interrogent sur les choix des acteurs économiques dans une perspective macroéconomique, historique et prospective.

Dans la série *Le Monde en Question* sont publiés des ouvrages d'économie politique traitant des problèmes internationaux. Les économies nationales, le développement, les espaces élargis, ainsi que l'étude des ressorts fondamentaux de l'économie mondiale sont les sujets de prédilection dans le choix des publications.

La série *Krisis* a été créée pour faciliter la lecture historique des problèmes économiques et sociaux d'aujourd'hui liés aux métamorphoses de l'organisation industrielle et du travail. Elle comprend la réédition d'ouvrages anciens, de compilations de textes autour des mêmes questions et des ouvrages d'histoire de la pensée et des faits économiques.

La série *Clichés* a été créée pour fixer les impressions du monde économique. Les ouvrages contiennent photos et texte pour faire ressortir les caractéristiques d'une situation donnée. Le premier thème directeur est : mémoire et actualité du travail et de l'industrie ; le second : histoire et impacts économiques et sociaux des innovations.

La série *Cours Principaux* comprend des ouvrages simples, fondamentaux et/ou spécialisés qui s'adressent aux étudiants en licence et en master en économie, sociologie, droit, et gestion. Son principe de base est l'application du vieil adage chinois : « le plus long voyage commence par le premier pas ».

Éric Paget-Blanc,
Faouzi Souissi et Slim Souissi

La dette publique : monétisation, notation et restructuration

Préface de David Riley

L'Harmattan

5-7, rue de l'École-Polytechnique ; 75005 Paris

http://www.editions-harmattan.fr/

ISBN : 978-2-336-59349-4
EAN : 9782336593494

Sommaire

Préface

David Riley
Former Managing Director and Head of Sovereign & Supranational Ratings at Fitch Ratings

Cet ouvrage rappelle opportunément qu'une dette publique en constante augmentation ne peut croître indéfiniment. Les auteurs s'appuient sur l'histoire et les expériences internationales pour démontrer qu'à terme un niveau élevé et croissant d'endettement public conduit inévitablement à l'inflation, à l'instabilité politique, voire à des situations où les gouvernements choisissent de ne pas honorer leurs engagements – qu'il s'agisse des obligations explicites liées à la dette ou des promesses implicites qui fondent le contrat social entre l'État et les citoyens.

Il est important de noter qu'il ne s'agit pas d'un livre qui met simplement ou principalement en garde contre une crise budgétaire imminente, même s'il ne laisse guère de doute sur le caractère insoutenable de la trajectoire actuelle de la dette publique dans de nombreuses grandes économies développées. Les auteurs montrent que la dette publique constitue également un outil puissant et essentiel de gestion économique, en particulier face à des crises telles que les guerres et les pandémies, ainsi qu'un levier essentiel pour financer les infrastructures et les services publics fondamentaux en période de ralentissement économique ou lorsque les recettes fiscales sont faibles.

L'analyse présentée dans cet ouvrage souligne le fait que la dette publique est une construction à la fois politique et économique, qui évolue dans le temps, s'adapte aux changements de régimes monétaires, et reflète les priorités comme les contraintes des sociétés à différentes périodes de leur histoire. Le livre explore également la nature des notations de crédit souverain et des marchés obligataires, ainsi que l'évolution du rôle des banques centrales dans le financement des États et la gestion de leur dette.

Les auteurs allient la rigueur académique à l'expérience de terrain pour offrir une analyse objective, fondée empiriquement et nourrie par l'histoire économique et politique. L'ouvrage commence par les principes fondamentaux de la dette publique. Le chapitre 1 présente les principales définitions, classifications et méthodologies de mesure de la dette publique. Il montre que même la détermination de ce qui constitue la « dette publique » n'est pas simple. La transparence, la comparabilité entre les pays et le traitement des différents engagements, notamment les engagements de retraite de l'État, varient considérablement.

Le chapitre 2 élargit la réflexion à la dette contingente, des promesses qui n'apparaissent pas nécessairement dans les bilans officiels mais qui représentent néanmoins des risques budgétaires réels. Ce chapitre propose une analyse approfondie des passifs contingents des États dans plusieurs grandes économies, notamment en ce qui concerne les systèmes de retraite publics. Comme lors des précédentes crises financières, les interventions des gouvernements pour éviter un effondrement systémique du secteur bancaire ont entraîné une forte augmentation de la dette publique. Des garanties publiques aux systèmes de retraite non provisionnés, ces engagements mettent en évidence la nécessité de regarder au-delà des chiffres bruts de la dette.

Les auteurs proposent une vue d'ensemble de l'histoire et de l'évolution de la dette publique dans les grandes économies avancées. Le chapitre 3 explore les origines de l'endettement public lorsqu'il était le fait de souverains (d'où le terme de « dette souveraine »), comme le roi Édouard III d'Angleterre qui a emprunté aux familles de banquiers de Florence pour financer la guerre de Cent Ans avec la France, avant de faire défaut, provoquant une crise bancaire à l'échelle de l'Europe. Avec l'émergence des États-nations, l'instauration de systèmes fiscaux plus efficaces et la création progressive de banques centrales chargées à la fois de gérer la dette nationale et d'émettre la monnaie ont permis le développement des marchés de dette publique.

Le chapitre 4 poursuit cette analyse à partir du lendemain de la Première Guerre mondiale, en abordant le financement des conflits, la politique budgétaire keynésienne, la répression financière, l'essor des banques centrales indépendantes, et le retour de dettes publiques massives à partir des années 1980.

Le chapitre 5 se concentre sur les pays en voie de développement, où la dette publique revêt une nature différente. Pour de nombreux pays à revenu faible ou intermédiaire, la dette publique a contribué à financer le développement économique et social, mais elle a également pris beaucoup d'entre eux dans un « piège de la dette » dont ils ont eu du mal à sortir. Les vulnérabilités économiques et politiques structurelles, l'inadéquation entre la devise de financement et la devise des revenus, communément appelée en anglais « *Currency mismatch* », la dépendance à l'égard des créanciers extérieurs et le phénomène connu sous le nom de « péché originel » – l'incapacité d'emprunter dans sa propre monnaie – ont rendu ces pays particulièrement exposés aux crises de la dette souveraine.

Étant donné le rôle central de la politique monétaire dans les économies contemporaines, le chapitre 6 s'intéresse à la relation entre la création monétaire et la monétisation de la dette, c'est-à-dire la réduction de la valeur réelle de la dette publique par le biais de l'inflation et de la répression financière. Depuis la séparation orthodoxe entre les autorités fiscales et monétaires jusqu'à l'ère de l'assouplissement quantitatif, les auteurs examinent comment l'inflation, les taux d'intérêt et les bilans des banques centrales interagissent avec la dette publique et les prix des actifs.

Le chapitre 7 présente les créanciers – ceux qui financent les gouvernements et détiennent la dette publique. Il examine le rôle respectif des investisseurs nationaux et étrangers, des gestionnaires d'actifs institutionnels et des banques centrales, ainsi que l'influence de la structure des marchés sur les conditions d'emprunt des États.

Des charges d'endettement insoutenables, qui freinent l'investissement et la croissance économique en mobilisant une part croissante des dépenses publiques pour le service de la dette, conduisent souvent au défaut.

Le chapitre 8 traite du défaut et de la restructuration de la dette publique. Il propose une typologie des défauts souverains et une analyse des précédents historiques. Il évalue également le rôle des institutions multilatérales telles que le Fonds monétaire international (FMI) dans la gestion des crises et la renégociation de la dette. Il analyse enfin les conséquences des défauts et des restructurations de la dette publique.

Les derniers chapitres analytiques sont consacrés au rôle des notations de crédit internationales dans l'évaluation de la soutenabilité de la dette publique et à leur impact sur le coût et l'accessibilité de l'endettement pour les gouvernements. Le chapitre 9 examine la manière dont les investisseurs et les marchés obligataires réagissent aux notations souveraines, ainsi que leur rôle dans les crises financières récentes, notamment la crise de la dette souveraine dans la zone euro.

Le chapitre 10 vient compléter cette analyse en se concentrant sur le fonctionnement même des notations souveraines : comment elles sont produites, comment les agences évaluent le risque de crédit des États, et comment la régulation des agences de notation a évolué en réponse à leurs échecs réels ou perçus.

Tout au long de l'ouvrage, les auteurs ont recherché la clarté, l'accessibilité et la rigueur. Une certaine familiarité avec la macroéconomie et les finances publiques sera utile au lecteur, mais aucune expertise spécialisée n'est requise. Des graphiques et tableaux viennent illustrer les points essentiels, et des exemples historiques permettent de replacer les concepts abstraits dans leur contexte. Cet ouvrage s'adresse ainsi à un large public : étudiants, chercheurs, décideurs publics, ainsi que lecteurs curieux souhaitant dépasser les slogans et les formules toutes faites pour mieux comprendre le rôle et les implications de l'endettement public.

En définitive, la dette publique n'est pas qu'un simple « instrument financier » : elle reflète des choix collectifs et politiques historiques sur le rôle de l'État, sur qui doit payer, quand et pour quoi. Comprendre l'évolution et la nature de l'endettement public, dans toute sa complexité, est essentiel pour nourrir un débat éclairé sur la soutenabilité des finances publiques et éviter de reproduire les erreurs à l'origine des crises passées.

Introduction

La dette publique mondiale a atteint des proportions inédites, du moins en temps de paix. Le pays le plus endetté au monde, les États-Unis d'Amérique (USA), affiche une dette publique de 36 214 milliards de dollars américains (USD) en avril 2025, soit 125 % de la production annuelle du pays, mesurée par le produit intérieur brut (PIB). Cela représente 42 % de la dette publique totale mondiale. Les pays membres de la zone euro affichent, quant à eux, un endettement moyen équivalant à 88 % de leur PIB, alors que la limite maximale d'endettement public, fixée à 60 % du PIB par le traité de Maastricht, n'est respectée par aucun des grands pays de la zone (France, Allemagne, Italie, Espagne). En Europe, seuls les pays nordiques (Danemark, Suède) et certains pays d'Europe de l'Est (Estonie, Bulgarie, etc.), ainsi que le Luxembourg et la Suisse, parviennent à maîtriser leur endettement.

En France, la dette publique a atteint 3 346 milliards d'euros, soit 114 % du PIB à la fin du premier trimestre 2025, ce qui place le pays au troisième rang européen, derrière la Grèce et l'Italie. L'État semble incapable d'enrayer la progression de sa dette, qui devrait continuer d'augmenter dans les années à venir. Le bilan que publie l'État français en comptabilité patrimoniale (ou Compte général de l'État) fait apparaître une situation nette négative de 1 987 milliards d'euros à fin 2024 ; ce montant représente la somme qui resterait due par l'État à ses créanciers si son patrimoine était liquidé pour rembourser ses dettes. Une entreprise présentant un tel bilan aurait déjà été placée en faillite. Pire encore, l'État a contracté des engagements hors bilan d'un montant de 3 862 milliards d'euros. Si certains de ces engagements ne sont exigibles que dans des circonstances spécifiques, telles que les garanties, d'autres présentent toutes les caractéristiques d'une dette. C'est notamment le cas des engagements de retraite des fonctionnaires dans les pays ayant opté pour des régimes par répartition, dont la France, pour laquelle ils s'élèvent à 1 641 milliards d'euros fin 2024. Le paiement des pensions des fonctionnaires constitue une ponction sur le budget que nous estimons à 20 % des recettes de l'État en 2024 – un chiffre appelé à croître dans les années à venir et qui, combiné aux autres dépenses sociales, les plus élevées du monde relativement au PIB, rend quasi impossible le rétablissement d'un équilibre budgétaire.

Pourtant, comme dans d'autres pays riches – nous retiendrons le terme de 'pays avancés' dans le reste de l'ouvrage – très endettés, le Trésor français n'éprouve aucune difficulté à emprunter ; il en est de même du Trésor américain. Le taux d'intérêt que l'État français verse aux acheteurs de titres de dette a certes augmenté par rapport au taux allemand, signalant l'inquiétude des investisseurs, mais les créanciers ne semblent pas nourrir de crainte majeure quant à sa capacité de remboursement, comme l'indique la note encore élevée accordée par les agences de notation, organismes chargés d'évaluer la solvabilité des États. Il semble que, contrairement à certains pays européens tels que le Portugal, qui sont parvenus à réduire leur dette publique depuis la crise financière de 2008, la France et les États-Unis se soient engagés dans une fuite en avant alimentant les débats sur leur capacité, mais aussi sur leur volonté, de rembourser un jour leurs créanciers.

En revanche, les pays en développement (PVD), bien que moins endettés que les pays avancés, éprouvent davantage de difficultés à rembourser leur dette. Ils doivent s'acquitter de taux d'intérêt plus élevés sur les marchés, ce qui a conduit nombre d'entre eux à faire défaut sur la dette due à leurs créanciers étrangers.

Ces constats soulèvent plusieurs questions. Comment des États surendettés tels que la France ou les États-Unis peuvent-ils continuer à s'endetter sans difficulté apparente ? Comment pourront-ils se débarrasser un jour de ce fardeau ? Et qu'adviendra-t-il des créanciers et du capital qu'ils ont prêté ? Pour quelles raisons les PVD sont-ils traités différemment ? Ces interrogations constituent le fil directeur du présent ouvrage. Nous y apporterons des éléments de réponse en nous fondant davantage sur l'observation des marchés de capitaux et sur l'histoire que sur la théorie économique, en accordant une attention particulière à la question de l'endettement en devise, au statut de monnaie de réserve, ainsi qu'au rôle des agences de notation de crédit (ou financière).

Dans les pays avancés, contrairement à la majorité des PVD, l'État ne s'endette pas auprès des banques, mais par l'émission de titres sur les marchés financiers, désignés sous le nom de bons ou d'obligations du Trésor selon que leur maturité est courte ou longue. Ces titres ne sont pas achetés par des particuliers, mais par des institutions financières – banques, sociétés de gestion collective, fonds de pension, compagnies d'assurance, notamment d'assurance-vie en France, etc. – qui gèrent l'essentiel de l'épargne des ménages de ces pays. Cependant, en France comme aux États-Unis, cette épargne ne suffit pas à financer la dette publique, et le Trésor doit se tourner vers les investisseurs étrangers, qui détiennent actuellement 55 % des titres de dette publique française.

Une part importante de ces investisseurs étrangers sont des banques centrales qui, en raison du statut de monnaie de réserve des devises des principaux pays avancés – en particulier le dollar et l'euro – doivent investir leurs réserves de change dans des actifs théoriquement sans risque libellés dans ces monnaies. Elles n'ont d'autre choix que d'acheter des bons et obligations du Trésor américain et, dans une moindre mesure, français, allemand, japonais, ou britannique. Ce système, mis en place en 1944 lors des

Accords de Bretton Woods, à une époque où les États-Unis étaient les créanciers du reste du monde, est aujourd'hui très contesté et touche à sa fin. En effet, il oblige les PVD à financer, par l'intermédiaire de leur banque centrale, les déficits des pays avancés à monnaie de réserve ; la Chine est ainsi devenue le premier créancier des États-Unis. Les banques centrales des pays riches ont, elles aussi, commencé à acheter, depuis 2009, des montants importants de titres de dette de leur propre État, afin de financer leur déficit budgétaire.

L'histoire économique apporte des éléments de réponse sur la manière dont les États surendettés ont traité ceux qui les ont financés. Les épisodes de surendettement des États riches et puissants se sont souvent soldés par une fin douloureuse pour les créanciers. Ainsi, le roi de France Philippe le Bel, afin de se débarrasser de la dette du Trésor, se débarrassa de ses créanciers : il saisit les biens de l'Ordre du Temple – dont le grand maître finit sur le bûcher –, spolia les banquiers lombards et expulsa les juifs du royaume. Dans certains cas, l'État a annulé le paiement de tout ou partie de sa dette : c'est ce qu'on appelle un défaut. Il peut prendre la forme d'une répudiation pure et simple, comme ce fut le cas de la Russie en 1917, ou d'une renégociation des conditions de la dette (diminution du taux d'intérêt, rééchelonnement des échéances, abandon partiel du principal par les créanciers), que l'on désigne sous le terme de restructuration.

Dans d'autres cas, l'État a remboursé ses créanciers avec de la monnaie créée *ex nihilo*, sans contrepartie réelle ; ce procédé est connu sous le nom de monétisation. En France, sous la Révolution, l'État imprima en masse des billets gagés sur les biens de l'Église, les assignats, qui perdirent en quelques années la quasi-totalité de leur valeur. La monétisation a pour effet de provoquer une augmentation générale des prix, qu'on désigne par inflation. En raison de celle-ci, le capital remboursé aux créanciers sur les dettes anciennes, à moins d'être indexé sur les prix, voit son pouvoir d'achat s'éroder très rapidement et ne représente, à l'échéance, qu'une faible part de sa valeur réelle initiale. C'est ce que Keynes qualifiait d'« euthanasie des rentiers ». Ainsi, lorsque l'État allemand fit un usage massif de la planche à billets entre 1922 et 1924, l'inflation atteignit plusieurs milliers de pourcents : les rentiers furent ruinés, mais la dette remboursée… en « monnaie de singe », selon l'expression familière.

L'histoire montre que seul un épisode prolongé de forte croissance économique peut permettre à un État surendetté de rembourser ses créanciers. Ce fut le cas du Royaume-Uni et de la France au XIXe siècle. Mais le contexte de cette période, où se conjuguaient croissance rapide de l'industrie et orthodoxie budgétaire, fut exceptionnel et n'a pratiquement aucune chance de se reproduire dans un futur proche, du moins dans les pays avancés. Dans les rares cas où un gouvernement a eu recours à une augmentation brutale des impôts pour résoudre une crise de surendettement, cela a entraîné une baisse du pouvoir d'achat, provoquant des troubles politiques : les révolutions française de 1789 et russe de 1917 ont toutes deux éclaté dans un contexte de surendettement et de hausse des impôts.

Comme le montre l'histoire des pays avancés, la résolution des situations de surendettement de l'État tourne généralement en faveur du souverain, du moins lorsque la dette est détenue par des créanciers domestiques. En effet, contrairement aux emprunteurs privés, l'État dispose de prérogatives qui lui permettent de contourner les lois applicables aux autres débiteurs ; c'est pour cette raison que les marchés désignent l'État sous le terme d'emprunteur souverain. Lors des épisodes de défaut ou de monétisation de la dette par un État politiquement puissant, comme ce fut le cas de la France de Philippe le Bel ou de la Convention, les créanciers n'ont pas eu d'autre choix que d'assumer leur perte, sans véritable recours possible.

Il n'en va pas de même lorsque l'État emprunte auprès de l'étranger. Tout devient alors une affaire de rapport de force entre l'État débiteur et ses créanciers. Ainsi, lorsqu'un État est militairement puissant, il peut spolier ses créanciers étrangers sans craindre que leur gouvernement n'engage un conflit armé, celui-ci pouvant s'avérer plus coûteux encore. Le cas de la répudiation de la dette russe par les bolcheviks en 1917 n'eut aucun effet direct sur l'économie nationale, mais les détenteurs étrangers de titres russes, pour la plupart français, perdirent la totalité de leur capital.

En revanche, un État militairement faible, lorsqu'il est surendetté vis-à-vis de l'étranger, doit accepter les conditions imposées par ses créanciers, de crainte de voir éclater un conflit armé. Ainsi, à la fin du XIXe siècle, le souverain d'Égypte accepta de céder aux deux superpuissances de l'époque, l'Angleterre et la France, le contrôle du canal de Suez afin de rembourser sa dette extérieure contractée auprès de banquiers anglais et français. De même, en 1825, le gouvernement haïtien, qui venait d'obtenir son indépendance, dut consentir à indemniser la France pour les terres que les anciens esclaves avaient prises aux colons, et contracta pour cela un emprunt dont le remboursement pesa lourdement sur les finances publiques. Les navires de guerre envoyés par le roi Charles X dans la baie de Port-au-Prince eurent, à cet égard, un effet persuasif indéniable.

La résolution du surendettement public, au XXIe siècle, repose sur les mêmes principes que ceux observés dans le passé, même le plus lointain. La différence réside, d'une part, dans l'origine de la dette publique actuelle, qui – à l'exception notable des États-Unis – provient non des dépenses militaires, mais des dépenses sociales, et, d'autre part, dans l'utilisation d'instruments de résolution plus sophistiqués.

Ainsi, dans les pays avancés, depuis 2009, le *quantitative easing* – que nous décrirons au chapitre 6 – a remplacé l'adjonction de plomb dans les pièces d'or, mais son objectif demeure le même : produire une monnaie dépréciée, sans véritable contrepartie, afin de rembourser la dette publique tout en maintenant, aussi longtemps que possible, la confiance des créanciers.

Jusqu'au jour où celle-ci disparaît complètement, et où des méthodes plus radicales sont employées.

Plutôt que de spolier brutalement les créanciers, les États des pays avancés contraignent les institutions financières, à travers des réglementations complaisantes, à conserver dans leur patrimoine des titres de dette publique. Ainsi, la réglementation Solvabilité II oblige les banques et les compagnies d'assurance à placer une part importante de leur trésorerie en bons du Trésor, censés présenter un risque quasi nul. En outre, les institutions financières sont incitées par l'État à proposer aux ménages des placements intégrant des titres publics, assortis, le cas échéant, d'avantages fiscaux destinés à les rendre attractifs, tels que les contrats d'assurance-vie. Or, la loi Sapin II de 2016 permet à l'État de suspendre les retraits sur certains produits d'épargne en cas de menace systémique, c'est-à-dire en cas de retraits massifs par les épargnants.

De même, le traitement de la dette des PVD due aux pays avancés a, sur le principe, peu évolué depuis le XIXe siècle et continue de reposer sur un rapport de force favorable à ces derniers. Les PVD doivent non seulement acheter des bons du Trésor américain et d'autres pays occidentaux pour placer leurs réserves de change, mais sont, pour la plupart, contraints de s'endetter en dollars ou en euros afin de financer une partie de leurs infrastructures et de leurs importations de matières premières. Or, l'endettement en devises étrangères expose ces pays à un risque de change important et ne peut être monétisé, leur banque centrale n'exerçant aucun contrôle sur cette monnaie. En cas de tension sur leurs réserves de change, ils n'ont d'autre choix que de restructurer leur dette en acceptant, comme l'Égypte en 1876 ou Haïti en 1825, les conditions imposées par les créanciers. La canonnière a été remplacée par des instances multilatérales moins brutales, telles que le FMI et le Club de Paris, mais poursuivant le même objectif : obtenir le remboursement de la dette due aux créanciers des pays avancés.

L'ouvrage revient tout d'abord en détail sur la définition de la dette publique, qui diffère selon les pays, principalement en raison des engagements hors bilan. Les engagements de retraite des fonctionnaires, en particulier, représentent des montants considérables et constituent un véritable frein à la restauration de l'équilibre budgétaire dans les pays ayant opté pour des systèmes de retraite par répartition.

Il retrace ensuite l'évolution de la dette publique du Moyen Âge à nos jours, en distinguant les pays avancés des PVD et en insistant sur les principaux épisodes de monétisation et de défaut. L'évolution, à travers les âges, des créanciers de l'État est également étudiée. Depuis la révolution libérale des années 1980, la dette des pays avancés est quasi entièrement détenue par des porteurs d'obligations. Cependant, face au surendettement des États, les banques centrales ont commencé, entre 2009 et 2012, à acheter des bons du Trésor, ce qui revient à leur demander de financer les déficits publics – une pratique interdite depuis les années 1970, car génératrice d'inflation et, par conséquent, de ruine des investisseurs. L'inflation a bien ressurgi, mais de manière différée et moins visible : elle s'est d'abord manifestée par une envolée des prix des actifs financiers, immobiliers et des matières premières, avant de se diffuser aux biens de consommation à partir de 2022.

Pour les PVD, la dette n'a cessé de croître depuis les indépendances acquises au milieu du XXe siècle. En raison de la faiblesse de leur épargne locale, la plupart de ces États – à l'exception notable de la Chine et de quelques autres pays d'Asie – ne peuvent se financer sur leurs marchés domestiques et doivent se tourner vers les créanciers occidentaux. Ils ont obtenu des financements à des conditions avantageuses de la part des pays avancés, qui leur prêtent directement ou par l'intermédiaire d'organismes supranationaux. Ils sont cependant soumis à des conditionnalités qui restreignent leur indépendance. Afin de se libérer de ces contraintes, nombre d'entre eux ont levé des fonds auprès de créanciers privés, d'abord auprès de banques commerciales, puis sur les marchés obligataires internationaux. Cela les place, de fait, sous le contrôle des agences de notation de crédit. Leurs notes fournissent une mesure du risque de défaut, déterminant le taux d'intérêt exigé par les investisseurs, lequel peut augmenter rapidement si les agences perçoivent une détérioration du risque. Si elles déclarent la dette en défaut, l'État perd alors l'accès au marché et risque même de voir ses actifs étrangers saisis, rompant ainsi avec la relative bienveillance des bailleurs de fonds publics.

En effet, dans un chapitre consacré aux restructurations de dette, nous montrons que les créanciers privés acceptent moins facilement que les bailleurs de fonds officiels de négocier avec un débiteur surendetté. Ces derniers, n'étant pas guidés par des objectifs de rentabilité, consentent plus volontiers à renégocier les conditions initiales de leurs prêts, à condition que ces négociations soient encadrées par des organes supranationaux tels que le Club de Paris et le Fonds monétaire international (FMI), qui joue un rôle de prêteur de devises en dernier ressort.

Contrairement à ce que s'imaginent les gouvernements de certains PVD, les financements obligataires internationaux sont eux aussi soumis à des conditionnalités. Celles-ci ne sont pas fixées par les bailleurs de fonds, mais, de manière indirecte, par les agences de notation, organismes privés demeurés, jusqu'à une période récente, faiblement réglementés. Elles s'appuient sur des critères que les États doivent respecter s'ils souhaitent éviter une dégradation de leur note, synonyme d'augmentation du coût de la dette, potentiellement insoutenable pour un pays en tension budgétaire. Même certains pays riches, aujourd'hui très endettés, demeurent attentifs aux changements de note.

Dans les deux derniers chapitres, nous avons tenté de démystifier les agences de notation et les critères qu'elles utilisent pour évaluer les émetteurs souverains. Elles demeurent incontournables pour les États souhaitant s'endetter sur les marchés. Naguère inconnues du grand public, les agences de notation ont acquis une notoriété et une influence auxquelles elles n'étaient pas préparées. Il a fallu attendre la faillite d'une entreprise américaine, Enron, en 2001, puis la crise des *subprimes* en 2008 pour que les gouvernements américains, puis européens, prennent conscience de leur influence et de la nécessité d'encadrer leur activité. L'une des premières mesures fut de les obliger à divulguer leurs méthodologies de notation.

Les notes attribuées aux États – ou notes souveraines – ont pour objectif d'évaluer la capacité d'un État à rembourser sa dette. L'analyse des agences s'appuie principalement sur les indicateurs d'endettement, d'équilibre budgétaire et de soldes des comptes courants, mais accorde également une importance à la stabilité politique et à la qualité de la gouvernance des pays. Les agences distinguent clairement la dette en devise étrangère de celle libellée en monnaie locale, qu'elles notent séparément. Elles accordent un poids prépondérant au statut de monnaie de réserve de la devise nationale, ce qui explique la note élevée d'États surendettés tels que les États-Unis ou la France. Leur approche apparaît donc cohérente avec la vision de l'endettement public que nous avons développée dans cet ouvrage.

Les agences ont cependant commis des erreurs concernant la notation des pays de la zone euro lors de la crise financière de 2009-2012. Elles n'ont pas anticipé le défaut de l'État grec, dont le montant demeure le plus élevé de l'histoire, et ont dû dégrader brutalement les notes de l'Espagne, du Portugal, de l'Irlande et de l'Italie. Il semble, en réalité, qu'elles n'aient pas su déterminer si la dette libellée en euros devait être traitée comme une dette en devise étrangère ou en monnaie locale.

Tout au long de l'ouvrage, nous reviendrons sur la situation de la France et, dans la conclusion, sur la résolution de la crise de surendettement à laquelle l'État est aujourd'hui confronté. Notre objectif n'est pas de prescrire des solutions, mais d'envisager les scénarios possibles à la lumière du passé et des spécificités de la crise actuelle.

Chapitre 1
Panorama de la dette publique

La dette publique désigne la dette contractée par l'État pour financer l'accumulation de déficits publics. Elle inclut la dette des administrations qui constitue l'État ainsi que les engagements qu'elles peuvent être amenées à assumer, ou dette contingente. La dette publique est qualifiée de souveraine par les agences de notation et les marchés, qui la distinguent ainsi de la dette émise par les entreprises.

Dans ce chapitre, nous présentons tout d'abord les différentes définitions de la dette publique et mettons en évidence les difficultés qu'ont les États et les institutions internationales pour en harmoniser la mesure. Quelles que soient les définitions retenues, il apparaît nécessaire de distinguer la dette financière émise par l'ensemble des administrations des dettes contingentes (ou hors bilan). Ces dernières seront traitées dans le chapitre suivant.

Dans un second temps, nous nous intéressons à la dynamique de la dette publique. Après avoir fourni un aperçu de l'évolution de la dette publique en France et dans le monde, nous mettons en évidence les facteurs qui entraînent sa progression, en particulier le déficit public et le solde de la balance des paiements courants. Nous présentons également les facteurs qui déterminent la soutenabilité de la dette.

Les développements techniques sont illustrés par l'analyse de la dette publique en France. Nous présentons également les chiffres de la dette pour un ensemble de pays permettant d'illustrer notre propos.

1. Comment mesurer la dette publique ?

La mesure de la dette publique se heurte aux différences de comptabilisation et de divulgation des données entre les pays. Si un consensus a été trouvé entre les États et les organisations internationales sur le périmètre de la dette publique, sa mesure se caractérise par une grande hétérogénéité, ce qui implique des difficultés de comparaison entre les pays.

1.1. Le consensus sur le périmètre de la dette publique

Un consensus sur le périmètre du secteur public a été établi par les pays avancés et les organisations internationales qui publient des statistiques sur les finances publiques, notamment le Fonds monétaire international (FMI[1]), l'Organisation de coopération et de développement économique (OCDE), la Banque mondiale et l'Union européenne (UE). La dette publique est constituée de la dette des administrations publiques[2], à laquelle on adjoint la dette des entreprises publiques et les autres engagements financiers de l'État, ou dette contingente (ou hors bilan). Cependant, comme nous le montrerons dans le chapitre 2, il n'est pas pertinent d'additionner dette des administrations et dette contingente.

Figure 1. La dette du secteur public et ses composantes

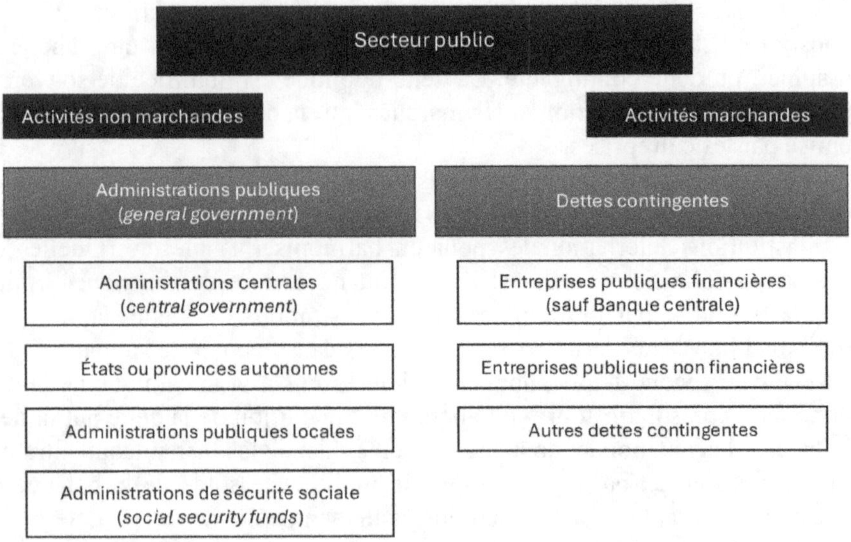

Source : FMI (2020) et auteurs

La dette des administrations publiques est la mesure la plus utilisée pour mesurer et comparer la dette publique, et ce tant par les institutions internationales que par les États eux-mêmes. À des fins de comparaison, elle est souvent présentée en pourcentage du produit intérieur brut (PIB), bien que,

[1] Créé en 1944, le FMI est une forme de caisse commune à laquelle les membres - la quasi-totalité des pays du monde - contribuent en fonction de leur niveau de richesse. Il joue pour eux un rôle de prêteur en dernier ressort. Il est représenté dans tous les pays membres, et l'article 4 de ses statuts l'autorise à mener et publier une analyse des comptes publics de chaque pays.

[2] *General government* dans la nomenclature du FMI. Le terme « administration » est la traduction française, dans ce contexte, du terme anglais « *government* ».

du point de vue analytique, ce ratio présente plusieurs inconvénients[3]. Des différences de mesure persistent entre les pays.

1.1.1. Les administrations publiques

Selon Fipeco[4] (2018) les administrations publiques (APU) comprennent l'État et les collectivités territoriales ainsi que les organismes disposant d'une comptabilité et d'une gestion autonomes et satisfaisant les deux critères suivants :

- Être contrôlés, directement ou indirectement, soit par l'État, soit par une ou plusieurs collectivités territoriales ;
- Avoir pour activité principale soit la production de biens ou services non marchands, soit la redistribution de revenus et patrimoines (ce qui conduit à intégrer les administrations de sécurité sociale).

Les biens et services non marchands ainsi que les activités de redistribution des administrations publiques sont financés principalement par des prélèvements obligatoires ou par des transferts en provenance d'autres administrations publiques.

Les APU ont quatre composantes principales : l'administration centrale (*central government*), les États et provinces autonomes (pour les pays constitués d'États ou de régions fédérées) ; les administrations locales, et les administrations de sécurité sociale.

1.1.2. Les entreprises publiques

Les entreprises publiques sont des entités exerçant une activité commerciale mais contrôlées majoritairement par l'État. On distingue les institutions financières (banques, assurances, etc.), des entreprises industrielles et commerciales et de la banque centrale. Cette dernière, bien que n'étant pas une administration, entre dans le périmètre de l'État ; c'est elle, et non le Trésor, qui est destinataire des prêts lorsqu'un pays fait appel au FMI.

Le critère de différenciation des entités publiques et privées est la nature marchande ou non de leur activité, ainsi que le niveau de contrôle exercé par l'État ; il se mesure par des critères tels que la détention de la majorité de son capital, le pouvoir de nomination de ses dirigeants, ou la dépendance financière vis-à-vis de l'État. En France, l'Insee retient la structure du compte d'exploitation, et plus particulièrement la part du coût de fonctionnement

---

[3] Les limites du ratio de dette/PIB seront traitées dans le chapitre portant sur la notation souveraine.

[4] Le site Fipeco a été créé par une association dirigée par François Ecalle, conseiller maître honoraire à la Cour des comptes, ancien rapporteur général du rapport de la Cour des comptes sur la situation et les perspectives des finances publiques. Son objet est de présenter, en toute indépendance, des informations et des analyses sur les finances publiques et l'économie, notamment par l'intermédiaire d'un site Internet à accès libre.

financé par des recettes marchandes, afin de décider si une entité est publique ou privée.

Comme le note Fipeco, les frontières entre les administrations et les entreprises publiques sont parfois incertaines. De plus, l'ampleur et les moyens d'intervention de l'État diffèrent selon les pays, certains souhaitant déléguer au secteur marchand des services (services de santé ou d'éducation, par exemple) qui sont assurés par l'administration dans d'autres. Les dépenses publiques, et en conséquence la dette publique, varient donc significativement d'un pays à l'autre.

Ainsi les dépenses publiques en France sont les secondes plus élevées au monde relativement au PIB (57 % en 2024). Cependant, le secteur public français prend en charge un plus grand nombre de services que les autres pays, notamment dans le domaine social (santé, retraite, chômage), où la France a les dépenses les plus élevées du monde. En contrepartie, les prélèvements obligatoires sont parmi les plus élevés du monde (43 % du PIB). Ceci n'est pas nécessairement un indicateur de mauvaise gestion des deniers publics, mais d'un plus grand effort de mutualisation des dépenses sociales et d'éducation.

1.2. La difficile comparaison de la dette publique entre pays

Outre les divergences induites par le périmètre du secteur public, des différences liées aux obligations en matière de divulgation et aux normes comptables utilisées peuvent biaiser les comparaisons d'indicateurs de dette publique entre les pays. Cependant, comme l'indiquent Lequiler et Blades (2014), ces divergences ne sont pas suffisantes pour fausser fondamentalement les comparaisons et les tendances de données de la dette des administrations publiques. De notre point de vue, la principale divergence provient de la dette contingente, qui sera traitée dans le chapitre 2.

1.2.1.Les différences d'obligation de divulgation

Contrairement aux entreprises, dont les comptes sont certifiés par un commissaire aux comptes, les États ne sont pas toujours tenus légalement de divulguer les chiffres sur leur dette. Selon une étude de Vasquez *et al.* (2024) portant sur soixante pays, seulement la moitié des États ont l'obligation légale de publier un rapport sur leur dette publique. Nombre de pays n'ont pas les moyens de procéder à un recensement exhaustif de la dette des différentes administrations composant l'État et des entreprises publiques[6]. Les pays avancés dans l'ensemble fournissent les informations requises concernant la dette ; ce n'est pas toujours le cas des PVD.

---

[6] Dans l'annexe de ses rapports « article 4 » sur la situation économique et financière des pays, le FMI indique le niveau d'information auquel il a eu accès, ce qui permet de mesurer les différences de qualité de l'information entre pays.

Tous les pays n'ont pas à leur disposition un organe de certification des comptes publics ; les pays avancés en ont généralement un – c'est le cas en France avec la Cour des comptes, qui peut émettre des réserves sur les comptes de l'État, mais n'a pas la possibilité de saisir la justice. En conséquence, pour nombre de pays, les analystes financiers (agences de notation, banques, fonds d'investissement, etc.) qui s'intéressent à la dette publique ne sont pas assurés que les chiffres publiés offrent une image fidèle de la réalité.

Ainsi, lors de la crise de la dette souveraine grecque qui s'est déclenchée en 2009, les analystes financiers ont découvert que la dette publique, contractée principalement auprès de créanciers privés, avait été sous-estimée à l'aide d'opérations de titrisation permettant de ne pas comptabiliser la dette de certaines entités publiques (cf. chapitres 4 et 10).

Ceci est particulièrement fréquent dans les PVD. Nombre d'entre eux ne publient que les données concernant la dette de l'administration centrale, et ne prennent pas en considération la dette des administrations locales et de sécurité sociale[7], qui ne possèdent souvent pas d'autonomie budgétaire. Les données sur les entreprises publiques ainsi que les autres dettes contingentes (ou hors bilan) ne sont pas toujours publiées dans ces pays.

Dans les pays avancés, outre les différences en matière de services assurés par le public, la principale difficulté tient aux différentes normes et méthodes comptables retenues par les États et les institutions internationales.

1.2.2. Comptabilité nationale vs comptabilité générale

Historiquement, les chiffres de la dette publique, comme les autres données de finances publiques (solde budgétaire, etc.) s'appuient sur ce qu'il est convenu de nommer la comptabilité nationale. Il s'agit d'une comptabilité budgétaire : les écritures comptables sont effectuées sur la base des revenus encaissés et des dépenses décaissées, et non sur les engagements, comme c'est le cas en comptabilité générale des entreprises[8]. La préparation et la présentation des comptes nationaux sont confiés à des instituts de statistique – en France, l'Institut national de la statistique et des études économiques (Insee). Les institutions internationales (ONU, OCDE, FMI) se fondent sur ces données pour calculer la dette publique des pays et les autres données – avec cependant des différences.

Depuis les années 2000, les pays avancés présentent également les comptes de l'État selon des normes relevant de la comptabilité générale, comparables à celle utilisée par les entreprises. Il s'agit d'une comptabilité patrimoniale, qui requiert que les recettes et les charges soient comptabilisées dès l'instant

[7] Cf. *infra* pour une définition de ces termes.

[8] Ainsi, le chiffre d'affaires d'une entreprise est calculé à partir des factures émises, dont de l'engagement des clients à payer, et non des sommes encaissées. En outre, les charges incluent des dotations aux amortissements et provisions, qui ne sont pas décaissés.

où elles naissent, dans le compte de résultat. Elle requiert également la préparation d'un bilan de l'État, faisant apparaître les actifs (et leurs amortissements), les passifs, et la situation nette, ainsi qu'une annexe. Le référentiel utilisé par l'État français est présenté dans la partie suivante de ce chapitre.

Les référentiels de normes de comptabilité patrimoniale des États s'inspirent des normes publiées par l'*International Public Sector Accounting Standards Board.* Cet organisme international, s'inspirant de la démarche de l'*International Accounting Standard Board* (IASB), qui coordonne au niveau international les normes s'appliquant aux entreprises, a publié un ensemble de normes de comptabilité publique, les normes *International Public Standard Accounting System* (IPSAS). Elles sont cependant peu utilisées par les États.

Tous les pays ne présentent pas de comptes patrimoniaux. En fait, les organismes internationaux publiant des données de dette publique (FMI, etc) ont recours aux données issues de la comptabilité nationale, qui utilisent des comptes budgétaires, et non de la comptabilité générale.

1.2.3. Différence de méthode

Les données sur la dette les plus utilisées sont celles s'appuyant sur la comptabilité nationale, qui a l'avantage de proposer des séries historiques longues. Les mesures sont réalisées par les instituts nationaux de statistique, qui les transmettent aux organisations internationales. Ces mesures ne sont cependant pas parfaitement harmonisées entre les pays[9].

Il y a un consensus entre les organisations internationales et les instituts nationaux pour retenir, comme principale mesure, la dette consolidée des administrations en montant nominal brut. C'est l'approche retenue par les pays de la zone euro, dont la dette est calculée par Eurostat, l'institut statistique supranational européen, et par le FMI. Cependant, certains organismes publient, tels que l'OCDE, publient le montant non consolidé, c'est-à-dire sans éliminer les emprunts entre administrations du même pays. D'autres, tels que l'INSEE, publient également le montant net de la dette, en déduisant du montant brut les actifs financiers liquides des administrations. La figure ci-après fait apparaître les différentes mesures de la dette française produites par l'Insee, le FMI et l'OCDE.

---

[9] La difficulté à définir le périmètre de la dette publique a été relevée dans un rapport d'information du Sénat (Montgolfier, 2017).

Figure 2. Mesure de la dette publique française, fin 2023, selon ses différentes définitions, en % du PIB

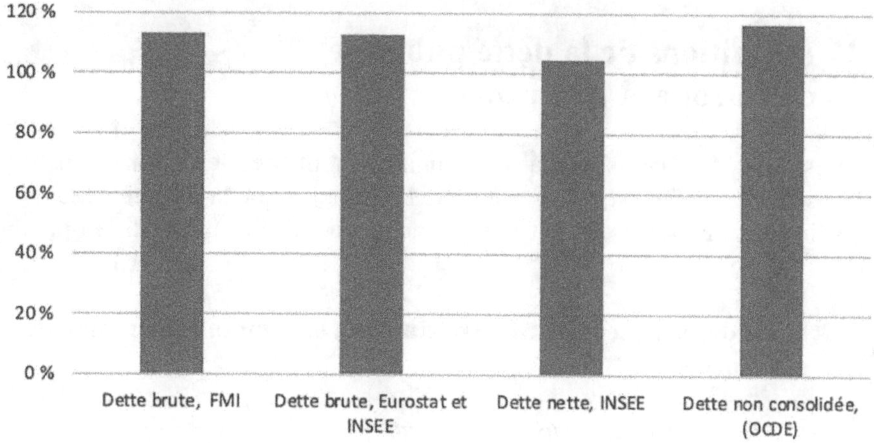

Source : FMI, INSEE, OCDE

Cependant, ces indicateurs de dette ne sont pas comparables entre tous les pays en raison de différences de méthodes concernant la comptabilisation des pensions de retraite dues aux fonctionnaires, qui peuvent induire des écarts significatifs – ce point sera traité dans le chapitre 2.

1.3. Vers une harmonisation internationale

Afin d'harmoniser les statistiques sur les finances publiques de l'ensemble des pays, les organisations internationales ont élaboré un système de normes de comptabilité nationale, le Système de comptabilité nationale (SCN), publié pour la première fois en 1953 par l'OCDE, puis régulièrement mis à jour. Sa dernière version, le SCN 2008, a été réalisé par la Banque mondiale, la Commission européenne, le FMI, l'OCDE et l'Organisation des Nations unies (ONU), et publié en 2013. Ces normes ne sont cependant pas coercitives, et les organismes internationaux ne peuvent pas empêcher les pays d'utiliser leurs propres méthodes. Seuls les pays européens ont établi un ensemble de normes, le Système européen des comptes (SEC, 2010), qui s'impose à ses pays membres.

S'appuyant sur les normes du SCN, le FMI retient une définition où la dette est présentée en valeur brute et consolidée pour l'ensemble des administrations. Cependant, à la différence du SEC, il inclut les engagements de retraite dans la dette, ce qui pose un problème de comparabilité. Afin d'y répondre, il précise, dans ses publications, les instruments et le périmètre que les données de dette couvrent. Les statistiques et les rapports du FMI constituent selon nous la meilleure source de données harmonisées sur les comptes publics, à condition cependant de prendre en considération les différences qui demeurent[10], en particulier la comptabilisation des retraites.

2. Définitions de la dette publique en Europe et en France

Les pays de l'UE sont dans l'obligation d'utiliser les normes du SEC depuis 2014. Les investisseurs ont donc l'assurance que la mesure de la dette au sein des pays de l'UE est homogène ; elle est de plus certifiée par un organisme certificateur.

2.1. La dette au sens de Maastricht et de la comptabilité nationale française

2.1.1. La dette au sens de Maastricht

La mesure de la dette suivant les normes du SEC, ou dette au sens de Maastricht, est définie par l'article 126 du traité de Maastricht utilisé pour calculer les limites (théoriques) d'endettement des pays de la zone euro[11]. Elle est calculée par les instituts nationaux de statistique des pays (Insee en France) puis revue par Eurostat. Si des divergences peuvent apparaître, une discussion s'engage entre Eurostat et les instituts nationaux de statistiques, mais, *in fine*, c'est la mesure d'Eurostat qui s'impose. La dette des pays de l'UE au sens de Maastricht est notifiée deux fois par an à la Commission européenne par Eurostat. Celui-ci publie les données de la dette des pays membres de l'UE sur une base trimestrielle.

Le périmètre de la dette au sens de Maastricht ainsi que les instruments couverts correspondent à ceux proposés par l'OCDE et le FMI. Elle présente cependant des différences, notamment pour la comptabilisation des engagements de retraite (cf. chapitre 2). Le mode de calcul est fondé sur les mêmes principes, à savoir, comme le rappelle l'Insee (2016) :

- La dette est évaluée en valeur nominale, qui est la valeur de remboursement du principal, et non en valeur de marché ;
- Les variations des cours des titres de dette émis n'ont aucun effet sur l'encours de dette, alors que la réévaluation de la valeur de remboursement des titres indexés sur l'inflation est prise en compte ;
- Elle n'inclut ni les intérêts courus non échus ni les produits financiers dérivés ;

---

[10] Voir l'analyse de Vasquez *et al.* (2024) ainsi que celle proposée par Irwin (2015).

[11] Selon les critères de convergence définis dans le traité de Maastricht, le ratio de dette publique rapportée au PIB d'un pays signataire ne doit pas excéder 60 %. À ce jour, la quasi-totalité des États de la zone euro ne respectent pas cette limite.

- Elle est mesurée en valeur brute : on ne déduit pas de la dette les actifs financiers (titres, dépôts bancaires…) des administrations publiques ;
- Elle est consolidée : les éléments de dette d'une administration détenus par une autre administration sont donc exclus du calcul de la dette.

2.1.2. La dette au sens de la comptabilité nationale française

Comme mentionné précédemment, la France publie les comptes de l'État en comptabilité générale (patrimoniale), dont le périmètre ne comprend que l'administration centrale, et en comptabilité nationale (budgétaire). Celle-ci couvre l'ensemble des administrations publiques. Les comptes publics sont révisés par la Cour des comptes, qui peut émettre des réserves, comme cela a été le cas sur les comptes 2022 (Cour des comptes, 2023). À la différence du FMI et du SEC, la définition de l'Insee comprend trois – et non quatre – composantes principales. En effet, la France n'est pas constituée d'une fédération d'États (tels que les *Länder* en Allemagne) ou de régions autonomes, telles qu'en Espagne :

- **La dette des administrations centrales (APUC).** S'y rattachent les comptes spéciaux du Trésor et les budgets annexes. La dette des organismes divers d'administration centrale (ODAC), qui regroupent les établissements de statut public ou privé, dont notamment le Centre national de la recherche scientifique (CNRS), et le Commissariat à l'énergie atomique (CEA), les grandes écoles, les universités, etc. Ces établissements sont contrôlés par l'État qui leur fournit l'essentiel de leurs ressources. La dette des ODAC correspond donc aux agences, au sens américain du terme, et est équivalente à la dette extra-budgétaire proposée par le FMI. La dette des APUC et des ODAC correspond, malgré certaines différences mineures, au périmètre du *central government debt* du FMI.
- **La dette des administrations publiques locales (APUL).** Ce terme désigne les organismes ayant une compétence géographique limitée : collectivités locales (régions, départements et communes), établissements publics locaux, les organismes consulaires, les caisses des écoles, et tous les organismes publics ou parapublics financés majoritairement par les collectivités locales. Leurs ressources proviennent essentiellement d'impôts et de taxes ; ils correspondent à la *local government debt* dans la classification du FMI.
- **La dette des administrations de sécurité sociale (ASSO)** couvre l'ensemble des régimes obligatoires de sécurité sociale (régimes généraux, régimes d'assurance chômage, régimes complémentaires de retraite et régimes de prévoyance, régimes indépendants et agricoles, régimes spéciaux de salariés). Le financement est géré par deux organismes, l'Agence centrale des organismes de sécurité sociale (ACOSS) et la Caisse d'amortissement de la dette sociale (CADES). Les ressources proviennent de prélèvements obligatoires à savoir les charges sociales salariales et patronales et des

professions indépendantes, de dotations de l'administration centrale, et d'emprunts.

Figure 3. France, composantes de la dette des administrations publiques, 1978 *vs* 2023

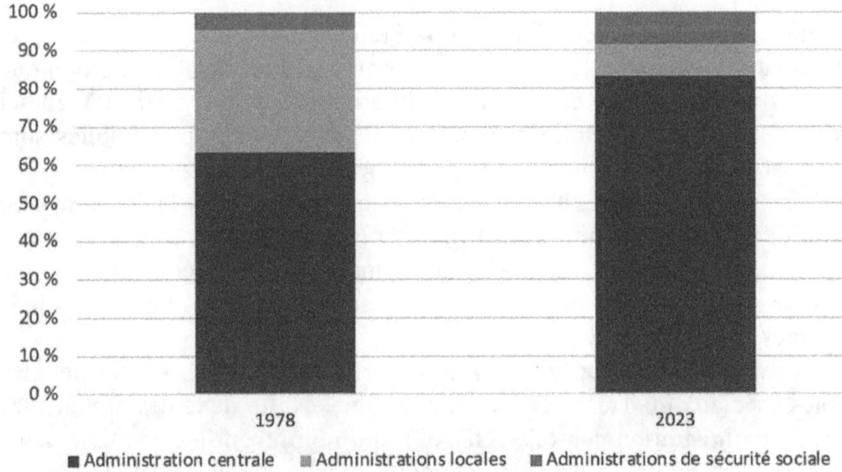

Source : Insee

2.2. La dette au sens de la comptabilité générale française

En France, la Loi organique relative aux lois de finances (LOLF), entrée en vigueur en 2006, rend obligatoire la publication de comptes de l'État fondés sur l'approche patrimoniale, comprenant un compte de résultat, un bilan et une annexe. Le Compte général de l'État (CGE) est préparé par le ministère chargé du Budget et des Comptes publics, et non par l'Insee. Les normes utilisées sont précisées dans le Recueil national des comptes de l'État (Conseil de normalisation des comptes publics, 2024).

Le bilan du CGE présente de manière exhaustive les actifs et les passifs de l'État ; il se limite au périmètre des administrations centrales (hors ODAC). Une présentation simplifiée extraite du CGE 2023 en est fournie dans le tableau 1. Le montant de la dette financière s'élève à 2,476 Md d'euros en 2023, et diffère légèrement de celui présenté en comptabilité nationale (2,587 Md d'euros).

Tableau 1. France, Compte général de l'État,
2023 et 2006 (en Md d'euros)

	2006	**2023**
Immobilisations incorporelles	25,5	39,4
Immobilisations corporelles	232,1	593,1
Immobilisations financières	167,9	422,0
Total actif immobilisé	*425,5*	*1054,5*
Total actif circulant (hors trésorerie)	95,4	205,1
Trésorerie	17,1	34,9
Total actif	**538,0**	**1294,5**
Total dettes financières	893,9	2476,8
Total dettes non financières	92,8	283,2
Total provisions pour risques et charges	50,1	184,8
Autres passifs (hors trésorerie)	25,1	60,1
Trésorerie	69,3	164,6
Situation nette	-593,2	-1875
Total passif	**538,0**	**1294,5**

La situation nette est largement négative (-1,875 Md d'euros en 2023), et s'est considérablement dégradée depuis 2006 (-593,2 Md d'euros), en raison de la progression des dettes financières. Cependant, alors qu'une entreprise présentant une situation nette négative doit être placée en redressement judiciaire, tel n'est pas le cas pour l'État, auquel le droit des faillites ne s'applique pas.

Le CGE divulgue, dans l'annexe, les engagements hors bilan de l'État, qui ne sont pas disponibles en comptabilité nationale, et qui représentent des montants conséquents ; ils sont présentés dans le chapitre 2.

2.3. Répartition de la dette publique

Outre la répartition par administration, la dette publique peut être décomposée selon le pays de résidence et la nature des créanciers ou selon la devise de l'emprunt.

2.3.1. Répartition selon l'origine des créanciers

Lorsque les créanciers sont résidents du pays émetteur de dette, celle-ci est qualifiée d'intérieure ou domestique. Lorsque les créanciers sont résidents d'un pays tiers, la dette est dite extérieure. Une dette extérieure importante implique une dépendance de l'État vis-à-vis de l'étranger en matière de financement, ce qui n'est pas sans conséquence politique. En cas d'endettement excessif du pays débiteur, les créanciers peuvent demander à avoir un droit de regard sur la gestion de la dette, surtout s'il s'agit de créanciers officiels.

Dans les pays avancés et endettés, tels que la France ou les États-Unis, une part importante de la dette est détenue par des créanciers étrangers, où l'épargne domestique est insuffisante pour absorber la dette, mais la dette demeure en devise nationale (USD ou euros). En France, la dette due à des créanciers étrangers représente, en 2024, 54 % de la dette publique totale, ce qui est élevé par rapport aux autres pays avancés (voir analyse et tableau 3 dans la partie suivante).

2.3.2. Répartition selon la monnaie d'émission

La distinction entre dette en monnaie locale et en devises étrangères est essentielle, d'autant que la confusion avec la distinction dette extérieure et dette intérieure est courante. En France, comme dans la plupart des pays avancés et quelques PVD tels que la Chine, la quasi-totalité de la dette est libellée en monnaie locale. Une comparaison pour un échantillon de pays avancés et de PVD est présentée dans la figure 4.

Figure 4. Part de la dette publique libellée en devises étrangères, 2023

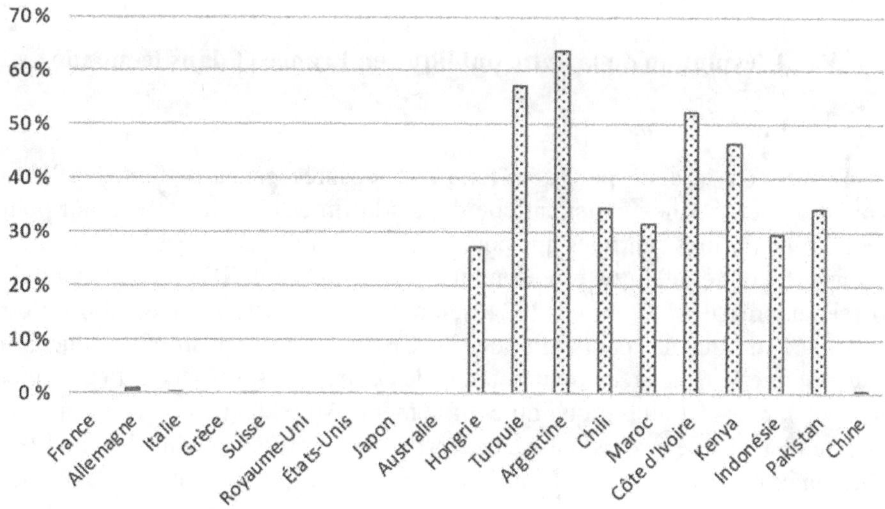

Note : Les histogrammes hachurés représentent les PVD, les pleins les pays avancés.
Source : Fitch Ratings, Global Sovereign Comparator

Les pays qui s'endettent en devise étrangère s'exposent à un risque de change, qui peut entraîner une augmentation du service de la dette[12] ou peser sur les réserves de change. Cela constitue une vulnérabilité majeure pour la plupart des PVD[13]. En revanche, la dette en monnaie locale peut être remboursée plus facilement par création monétaire. Ce point est essentiel pour comprendre la vulnérabilité des PVD et leur notation de crédit relativement faible ; nous y reviendrons dans les chapitres 5 et 10.

3. Dynamique de la dette publique

La dette publique globale connaît, depuis les années 1970, une progression rapide, qui s'est accélérée depuis la crise de 2008[14], tant en France que dans le reste du monde. Le principal émetteur de dette dans le monde sont les États-Unis, dont les émissions en 2025 (12 300 Md USD) devraient représenter 40 % du total mondial selon l'agence Standard & Poor's.

L'accroissement de la dette publique trouve sa source dans l'accumulation de déficits budgétaires des États. Il dépend également de facteurs externes tels

[12] Le service de la dette inclut les amortissements du principal et les intérêts périodiques (généralement annuels pour les États).
[13] Il sera discuté en détail dans le chapitre 5.
[14] Nous reviendrons en détail sur l'histoire de la dette publique dans les chapitres 3, 4 et 5.

que le taux de croissance du PIB et le niveau des taux d'intérêt, qui déterminent sa soutenabilité.

3.1. L'évolution de la dette publique en France et dans le monde

3.1.1. En France

En France, la dette publique, telle que mesurée par la dette des APU, a connu une croissance exponentielle depuis la fin des années 1970, tant pour les administrations centrales que pour les administrations locales et de sécurité sociale. La dette publique représentait environ 63 % du PIB en 2007 avant de passer à près de 113 % en 2024 selon le FMI. Cette augmentation s'est accélérée durant la pandémie de la Covid-19 en raison des dépenses exceptionnelles engagées pour soutenir les entreprises, préserver l'emploi et amortir l'impact économique du confinement. Ainsi, la pandémie a renforcé des tendances déjà existantes, exacerbant les pressions sur les budgets nationaux et générant des niveaux d'endettement historiquement élevés. La dette de l'administration centrale a joué un rôle moteur dans cette progression, passant de 47 milliards à 2 697 milliards d'euros entre 1978 et 2024 selon l'Insee.

Figure 5. France : dette publique, 1978-2024, en milliards d'euros

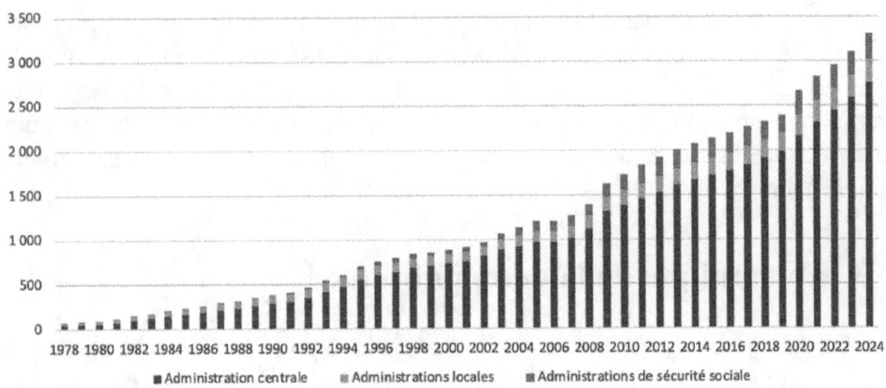

Source : Insee

3.1.2. Dans les pays avancés

Ce phénomène n'est pas propre à la France ; l'ensemble des pays avancés a connu une forte croissance de la dette publique depuis la fin des années 1970, et plus particulièrement au cours des deux dernières décennies. Elle est passée, en moyenne, de 70,1 % du PIB en 2001 à 108,5 % en 2024 (cf. annexe 1).

Figure 6. Pays avancés : dette publique (APU), en % du PIB, 2001 et 2023

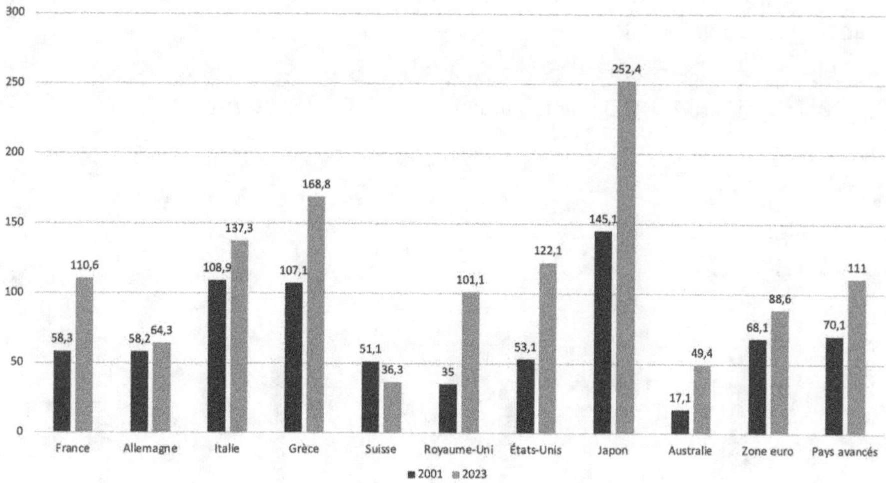

Source : FMI, World Economic Outlook (octobre 2024)

Ces déficits ont longtemps été soutenables, l'épargne importante des pays avancés permettant de répondre aux émissions de dette des États. Cependant, une caractéristique distinctive des pays avancés est leur capacité à émettre une part importante de leur dette en devise nationale auprès de créanciers étrangers, dont de nombreux PVD, qui doivent assumer le risque de change. Cette situation sera examinée en détail dans le chapitre 5.

Ainsi, la totalité de la dette des États-Unis, de la Suisse ou du Japon, bien que détenue en grande partie par des créanciers étrangers, est émise dans la devise de ces pays ; de même pour la France et l'Allemagne, la part de la dette en devise est marginale.

3.1.3. Dans les PVD

En revanche, dans la plupart des PVD, la part de la dette contractée en devise étrangère est élevée (cf. figure 4), car nombre de ces pays ont besoin de devises convertibles pour acheter des biens à l'étranger ; une part importante est donc contractée en dollars ou dans d'autres devises « fortes » (cf. chapitre 5). Notons que la Chine, ainsi que d'autres pays d'Asie du Sud, ont très peu de dette en devises, ce qui les distinguent des autres PVD. Cette dépendance accroît leur vulnérabilité face aux fluctuations des taux de change (cf. chapitre 5). En conséquence, les pays émergents subissent fréquemment une hausse brutale de leur dette en cas de dévaluation.

La dette des PVD a progressé moins rapidement que celle des pays avancés : elle a augmenté de vingt points de PIB entre 2001 et 2023, contre près de 40 pour les pays avancés (cf. chapitre 5). En outre, elle est moins élevée que celle des pays avancés. En 2024, elle s'élevait, pour l'ensemble des PVD, à 68,5 %, soit un niveau très largement inférieur à celui des pays avancés (cf. chapitre 5).

Figure 7. PVD : dette publique, en % du PIB, 2001 et 2023

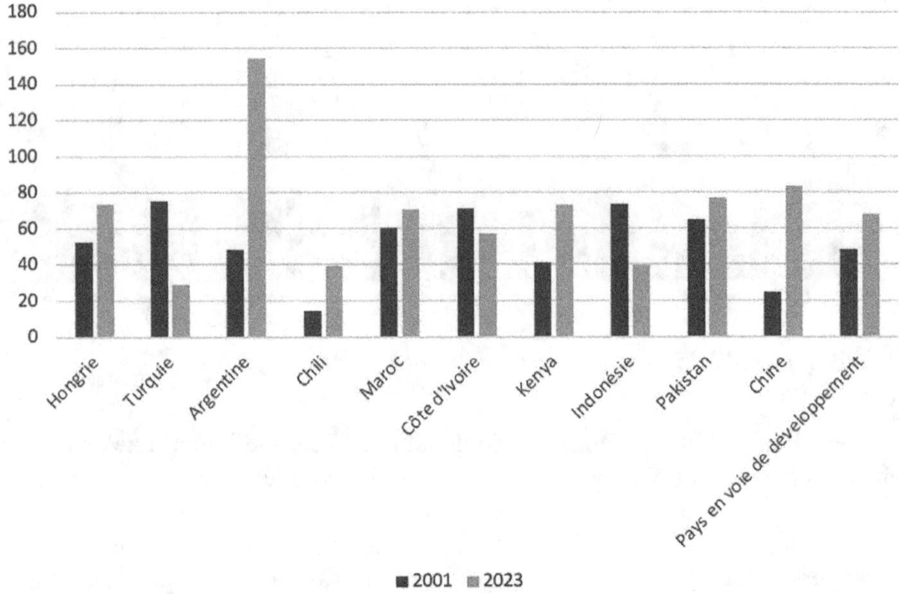

Source : FMI, World Economic Outlook (octobre 2024)

3.2. Coût de la dette

En conséquence, bien que les PVD soient, globalement, moins endettés que les pays avancés, ils présentent plus de risque aux yeux des créanciers, et, de ce fait, doivent s'acquitter d'intérêts plus élevés. Le risque de crédit se matérialise par une marge (ou *spread*[15]) appliquée aux taux d'intérêt du marché (cf. chapitre 9). La figure ci-dessous fait apparaître la charge d'intérêt[16] des États en pourcentage de leurs revenus consolidés.

[15] La relation entre le *spread* et le risque de crédit sera analysée dans le chapitre 9.

[16] Les données présentées dans cette section sont obtenues à partir du taux d'intérêt nominal. Le coût de la dette peut également se calculer par le taux actuariel brut, qui intègre les éventuelles primes d'émission et de remboursement.

Figure 8. Charge d'intérêt en % des revenus de l'État, comparaison par pays, 2023

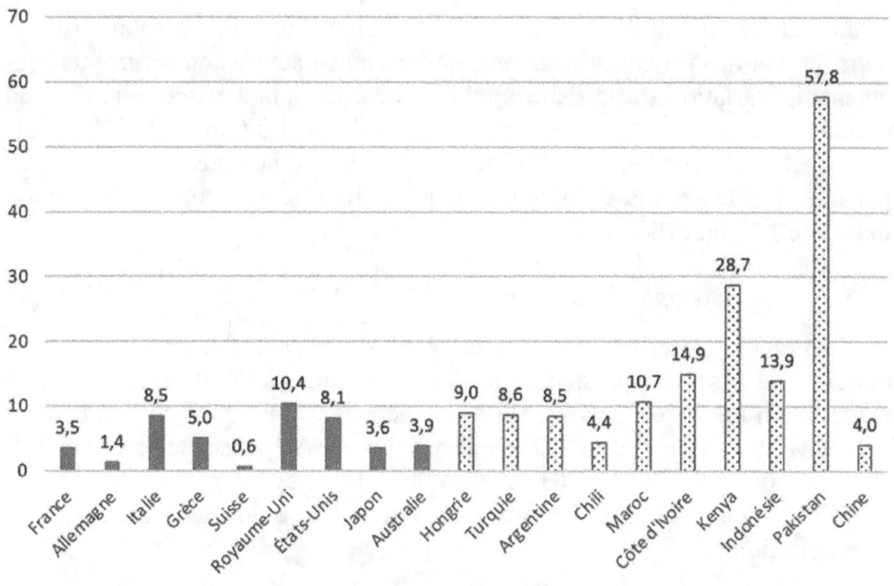

Note : Les histogrammes hachurés représentent les PVD, les pleins les pays avancés.
Source : Fitch Ratings, Global Sovereign Comparator

3.3. Dette et déficit budgétaire

La dette publique trouve son origine dans le déficit budgétaire, et la dette extérieure dans le déficit courant de la balance des paiements, qui traduit un besoin de financement externe. La littérature économique a souvent souligné l'existence d'une corrélation entre ces deux déficits, désignée par l'expression « déficits jumeaux ».

3.3.1. Qu'est-ce que le déficit budgétaire ?

En comptabilité nationale, le solde budgétaire correspond, pour une année donnée, à la différence entre les recettes et les dépenses de l'État. On distingue les dépenses à caractère récurrent, dites de fonctionnement (salaires des fonctionnaires, subventions, entretien, achats divers biens et services) des dépenses d'investissement. Les recettes fiscales constituent la principale source de revenu ; pour certains PVD, les dons en constituent une part importante.

La différence entre les recettes et les dépenses hors intérêt de la dette constitue le solde budgétaire primaire. S'il est en déficit, l'État doit emprunter pour supporter le coût des biens et services publics quotidiens fournis aux citoyens, une situation potentiellement non viable. L'État français produit également le résultat en comptabilité patrimoniale, mais il est difficilement comparable aux autres pays. Les intérêts sur la dette publique sont déduits du solde primaire pour obtenir le solde budgétaire.

Le déficit de l'État est comblé principalement par l'augmentation de la dette, ou par des privatisations, mais qui ont un caractère non récurrent. Pour autant, la variation de la dette publique ne correspond pas exactement au déficit de l'État. D'autres éléments, regroupés sous les termes d'ajustements flux-stock, peuvent également influencer le total de la dette en fin d'année ; par exemple les écarts de parité de change, ils représentent, en zone euro, moins de 1 % du PIB.

3.3.2. Exemple de la France

En France, l'État n'a pas enregistré de solde positif depuis 1974, et le déficit tend à se creuser depuis le début des années 2000, avec une forte dégradation en 2020. Cela est dû à des dépenses publiques chroniquement excessives (57 % du PIB en 2024), en particulier les dépenses sociales ; celles-ci représentent 32 % du PIB, et sont les plus élevées parmi les pays de l'OCDE[17], la moyenne se situant à 21 % en 2022 selon les statistiques de l'organisation.

Tableau 2. France : solde budgétaire et ses composantes, 2024, en milliards d'euros

	APUC	**APUL**	**ASSO**	***Total***
Recettes	513,1	313	779,1	**1501,6**
Dépense	670,3	329,7	776,8	**1670,2**
Solde	**154,2**	**16,7**	**2,3**	**168,6**

Source : Insee

Notons le poids des dépenses de retraite des employés de l'État (cf. chapitre 2), qui absorbaient 20 % des recettes en 2024, elles sont largement supérieures à la moyenne européenne et, n'étant pas provisionnées, sont imputées directement sur le budget de l'État. Leur progression rapide (cf. chapitre 2) rend difficile l'effort de réduction du déficit conformément aux engagements pris auprès des pays de la zone européenne (traité de Maastricht), qui limitent celui-ci à 3 % du PIB…

[17] https://www.oecd.org/fr/data/indicators/social-spending.html

Figure 9. France : dette et solde annuel des administrations publiques, en % du PIB

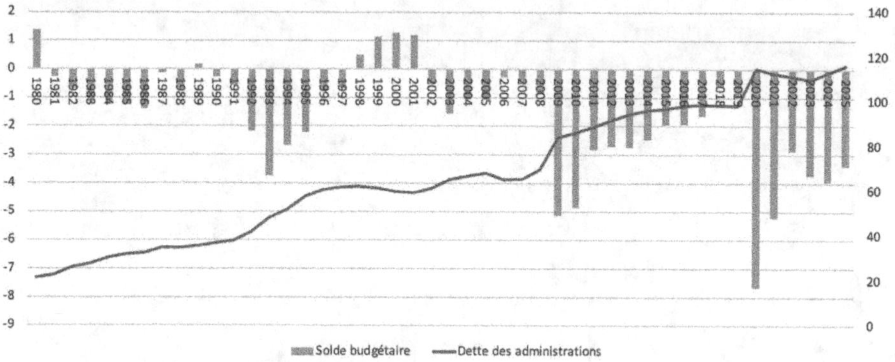

Source : Fonds monétaire international, 2025

En 2024, le déficit français a atteint 5,5 % du PIB selon le FMI, un niveau nettement plus élevé que celui des autres pays de la zone euro (3,2 %). Il devrait, selon les prévisions du FMI, friser la barre des 6 % en 2025, ce qui entraînera, en l'absence de mesure de réduction des dépenses, une nouvelle progression de la dette des administrations à 116 % du PIB, une tendance qui paraît difficilement soutenable à terme. En effet, en raison de la faible croissance économique du pays, seule une augmentation importante des impôts et taxes permettait d'améliorer les recettes publiques. Or, selon Eurostat, le taux de prélèvement obligatoire en France est, à 45,6 du PIB en 2023, le plus élevé de la zone euro (40,6 %).

Figure 10. Pays du G7 : solde des administrations, en % du PIB, 2000-2025

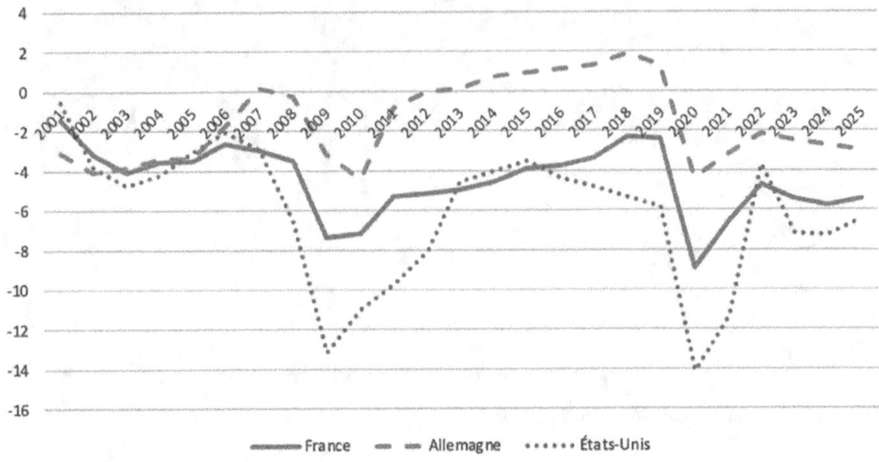

Source : FMI, 2025

3.4. Dette extérieure et solde courant de la balance des paiements

3.4.1. Définition

Document issu de la comptabilité nationale, la balance des paiements fournit un relevé de tous les flux financiers entre les résidents du pays et l'étranger effectués au cours d'une année (voir annexe 4, balance des paiements de la France). Ils sont répartis entre les opérations à caractère récurrent, dites transactions courantes (dont les exportations et importations de biens et services, revenus des placements étrangers, intérêts sur la dette extérieure et, pour les PVD, dons des émigrés et des autres États), et les opérations de capital et à caractère financier (dont les principales sont les investissements réalisés à l'étranger et la variation des dettes extérieures).

Le solde de la balance des paiements fournit une mesure des entrées nettes de devises dans le pays au cours de l'année. Il correspond donc à la variation des avoirs internationaux (ou réserves de change) au cours de l'année. La majeure partie de celles-ci sont transférées par les opérateurs économiques à la banque centrale, et certaines sont conservées par les banques ou entreprises ayant des opérations récurrentes avec l'étranger. Les avoirs internationaux sont libellés en monnaies dites de réserve, (principalement le dollar américain, mais aussi l'euro – cf. chapitre 10) et investis en valeurs sûres – typiquement des bons du Trésor.

Le solde des transactions courantes (ou compte courant), lorsqu'il est déficitaire, indique que le pays, dans son ensemble, a un excès de dépenses vis-à-vis de l'étranger. Il peut être compensé par les investissements réalisés par les étrangers dans le pays, sinon par recours à la dette extérieure ou prélèvement sur les avoirs extérieurs.

Les pays qui présentent un déficit structurel de la balance des paiements doivent s'endetter auprès de l'étranger, c'est-à-dire augmenter leur dette extérieure. Celle-ci peut être contractée dans la propre devise du pays – ce qui suppose que les créanciers étrangers ont suffisamment confiance dans cette devise car ils s'exposent à un risque de change – ou en devise étrangère, ce qui est le cas pour la majorité des PVD (cf. chapitre 5).

Le compte courant est donc un déterminant majeur de la dette extérieure et de la dette en devises étrangères de l'ensemble des agents économiques d'un pays – et pas uniquement de l'État. La dette publique extérieure est une composante généralement importante de la dette extérieure totale, en particulier dans les PVD, où peu d'agents économiques privés ont accès aux financements en devises.

3.4.2. Solde courant et dette extérieure en France et dans le monde

Le compte courant de la France, historiquement excédentaire – sauf à la suite des chocs pétroliers de 1973 et 1979 – est demeuré en déficit depuis 2004 à 2023, un léger excédent ayant été enregistré pour 2024. Ce déficit chronique est imputable principalement au solde des biens et services, dénotant un manque de compétitivité de l'industrie, qui n'est plus compensé par l'excédent de la balance des services – notamment le tourisme, qui constitue un poste important. Cela a amené la France à augmenter sa dette extérieure, qui s'élevait à 66,2 % du PIB en 2024. Cependant, celle-ci est libellée en euros ; bien que cette monnaie soit commune à d'autres pays, on peut considérer, compte tenu du poids de la France dans la Banque centrale européenne (BCE), qu'il s'agit de sa monnaie nationale. Elle peut donc être remboursée par création monétaire – et c'est le cas depuis 2012 (voir chapitre 6).

À l'inverse, la balance courante de l'Allemagne, grâce à la compétitivité de son économie, a historiquement dégagé des excédents importants, sauf pendant la période suivant la réunification avec l'Allemagne de l'Est. La dette extérieure de l'Allemagne représente 44,5 % du PIB, soit un tiers de moins que celle de la France relativement au PIB.

Figure 11. Solde courant en % du PIB,
France, Allemagne, États-Unis, 1975-2023

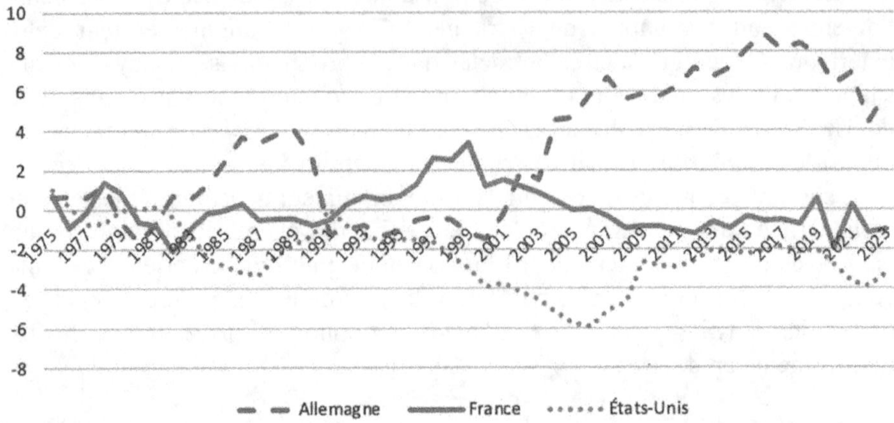

Source : FMI

Le solde courant des États-Unis est structurellement déficitaire depuis les années 1960, et ce déficit s'est fortement accru depuis la fin des années 1990, principalement en raison du déficit commercial avec la Chine. En conséquence, les États-Unis ont accumulé une dette extérieure énorme, de loin la plus importante du monde en valeur, entièrement sous forme de bons du Trésor libellés en dollars. En effet, en raison du statut de monnaie de réserve principale du monde, les États-Unis n'ont aucune difficulté à placer leurs bons du Trésor auprès des banques centrales – les banques centrales de Chine et du Japon sont les principales acheteuses (cf. chapitres 6 et 10).

Tableau 3. Solde courant et dette publique extérieure, en % du PIB, 2024

	Solde courant / PIB (%)	Dette publique extérieure / PIB (%)	Dette publique / PIB (%)
France	1,0	66,2	113,0
Allemagne	6,9	44,5	63,8
Italie	1,1	60,3	136,2
Grèce	6,5	179,8	159,3
Suisse	7,0	17,1	26,0
Royaume-Uni	3,0	27,3	103,3
États-Unis	3,4	35,3	114,9
Japon	4,3	41,8	223,9
Hongrie	2,2	37,3	74,9
Turquie	0,8	9,5	26,2
Argentine	0,7	28,0	73,7
Chili	2,2	16,4	41,8
Maroc	1,2	22,1	70,1
Côte d'Ivoire	6,2	36,8	58,3
Kenya	4,1	33,3	66,7
Indonésie	0,6	15,2	39,9
Pakistan	0,5	26,3	67,4
Chine	2,1	2,9	62,7

Note : Les pays avancés apparaissent en surlignage gris, les PVD sans surlignage.
Source : Fitch Ratings

Le tableau ci-dessus présente le compte courant, la dette publique extérieure, et la dette publique en % du PIB pour un échantillon de pays.

Le Royaume-Uni est dans une situation assez proche des États-Unis – déficits jumeaux élevés, financés par dette extérieure grâce au statut de monnaie de réserve de la livre. La Suisse est l'un des pays dégageant les excédents courants les plus élevés au monde (7 % du PIB) ; sa dette extérieure est en conséquence l'une des plus faibles du monde.

Le Japon constitue un cas particulier : il dégage des excédents courants importants, mais son déficit public est élevé ; celui-ci est largement financé par recours à la dette domestique, à des taux d'intérêt très faibles – le taux des obligations du Trésor à cinq ans est de 0,97 % – ce qui rend la dette soutenable.

Le solde courant, pour un grand nombre de PVD (Côte d'Ivoire, Chili, Indonésie, Kenya, Maroc, Pakistan et Turquie), dont les filières exportatrices ne sont pas compétitives et qui sont dépendants de l'extérieur pour leur approvisionnement en matière première ou biens d'équipement, ont des soldes courants négatifs. Cela les oblige à lever de la dette extérieure en devises à des conditions défavorables, contrairement aux pays avancés – nous y reviendrons dans le chapitre 5. En revanche, la Chine, de même que d'autres pays d'Asie du Sud, dégage des excédents courants très importants, fondés à l'origine sur les exportations de biens de consommation et, de plus en plus, sur les biens d'équipement. Elle ne s'endette quasiment pas auprès des créanciers étrangers, et a développé un marché financier captant une épargne intérieure importante.

3.5. La soutenabilité de la dette : relation entre la dette, le déficit et le taux d'intérêt

L'accumulation de déficits pose la question de la soutenabilité de la dette publique, c'est-à-dire de la capacité de l'État à en assurer le remboursement à terme. Celle-ci dépend non seulement du déficit budgétaire, mais également du taux de croissance économique et du taux d'intérêt payé aux créanciers. Comme le montre le cas du Japon, un État peut s'endetter en des proportions considérables (223 % du PIB en 2024), si ses taux d'intérêt sont proches de zéro et que son économie continue de croître.

Cette relation peut se formaliser de la manière suivante :

Si $\left(\frac{D_t}{PIB_t}\right)$ représente la dette, et $\left(\frac{Def_t}{PIB_t}\right)$ le déficit primaire rapportés au PIB en l'année t, *it* le taux d'intérêt nominal sur la dette et *gt* le taux de croissance

$$\frac{D_t}{PIB_t} = \frac{1 + i_t}{1 + g_t} \frac{D_{t-1}}{PIB_{t-1}} + \frac{Def_t}{PIB_t}$$

nominal le déficit, cette relation se formalise de la manière suivante :

Le déficit primaire Def_t contribue directement à l'augmentation de la dette. Un déficit primaire persistant signifie que le gouvernement doit continuer à emprunter pour financer ses dépenses. Il en résulte une accumulation de la dette et des intérêts : $(1 + i_t)D_{t-1}$.

La croissance économique engendre une croissance des recettes fiscales. Si elle est plus élevée que le taux d'intérêt, elle peut permettre de stabiliser ou de réduire le ratio Dt / PIBt.

Si les taux d'intérêt sont supérieurs au taux de croissance économique, alors la dette augmente plus rapidement que la capacité de l'économie à la supporter ; c'est ce qu'on dénomme l'« effet ciseau ».

Pour résumer, la soutenabilité de la dette publique dépend du déficit primaire et de l'écart entre le taux d'intérêt et le taux de croissance nominale[18] (c'est-à-dire avant la prise en compte de l'inflation) du PIB. La même analyse peut être conduite en utilisant le taux d'intérêt réel et le taux de croissance réel, c'est-à-dire après prise en compte de l'inflation.

Figure 12. France : taux d'intérêt, croissance, déficit et dette publique, 1961-2023

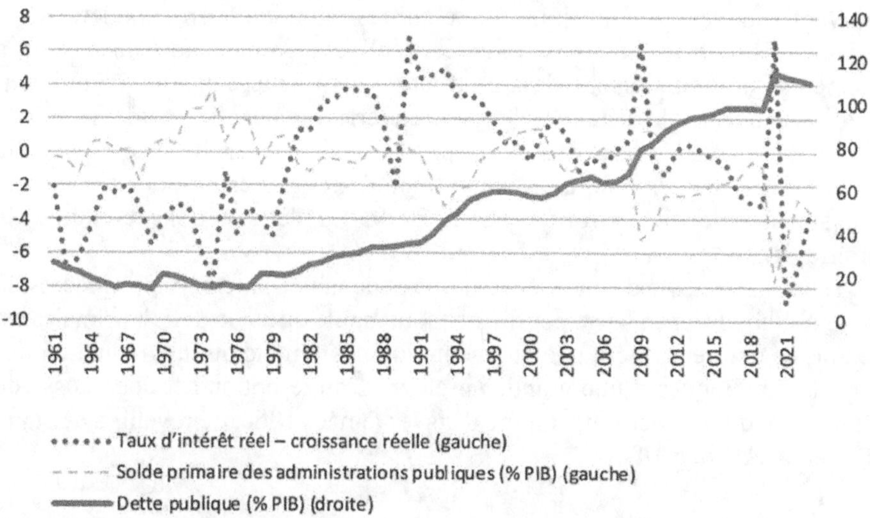

Source : FMI

La figure ci-dessus illustre cette relation pour la France entre 1961 et 2023. Dans les années 1960 et 1970, c'est-à-dire pendant les « Trente Glorieuses », le solde primaire du budget est demeuré positif sur la quasi-totalité de la période. C'était également une période de taux d'intérêt réels faibles, en raison de la forte inflation qui caractérise cette période – une situation favorable aux débiteurs – et de forte croissance économique.

Dans les années 1960, la dette a diminué en raison des excédents primaires, et de la croissance économique, qui était supérieure aux taux d'intérêt. Les excédents primaires ont diminué à la suite du choc pétrolier de 1973, et la dette a progressé légèrement. À cette époque, le supplément de recettes fiscales engendré par l'inflation permettait de rembourser aisément la dette et les intérêts.

[18] Ce détail est important, car les taux de croissance rendus public sont, en général, des taux réels, intégrant le taux d'inflation.

Un changement majeur est intervenu dans les années 1980. Sous l'effet des politiques monétaires restrictives imposées par les États-Unis, les taux d'intérêt réels ont augmenté rapidement et excédé le taux de croissance économique, qui demeurait chroniquement faible. Le solde primaire était souvent déficitaire dans la période, en raison du maintien d'un niveau élevé de dépenses publiques alors que la croissance économique ne décollait pas. Le retour à une inflation faible dans les années 1980 n'a pas permis de générer des recettes fiscales supplémentaires pour rembourser la dette, qui a entamé alors une progression rapide. Elle s'est accélérée à la suite de la crise de 2008, qui a eu pour effet de creuser le déficit primaire.

À partir de 2012, la BCE a introduit des politiques monétaires dites « non-conventionnelles » (cf. chapitre 6), ce qui revient à une forme moderne de « planche à billets ». Les taux d'intérêts réels ont diminué fortement – on a même assisté à un épisode de taux d'intérêt nominaux négatifs, ce qui était inédit – entraînant le différentiel « e-g » en territoire négatif – sauf en 2020 en raison de la crise de la Covid-19. Cependant, en France, l'État, incapable de réduire les dépenses publiques, a continué d'enregistrer un déficit primaire, qui se dégrade même fortement en 2020. La dette a donc continué de progresser.

Dans un contexte de croissance faible et de taux d'intérêt réels modérés, la dette publique française ne pourra être soutenable que si le déficit primaire est réduit, ce qui nécessitera une augmentation des impôts ou une réduction des dépenses publiques d'une grande ampleur. L'autre option est une hausse de l'inflation, qui permettrait, comme dans les années 1960, de revenir à des taux d'intérêt réels négatifs.

Conclusion

La mesure de la dette publique est plus complexe qu'il ne paraît car elle dépend des systèmes de comptabilité nationale propres à chaque pays. Grâce aux efforts d'harmonisation réalisés sous l'égide des organismes supranationaux, il est possible de comparer la dette de l'État entre différents pays, avec cependant certaines limites.

Grâce au statut de monnaie de réserve de l'euro, la France, comme les États-Unis et nombre de pays avancés, s'endette exclusivement dans sa propre devise, même lorsque la dette est contractée auprès de créanciers étrangers. Cela constitue un avantage considérable car la dette extérieure, non seulement n'est pas soumise au risque de change, mais peut être remboursée par la création de monnaie. La plupart des PVD, en revanche, s'endettent auprès de créanciers étrangers en devise étrangère. Cela constitue une vulnérabilité importante, qui explique que le coût de leur dette soit plus faible que celle des PVD.

Les pays avancés, dans leur ensemble, ont vu leur endettement progresser plus rapidement que les PVD depuis la crise de 2008 et la question de la soutenabilité de la dette se pose pour nombre d'entre eux, dont la France.

En raison de l'accumulation de déficits budgétaires, la dette publique française a atteint un niveau historiquement élevé. Le faible niveau des taux d'intérêt a permis jusqu'à présent d'en contenir le coût. Cependant, avec une croissance économique atone, la charge d'intérêt constitue une ponction de moins en moins supportable sur les recettes publiques.

En France, la résurgence de la croissance des Trente Glorieuses ne pouvant être espérée, le retour à l'équilibre du solde budgétaire implique une hausse des impôts – difficilement acceptable dans un pays où les prélèvements obligatoires sont parmi les plus élevés du monde – ou une réduction sensible des dépenses publiques. Celle-ci se heurte à plusieurs rigidités, dont la principale est le niveau élevé des pensions versées aux fonctionnaires retraités. Ces engagements n'étant pas provisionnés, leur poids dans le budget de l'État – 20% des revenus de 2024 – ne cessera pas de progresser.

Les données présentées dans ce chapitre n'intègrent pas la dette hors bilan, ou contingente. Comme nous allons le montrer dans le chapitre suivant, ces dernières peuvent représenter une part importante de la dette publique totale et masquer des différences significatives entre pays.

Annexe 1. Dette des administrations publiques, en % du PIB

			Prévisions		
En % du PIB	2023	2024	2025	2026	2027
Dette brute - Définition du FMI					
Ensemble du monde	**91,3**	**92,3**	**95,1**	**96,7**	**97,5**
Pays avancés	**108,2**	**108,5**	**110,1**	**110,9**	**111,5**
Pays avancés hors États-Unis	99,5	98,4	99,7	100,2	100,2
Canada2	107,7	110,8	112,5	110,9	109,4
Zone euro	87,4	87,7	88,7	89,7	90,4
France	109,7	113,1	116,3	119,1	121,6
Allemagne	62,9	63,9	65,4	67,0	68,5
Italie	134,6	135,3	137,3	138,5	138,6
Espagne	105,0	101,8	100,6	99,0	97,6
Japon	240,0	236,7	234,9	233,7	232,1
Royaume-Uni	100,4	101,2	103,9	105,4	106,1
États-Unis	119,0	120,8	122,5	123,7	124,9
Pays émergents et en voie de développement	**67,4**	**69,5**	73,6	76,7	78,4
Pays émergents et à revenu intermédiaire	**68,2**	**70,3**	74,8	78,1	80,0
Pays émergents hors Chine	**57,5**	**56,7**	**58,4**	**59,6**	**60,0**
Pays émergents hors pays pétroliers du Golfe	70,8	72,9	77,3	80,7	82,5
Asie	77,8	82,3	87,9	92,0	94,3
Chine	82,0	88,3	96,3	102,3	105,9
Inde	81,2	81,3	80,4	79,6	78,8
Vietnam	34,4	32,9	33,6	34,9	35,6
Europe	33,6	34,9	37,9	40,0	40,9

En % du PIB	2023	2024	Prévisions 2025	2026	2027
Russie	19,5	20,3	21,4	22,5	23,7
Amérique latine	74,0	70,4	71,6	72,5	72,9
Brésil	84,0	87,3	92,0	96,0	98,1
Mexique	52,8	58,4	60,7	61,1	61,1
Moyen Orient	44,0	44,6	47,4	49,8	50,8
Arabie Saoudite	26,2	29,9	34,8	38,5	40,9
Afrique du Sud	73,4	76,4	79,6	81,7	83,7
Pays à revenu faible	**53,7**	**52,7**	**52,0**	**50,3**	**48,9**
Kenya	73,0	65,6	68,3	70,2	69,8
Nigeria	48,7	52,9	52,5	51,6	49,1
Pays émergents producteurs de pétrole	**51,4**	**53,2**	**55,8**	**57,1**	**57,5**

Source : FMI

Annexe 2. Solde budgétaire des administrations publiques, en % du PIB

				Prévisions		
	2022	2023	2024	2025	2026	2027
Ensemble du monde	**4,9**	**5,0**	**5,1**	**4,7**	**4,5**	**4,5**
Pays avancés	**4,6**	**4,7**	**4,3**	**3,9**	**3,8**	**3,9**
Pays avancés hors ÉtatsUnis	**2,5**	**2,6**	**2,5**	**2,5**	**2,4**	**2,5**
Canada	0,1	2,1	1,9	-1 ,6	1,4	1,2
Zone euro	3,6	3,1	3,2	3,4	3,5	3,5
France	5,4	5,8	5,5	5,9	6,1	6,1
Allemagne	2,5	2,8	3,0	3,5	3,9	4,1
Italie	7,2	3,4	3,3	2,8	2,6	2,4
Espagne	3,5	3,2	2,7	2,4	2,3	2,2
Japon	2,3	2,5	2,9	3,1	3,3	4,0
Royaume-Uni	6,1	5,7	4,4	3,7	3,1	2,8
États-Unis	7,2	7,3	6,5	5,5	5,4	5,6
Pays émergents et en voie de développement	**5,2**	**5,5**	**6,1**	**5,9**	**5,5**	**5,4**
Pays émergents et à revenu intermédiaire	5,3	5,6	6,3	6,1	5,6	5,5
Pays émergents hors Chine	4,2	4,3	4,5	4,2	3,8	3,5
Pays émergents hors pays pétroliers du Golfe	5,8	6,0	6,5	6,3	-5,9	5,8
Asie	6,4	6,7	7,6	7,6	7,2	7,2
Chine	6,7	7,3	8,6	8,5	8,1	8,1
Inde	7,9	7,4	6,9	7,2	7,1	7,0
Vietnam	2,4	1,6	3,4	3,2	3,0	2,9
Europe	4,2	4,4	4,0	3,4	3,0	2,8

				Prévisions		
	2022	2023	2024	2025	2026	2027
Russie	2,5	2,2	1,0	1,2	1,1	1,1
Amérique latine	5,2	4,8	4,8	4,0	3,4	3,1
Brésil	7,7	6,6	8,5	7,7	-6,3	5,2
Mexique	4,3	5,7	4,0	3,3	2,9	2,9
Moyen Orient	0,1	1,6	3,4	3,2	2,4	1,8
Arabie Saoudite	2,0	2,8	4,9	4,9	4,0	3,7
Afrique du Sud	5,4	6,1	6,6	6,1	5,9	5,8
Pays à revenu faible	**3,9**	**3,4**	**3,5**	**3,3**	**3,1**	**3,1**
Kenya	5,7	5,5	5,4	5,0	4,4	3,9
Nigeria	4,2	3,4	4,5	4,5	3,9	4,3
Pays émergents producteurs de pétrole	**0,5**	**0,9**	**1,2**	**1,3**	**1,0**	**0,8**

Source : FMI

Chapitre 2
Les dettes contingentes

Les dettes contingentes, ou hors bilan, désignent des engagements qui ne deviennent exigibles que dans l'occurrence d'un événement spécifique, tel que le défaut de paiement d'une entreprise sur une dette bénéficiant de la garantie de l'État. Leur montant n'est pas inclus dans la dette des administrations, du moins en France et en zone euro, et dans la plupart des PVD. Les Anglo-Saxons intègrent certains de ces engagements, notamment les retraites des fonctionnaires, dans la dette des administrations. Les garanties qu'accorde l'État aux entreprises ou à des groupes de personnes (étudiants, agriculteurs, etc.) constituent des engagements explicites. L'État peut être amené à intervenir pour assurer la stabilité du système bancaire ou sauver des secteurs d'activité sensibles, ce qui constitue des engagements implicites. Son obligation d'assumer, en qualité d'employeur, les droits à la retraite des fonctionnaires constitue également un engagement.

Un grand nombre de défauts de souverains sur leur dette trouvent leur source dans des dettes contingentes qui n'avaient pas été correctement mesurées et non divulguées dans les comptes. Ce fut notamment le cas de la Grèce en 2010.

Dans ce chapitre, nous mettons en évidence l'importance de la dette publique contingente et la difficulté de la mesurer *ex-ante*, puis nous présentons les difficultés des instituts de statistique, des institutions internationales et des normalisateurs comptables nationaux pour parvenir à une mesure harmonisée. Nous montrons qu'ils se heurtent à des différences d'organisation de l'État entre les pays, en particulier pour les systèmes de retraite des fonctionnaires.

1. La difficile estimation des dettes contingentes

Les dettes contingentes sont difficiles à recenser, à mesurer et à comparer entre pays, car un grand nombre d'engagements ne peuvent être chiffrés *ex-ante* et il existe une grande hétérogénéité dans les règles de comptabilisation et de divulgation, surtout en ce qui concerne les engagements de retraite des fonctionnaires. Cebotari *et al.* (2008) ont montré qu'un nombre croissant d'États confrontés à de fortes contraintes budgétaires avaient recours aux dettes contingentes afin de ne pas enregistrer certains engagements dans les chiffres de la dette des administrations publiques. Selon cette étude, les dettes contingentes constituent la principale source de divergence entre les pays quant à la mesure de leur dette publique.

1.1. Le coût de la matérialisation des dettes contingentes

Contrairement aux dettes figurant au bilan de l'État, les dettes contingentes ne sont pas exigibles selon un échéancier contracté avec un créancier ; ainsi, une garantie de l'État devient matérielle uniquement lorsqu'elle est appelée. Il est donc impossible de les mesurer avec exactitude *ex-ante*, mais il est possible d'appréhender l'augmentation de dette publique qu'elles peuvent entraîner pour un pays si elles se matérialisent.

Pour cela, on peut raisonner *ex-post*, c'est-à-dire recenser, pour un pays donné, le nombre d'interventions réalisées par l'État afin d'honorer ses engagements dans le passé. Bota *et al.* (2016) ont estimé le coût de la matérialisation des dettes contingentes à partir d'un échantillon de 80 pays (dont 34 sont des économies avancées) entre 1990 et 2014. Les auteurs ont recensé 230 épisodes de crise nécessitant l'intervention de l'État, dont la crise financière de 2008 ; ils ont chiffré le coût de ces interventions, en moyenne, à 6,1 % du PIB des pays concernés sur la période. Ce chiffre est relativement modeste, rapporté à la dette publique. Il signifie que sur une période de 24 ans, les engagements hors-bilan ont eu pour effet d'augmenter les soldes budgétaires cumulés, donc la dette, de 6,1 points de PIB, ce qui est à comparer à une dette publique de l'ordre de 80 points de PIB. Cependant, cette étude ne couvre pas les engagements de retraite.

Tableau 1. Coût de la matérialisation des dettes contingentes, en % du PIB, 1990-2014

Type de dette contingente	Nombre d'épisodes	Nombre d'épisodes dont le coût est identifié	Coût moyen de chaque intervention pour l'État, en % du PIB
Secteur financier	91	82	9,7
Juridique	9	9	7,9
Collectivités locales	13	9	3,7
Entreprises publiques	32	31	3,0
Catastrophes naturelles	65	29	1,6
Secteur privé non financier	7	6	1,7
Partenariats publics privés	8	5	1,2
Autres	5	3	1,4
Total	**230**	**174**	**6,1**

Source : Bota et al., 2016

L'étude montre que ce sont les sauvetages du système financier qui ont représenté, relativement au PIB, la charge la plus importante pour les États (9,7 % du PIB en moyenne). La matérialisation de la dette contingente liée aux sauvetages d'entreprises privées et publiques et de collectivités locales - suite à l'appel de garantie - s'est révélée moins onéreuse pour l'État (respectivement 1,7 %, 3,0 % et 3,7 % du PIB, en moyenne).

1.2. Une harmonisation internationale insuffisante

Se pose la question de déterminer quels types d'engagement sont comptabilisés en dettes contingentes. Le système de comptabilité nationale (SCN, 2008) propose une nomenclature qui reconnaît trois types de dettes contingentes : les garanties standard, les garanties ponctuelles et les produits financiers dérivés. Cependant, comme pour la dette des administrations, le SCN n'a pas de pouvoir coercitif. Les principes ont été repris par les institutions internationales (FMI, OCDE, UE), mais des différences subsistent entre ces institutions, ainsi qu'avec les instituts nationaux de statistique, en ce qui concerne la mesure de ces dettes. Une étude de Vasquez *et al.* (2024) montre que plus de la moitié des pays étudiés limitent la mesure de la dette publique à la dette des administrations ; nombre de pays en voie de développement (PVD) ne divulguent pas d'information sur les engagements hors bilan. Ce problème concerne également, bien qu'à une moindre échelle, les pays avancés.

En France, selon le rapport 2022 de la Cour des Comptes, le recensement des dettes contingentes est insuffisant. L'État n'a pas fait mention, dans ses comptes, de la garantie qu'il a accordée à la dette de la Banque Publique d'Investissement (BPI France), entraînant une sous-évaluation de 41 milliards d'euros de la dette hors bilan française. En outre, des incohérences ont été relevées, notamment sur la comptabilisation de la garantie accordée aux banques au titre des prêts garantis par l'État.

En comptabilité nationale, le FMI a proposé, dans son manuel (2011), de distinguer les dettes contingentes explicites et implicites. Les dettes contingentes explicites[19] sont divulguées sous forme de *memorandum* (une forme d'annexe) qui complète les données sur la dette des administrations. Les chiffres sur les dettes implicites ne sont pas divulgués en raison des difficultés à les recenser. Il est seulement préconisé que les États doivent faire mention des risques de perte liés à certains engagements. Ces dettes font néanmoins l'objet d'analyses dans les rapports de l'article 4.

Cette approche est en ligne avec les préconisations du SCN, et est utilisée par le Système européen de comptabilité (SEC). Cependant, l'approche du FMI et des instituts de statistiques européens - nationaux et supranationaux - ne s'accordent pas sur la comptabilisation des retraites - ce problème est traité dans la partie 4 du chapitre.

En ce qui concerne les pays ayant adopté un système de **comptabilité patrimoniale**, les normes diffèrent également d'un pays à l'autre, les normes IPSAS (*International Public Sector Accounting Standards*) n'ayant pas réussi à s'imposer. Cela peut s'expliquer par l'approche retenue par les IPSAS pour la comptabilisation des retraites, qui consiste à intégrer les engagements futurs dans la dette des administrations, et non en hors bilan[20].

1.3. Le cas de la France : une illustration des divergences

En France, les dettes contingentes n'apparaissent pas dans les comptes nationaux présentés par l'Insee. En revanche, l'État français publie ses

[19] Pour une définition de la dette explicite, cf. *infra*.

[20] Les normes IPSAS se distinguent également sur un autre point : s'inspirant des normes IFRS, elles proposent de retenir la probabilité d'occurrence de perte - et donc d'intervention de l'État - pour déterminer si une dette contingente contractuelle doit être divulguée dans les comptes. Si cette probabilité est faible (inférieure à 50 %), elles recommandent de la mentionner dans les annexes, et si elle est marginale, elle ne doit pas être mentionnée, alors que le FMI et le SEC optent pour un recensement exhaustif.

engagements hors bilan en annexe du compte général de l'État (CGE), c'est à-dire en comptabilité patrimoniale. Ils sont synthétisés dans le tableau 2.

Le périmètre retenu est plus large et diffère sensiblement de celui proposé par le SCN/FMI et par les normes IPSAS. Ainsi, plutôt que de distinguer les garanties standard des garanties ponctuelles, le CGE classe les engagements de l'État en trois grandes catégories.

- **Les engagements pris dans le cadre d'accords bien définis (728 Mds)**, qui comprennent les garanties accordées par l'État, ont assez peu de risque d'être appelés et donc d'être transformés en dette. Ils correspondent à la définition des dettes contingentes du SCN/FMI.
- En revanche, **les engagements découlant de la mission de régulateur économique et social de l'État (679 Mds)** constituent des dépenses futures certaines dont seulement une part marginale est susceptible de subir des modifications dans le futur (par exemple, les aides au logement, dont le versement est certain mais dont le montant exact dépend du nombre d'allocataires, ou les subventions aux régimes de retraite spéciaux). Leur caractère contingent est donc contestable - ils n'apparaissent d'ailleurs pas dans la nomenclature SCN/FMI.
- **Les engagements de retraite des fonctionnaires (1,841 Mds)**, eux, devraient, selon l'approche du FMI et de l'IPSAS, être inclus dans la dette des administrations et non en hors bilan (cf. partie 4 du chapitre). Cependant, de même que les engagements découlant de la mission de l'État, ces dépenses sont quasi-certaines, et leur montant ne pourra être modifié qu'à la marge.

Si on retenait les règles comptables préconisées par le SCN, le FMI et les IPSAS, et utilisées par plusieurs pays anglo-saxons, les engagements de retraite des fonctionnaires et les engagements découlant de la mission de régulateur économique et social de l'État devraient être intégrés dans la dette totale des administrations, et non en dette contingente. Cela porterait alors le total de la dette totale des administrations de 3.101 Mds à 5.621 Mds en 2023, soit 199% du PIB.

Cependant, l'agrégation de la dette financière et des engagements de retraite est discutable (cf 4.3) pour le calcul de la dette publique. Cette approche n'a pas été retenue par le SEC, qui préconise de comptabiliser les engagements de retraite en hors-bilan et non dans la dette des administrations (cf 4.2).

-

Tableau 2. CGE de l'État français 2023 - engagements hors bilan
(en Mds d'euros)

Engagements pris dans le cadre d'accords bien définis	**1,591**
Dette garantie par l'État :	281
Dont Fonds européen de stabilité financière (FESF)	75,7
Dont Société de gestion des financements et de la garantie de l'accession sociale à la propriété	58,6
Dont Prêts garantis par l'État (PGE)	52,7
Dont UNEDIC	50,7
Dont Dexia	18
Garanties liées à des missions d'intérêt général – Encours	728
Dont garanties de protection des épargnants	637
Dont soutien financier au commerce extérieur	78
Dont garanties liées aux contrats d'exportation d'armement	9
Garanties de passif	28
Engagements financiers de l'État	553
Dont capital appelable du Mécanisme européen de stabilité (MES)	126
Dont capital appelable d'autres banques multilatérales de développement (BMD)	7
Dont prêts accordés par le FMI au-delà du plafond autorisé	37
Engagements découlant de la mission de régulateur économique et social de l'État	**679**
Régimes sociaux de retraite	262
Dont SNCF	150
Dont RATP	53
Subvention au service public de l'énergie renouvelable	155
Aides et allocations aux handicapés	108
Aides à l'accès au logement	52
Infrastructures et service de transport – Subventions à la SNCF	26
Autres	338
Engagements de retraite de l'État	**1,841**
Total engagements hors bilan	***4,111***

Source : CGE, 2023

2. Les dettes contingentes explicites

Les dettes contingentes explicites sont celles pour lesquelles il existe une obligation contractuelle pour l'État de payer les créanciers si une ou plusieurs conditions prédéfinies se réalisent. Cette condition et les obligations qu'elles créent sont généralement formalisées dans un contrat, mais peuvent également se fonder sur un texte de loi. Elles incluent principalement les garanties accordées par l'État.

En accordant sa garantie, l'État s'engage à payer une dette en lieu et place du débiteur si celui-ci est défaillant sur ses engagements. Le créancier détient, en cas de défaut du débiteur, une créance sur l'État[21]. Dans leur définition de la dette publique, le FMI et le SEC distinguent les garanties standard des garanties ponctuelles.

2.1. Les garanties ponctuelles

Les garanties ponctuelles sont accordées à des entités ou à des emprunts spécifiques. On distingue deux types de garanties de l'État, distinction qui a une incidence sur leur comptabilisation :

- Celles accordées à des entités institutionnelles dont la gestion est autonome de l'État, ce qui est le cas, en France, des établissements publics industriels et commerciaux (EPIC), ainsi que des collectivités locales et des entreprises publiques connaissant des difficultés financières. Ces garanties sont comptabilisées dans la dette hors bilan de l'État.
- Celles accordées à des entités institutionnelles qui n'ont aucune autonomie de gestion par rapport à l'État. Ces garanties sont intégrées dans la dette de l'administration centrale ou des administrations locales, selon la nature du garant, et font donc partie de la dette des administrations.

La distinction repose sur le degré de contrôle exercé par l'État sur l'entité et sur la nature - commerciale ou non - des revenus. En Europe, elle fait régulièrement l'objet de débats entre les États et la Commission européenne, qui veille à éviter que ceux-ci n'accordent pas leur garantie, assimilable à une aide publique, à des entités opérant dans le champ concurrentiel.

Ainsi, la France a dû procéder, entre 2011 et 2017, à des reclassements de dettes contingentes en dettes des administrations pour un montant représentant trois points de PIB. Ils étaient liés à l'inclusion de dettes des établissements publics et à la garantie accordée au Fonds européen de stabilité financière

---

[21] Cela permet de réduire considérablement le risque de défaut du débiteur, qui se voit accorder des conditions de prêts similaires à celles de l'État. La garantie a pour effet de réhausser la note accordée par les agences à la dette du débiteur en l'alignant sur la note de l'État.

(FESF[22]). Eurostat a considéré que le FESF n'ayant quasiment pas d'autonomie de gestion, les garanties des États ne doivent pas être comptabilisées en dette contingente, mais en dette de l'administration générale. Le reclassement de ces garanties dans la dette des administrations a entraîné, pour les pays membres (dont la France), une augmentation de 1,8 points de PIB.

Les garanties ponctuelles concernent trois types d'entités :

– **Les entreprises publiques :** Il est courant pour les États de garantir la dette d'entreprises publiques, afin de leur faciliter l'accès au crédit et de réduire le coût de celui-ci.

En France, le CGE fournit, dans la section hors bilan, le total des garanties accordées par l'État. Elles s'élevaient à 281 Mds d'euros à fin 2023 (cf. tableau 2). Les principales garanties sont ponctuelles ; il s'agit de la dette du FESF pour 75,7 Mds d'euros, de l'Unedic (50,7 Mds) et de la banque Dexia (18 Mds). Il convient d'ajouter à ces chiffres la dette garantie des établissements publics industriels et commerciaux (EPIC) - tels que la SNCF ou l'AFD - qui bénéficient d'une garantie implicite de l'État[23].

– **Les partenariats public-privé (PPP) :** L'OCDE (2012) définit un PPP comme « un accord contractuel de long terme entre une autorité publique et un partenaire privé dans le cadre duquel ce partenaire assure et finance des services publics à partir d'un équipement, avec un partage des risques associés ».

Le PPP permet de réduire la charge de ces infrastructures pour l'État, puisque non seulement une partie des risques mais également des dépenses est transférée au partenaire privé. En principe, le privé assume les risques liés à la construction et à l'exploitation, et le public ceux d'ordre réglementaire et politique. La dette du PPP doit être inscrite, selon le FMI et le SEC, au bilan du propriétaire économique de l'actif, à savoir la partie qui supporte la plus grande part de risque et à laquelle revient la majorité des avantages financiers. Si ceux-ci sont majoritairement portés par l'État, alors la dette du PPP doit

---

[22] Les pays de la zone euro ont accordé leur garantie, au prorata de leur richesse, aux prêts déboursés par le FESF, créé en 2010 afin de venir au secours des États en difficulté pour le remboursement de leur dette souveraine, notamment la Grèce. Cette institution a déboursé plus de 200 Mds d'euros, financés par emprunts obligataires.

[23] En vertu de la loi du 80-539 du 16 juillet 1980, les EPIC sont des personnes de droit public et leurs biens sont insaisissables ; ils ne peuvent donc pas faire faillite. La Commission européenne a estimé, dans une décision du 26 janvier 2010 concernant La Poste, que les EPIC bénéficient, du seul fait de leur statut d'établissement public, d'une garantie implicite (car non établie par contrat) mais illimitée de l'État. Ce point de vue a été confirmé par deux arrêts de la Cour de Justice de l'Union européenne en 2014 et 2018. Pour la Commission européenne, cela constitue une « présomption d'avantage » pour ceux qui interviennent dans le champ concurrentiel, tels que la SNCF ou la RATP, ce qui devrait tôt ou tard amener ces établissements à se transformer en société de capital (Servière, 2014), comme pour La Poste en 2010.

être inscrite au bilan de l'administration publique, ce qui alourdit la dette consolidée de l'État[24].

Les PPP se sont rapidement développés dans les années 1990-2000, avec une utilisation fréquente des garanties, qui peuvent être accordées par l'administration centrale, mais également par les collectivités locales ou les institutions supranationales. Suite à la crise financière de 2009, plusieurs voix se sont élevées contre le recours trop fréquent aux PPP, notamment dans les pays émergents endettés, car leur dette constitue une forme de dette publique cachée[25]. Dans leur article, Bota *et al.* (2016) montrent que les principaux appels de garantie de l'État concernant des PPP proviennent de pays émergents : Colombie (2004), Indonésie (1998), Mexique (1997), Thaïlande (1998), notamment des pays asiatiques touchés par la crise de 1997-1998. Un rapport de la Cour des comptes européenne (2018) alerte également sur les risques des PPP en Europe. Ce rapport indique que la France inscrit systématiquement ses PPP au bilan de l'administration publique et non en hors-bilan, ce qui est un signe de prudence et de transparence. Ce n'est pas le cas des autres pays étudiés dans ce rapport, notamment l'Espagne ou la Grèce.

- **Les collectivités locales :** Les garanties accordées par l'État à la dette des collectivités locales varient selon les pays, en fonction du degré d'autonomie que leur accorde l'État. Les collectivités locales peuvent elles-mêmes accorder leur garantie à des entreprises, qui peuvent être difficiles à recenser.

En France, les collectivités locales garantissent la dette des nombreuses entreprises, sociétés d'économie mixte (SEM) ou associations. Dans son rapport sur la dette des institutions publiques, la Cour des comptes (2019) a noté la difficulté à recenser les garanties accordées par les administrations publiques locales (APUL). Si on peut avoir une vue assez claire de la dette implicite liée aux entreprises publiques, la Cour des comptes a fait mention de l'opacité de la dette des 1 257 entreprises dont les collectivités locales sont actionnaires.

2.2. Les garanties standard

Les garanties standard de l'État concernent des opérations récurrentes. Elles sont accordées à des groupes d'emprunteurs spécifiques que l'État souhaite avantager.

En France, elles apparaissent dans la rubrique 'Garanties liées à des missions d'intérêt général' dans le CGE et totalisaient 728 Mds en 2023, soit la moitié du total des garanties. Elles incluent, entre autres, les garanties aux prêts étudiants, aux agriculteurs, et celles accordées aux sociétés de crédit à l'exportation (COFACE en France).

---

[24] Voir l'analyse présentée par la Banque européenne d'investissement sur les avantages que procurent les garanties de l'État pour les PPP (2011).

[25] Voir l'intervention de M. Queyranne du FMI lors d'une conférence organisée par le Fonds Africain de Développement (2014).

2.3. Les produits dérivés et la titrisation

Les produits financiers dérivés – options, futures, swaps – sont des instruments de couverture contre les risques. Selon le SCN (2008), ils n'ont pas d'effet sur la capacité ou le besoin de financement des administrations publiques. Cependant, certains titres obligataires peuvent contenir des clauses entraînant une augmentation du service de la dette ou un remboursement anticipé de celle-ci[26]. Il s'agit des obligations liées à des variables économiques telles que, par exemple, l'inflation, ou à l'occurrence d'un événement, telles qu'un désastre climatique ; c'est le cas des *catastrophe bonds* (ou CAT).

La titrisation présente plus de problèmes, car elle rend possible un « maquillage » des comptes publics. Les opérations de titrisation consistent pour un État à transférer un actif ou un flux futur de recettes à une entité séparée (*Special Purpose Vehicle* - SPV) qui émet de la dette en lieu et place de l'État. La dette apparaît donc au bilan du SPV et non de l'État.

Ainsi, dans les années 2000, le gouvernement grec a eu largement recours aux produits dérivés et a titrisé des flux futurs de recettes provenant de ses aéroports nationaux et de sa loterie nationale, afin de diminuer artificiellement la dette de l'administration au sens de Maastricht (Story *et al.*, 2010). La divulgation des chiffres réels de la dette eut pour effet de provoquer la crise souveraine grecque, qui conduisit à la plus importante restructuration de dette publique réalisée dans l'histoire moderne.

2.4. Les autres types de dette contingente explicite

2.4.1. Indemnités et pénalités

Les dettes contingentes incluent également les indemnités à verser et pénalités susceptibles d'être payées par l'État à la suite d'un jugement qui lui est défavorable, ou par exemple, en cas de catastrophe naturelle. L'étude de Bota *et al.* prouve que ces montants ne sont pas négligeables : les pénalités suite à des jugements défavorables se sont élevées à 7,9 % du PIB des pays étudiés sur la période 1990-2014 et les conséquences financières de catastrophes naturelles à 1,4 %.

2.4.2. Soutien aux banques multilatérales de développement

[26] Voir la présentation de Voltz, qui inclut une taxonomie des dettes contingentes des États souverains (Voltz, 2-4 mars 2022).

Elles incluent également la part non appelée du capital des banques multilatérales de développement (BMD)[27], que les États ont souscrite, et qui constitue des engagements importants, surtout pour les pays avancés. Dans sa mise à jour de 2022, le SEC indique clairement que le capital appelable des BMD doit être traité en dette contingente.

En France, ils apparaissent dans la CGE dans la rubrique 'engagements financiers de l'État', l'engagement le plus important étant le capital appelable dans le MES (126 Mds). Selon une étude réalisée par l'agence de notation Fitch (2019), la France est, après l'Allemagne, le deuxième principal pourvoyeur de soutien financier aux BMD.

3. Les dettes contingentes implicites

« Les garanties implicites renvoient au rôle de prêteur en dernier ressort de l'État, qui serait susceptible d'accorder son soutien à une entreprise ou à un secteur économique présentant un risque de déstabilisation majeur ou systémique » (Cour des comptes, 2019). Il peut se traduire *in fine* par une prise de participation ou par une aide destinée au remboursement d'une dette, entraînant un accroissement de l'endettement public. Quelle que soit leur origine, les dettes implicites ne sont pas mesurables *ex-ante*.

C'est pour cette raison que les règles de comptabilité publique internationales préconisent de mentionner dans les notes des comptes publics les risques susceptibles d'entraîner une intervention financière de l'État.

Hélas, le recensement de ces risques est rarement exhaustif. Il est donc du ressort des analystes et observateurs de la situation financière de l'État de les identifier et d'ajuster en fonction leur analyse de la solvabilité de l'État.

3.1. La dette implicite couvre une grande variété d'engagements

La dette contingente implicite trouve son origine principalement dans les dettes des entreprises dans lesquelles l'État détient une participation mais ne fournit pas de garantie explicite, ainsi que dans les banques, qu'elles soient détenues ou non par l'État. Les États sont toujours intervenus pour éviter la défaillance des grandes banques, car leur défaillance créerait une crise systémique. L'obligation est morale au sens où l'absence d'intervention de l'État peut entraîner une défaillance d'une ou plusieurs entreprises, et ainsi

[27] Les BMD sont des institutions supranationales - c'est-à-dire dont le capital est détenu par des pays - ayant pour mission de financer les projets de développement dans les pays émergents ou d'apporter une aide financière à des pays en difficulté. Les pays membres ne versent qu'une portion du capital qu'ils ont souscrit. Si une BMD est dans l'incapacité de rembourser sa dette, elle peut appeler le reste du capital. Ce mécanisme est donc proche d'une garantie accordée par les pays membres, et permet à ces institutions d'obtenir des notes de crédit élevées de la part des agences et de se financer sur les marchés à de bonnes conditions, qu'elles répercutent sur leurs prêts (cf. chapitre 9).

affecter sa réputation – et, de ce fait, son accès aux marchés et ses conditions d'emprunt. Cependant, il ne s'agit pas d'un défaut *stricto sensus :* l'État est exposé à un risque dit « réputationnel ».

3.1.1. Les interventions en soutien des entreprises publiques

Les interventions de l'État pour soutenir des entreprises publiques ont représenté, selon Bota *et al.* (2016), 3,7 % du PIB des 80 pays en moyenne. Ces interventions prennent généralement la forme de :

- recapitalisation, si l'entreprise est insolvable, c'est-à-dire n'a plus suffisamment de fonds propres ;
- remboursement d'échéance ou d'intérêt de dette, s'il s'avère que la capacité d'autofinancement de l'entreprise est insuffisante pour les honorer.

En France, il n'y a aucune obligation légale pour l'État d'intervenir si une entreprise dont il est actionnaire est en difficulté financière, excepté pour les EPIC.

Comme le note la Cour des comptes (2019) en France, « le statut d'actionnaire public d'une entreprise privée n'implique pas automatiquement l'octroi d'une garantie implicite de ses engagements financiers et, partant, un risque au regard de la dette publique ». Il serait donc excessif de rajouter la totalité de la dette des entreprises publiques à la dette de l'État.

Il paraît donc judicieux, comme le préconise le FMI, de divulguer le détail de la dette des entreprises publiques en annexe des comptes précisant l'exposition totale et les risques de perte pour l'État.

3.1.2. Les partenariats public-privé

Si, dans certains cas, la dette des PPP était garantie par l'État - et constituait donc une dette explicite, en principe mentionnée dans les comptes publics (cf. *supra*) - dans d'autres, les créanciers ou les autorités ont fait valoir la participation de l'État dans le projet pour demander son intervention en capital. Ainsi, en Europe, on a assisté à des injections de capital, aboutissant à une nationalisation de certaines autoroutes hongroises (2005) ou du métro londonien (2008 et 2010).

Selon l'étude de Bota *et al.* (2016), les interventions des 80 États étudiés en faveur des PPP ont représenté 1,2 % de leur PIB sur la période 1990-2014.

3.1.3. Les interventions en soutien des entreprises du secteur privé non financier

Elles ont représenté 1,7 % des interventions financières de l'État sur la période 1990-2014 selon l'étude de Bota *et al.*, nettement moins que pour les entreprises publiques et les banques. Ce chiffre demeure néanmoins significatif, alors que l'État n'a aucune obligation légale d'intervenir, puisque sa responsabilité ne peut être mise en cause.

Dans l'UE, les aides d'un État aux entreprises privées sont prohibées. Il n'y a donc pas de dette implicite attachée au secteur privé non financier. En revanche, d'autres pays avancés se révèlent plus interventionnistes ; il s'agit, curieusement, de pays prônant les bienfaits de l'économie de marché. C'est le cas des États-Unis, dont le gouvernement est intervenu pour sauver les entreprises du secteur automobile en 2009, et de la Suisse, avec le sauvetage de Swiss Rail (2003) et Swiss Air (2002).

Les pays émergents sont, d'une manière générale, plus tentés d'intervenir, en raison de l'impact social que peut avoir la liquidation d'une grande entreprise privée dans un pays touché par la pauvreté. Cependant, les bailleurs de fonds, et notamment le FMI, sont opposés par principe aux aides publiques. Sur la période étudiée, le FMI n'a relevé, dans les pays émergents, que deux interventions en faveur des entreprises privées non financières : la Malaisie et la Lettonie.

Tant dans les pays avancés que dans les pays émergents, les aides de l'État en faveur du secteur privé se concentrent en fait sur le secteur financier.

3.1.4. Le soutien au secteur financier

La responsabilité de l'État n'est pas contractuelle, mais tient au fait que le défaut d'une banque importante sur ses engagements peut entraîner la défaillance d'autres institutions financières qui sont créancières ou contreparties dans des opérations sur le marché monétaire ou sur les produits dérivés. Il en résulte une perte de confiance dans les banques qui peut pousser les épargnants à retirer leurs dépôts, entraînant une situation d'illiquidité des institutions financières et une hausse rapide des taux d'intérêt. Il s'agit d'une crise de système, qui peut rapidement entraîner, si l'État tarde à intervenir, une dépression économique, comme ce fut le cas en 1929. Depuis, la plupart des États, même les plus libéraux, ont maintenu une attitude interventionniste dès que le système bancaire a été menacé – la crise de 2008 en a fourni la preuve.

3.2. Le sauvetage du système financier lors de la crise de 2008

L'histoire économique regorge de crises du système financier[28]. Certaines ont entraîné une crise économique s'étendant bien au-delà du système bancaire. Ce fut le cas des deux crises financières majeures qui ont éclaté au cours du siècle passé, le krach boursier de Wall Street en 1929, et la crise dite des *subprimes* de 2008. Dans les deux cas, la défaillance d'institutions

---

[28] Pour une revue historique, voir l'ouvrage de Kindleberger et Aliber (2005), qui propose une analyse des mécanismes amenant à une crise financière, ou l'article de *The International Banker* (2021), qui passe en revue les crises du XXe siècle.

financières a entraîné une crise de l'ensemble du système financier, d'où le terme de crise systémique et s'est traduit par une forte augmentation de la dette des États qui ont dû intervenir pour le sauver.

3.2.1. Réponse des États : laissez-faire ou interventionnisme ?

En 1929, l'État fédéral américain, suite au krach boursier d'octobre, a tardé à mettre en place un plan de sauvetage des banques, et la banque centrale, la Federal Reserve Bank (Fed), n'est pas intervenue. Il s'en était suivi une série de faillites bancaires, qui a bloqué les financements à l'économie et entraîné une chute de la production industrielle et une dépression d'une ampleur jusque-là inconnue – *the Great Depression.*

À l'inverse, en 2008, le gouvernement américain et la Fed ont réagi immédiatement à l'éclatement de la bulle immobilière et à l'effondrement des valeurs des titres adossés aux prêts hypothécaires[29], qui ont entraîné l'insolvabilité de plusieurs institutions financières. L'État est intervenu afin de rétablir la solvabilité des banques et des agences de crédit hypothécaire (*Freddie Mac* et *Fannie Mae*), et la banque centrale, afin de leur fournir des liquidités.

Dès les premiers signes d'effondrement du marché hypothécaire, le gouvernement fédéral américain a mis sous tutelle les deux agences et leur a accordé sa garantie illimitée. Il n'est pas intervenu, en revanche, pour sauver Lehman Brothers en septembre 2008 afin d'éviter un aléa moral qui pourrait inciter les banques à accorder des prêts risqués ; la faillite de cette banque d'investissement constitue le marqueur de la crise. L'État a ensuite passé une loi – l'*Emergency Economic Stabilization Act*, le 3 octobre 2008 – l'autorisant à injecter 700 Mds de dollars dans le système bancaire sous forme de rachats de prêts hypothécaires, puis a recapitalisé la compagnie d'assurance AIG. Ces mesures ont été suivies d'un plan de relance économique de sauvetage de l'industrie automobile.

Le gouvernement américain a été suivi par l'ensemble des pays avancés, en particulier ceux dont le système bancaire était « hypertrophié », tels que l'Irlande ou l'Islande. Cet effort de recapitalisation a été massif dans les pays dont le système bancaire représentait une part importante de l'économie, tels que le Royaume-Uni, l'Irlande et l'Islande, ou qui avaient distribué des montants importants de crédits hypothécaires, comme en Espagne (cf.

---

[29] Traduction de *Mortgage Backed Securities* (MBS), titres issus des opérations de titrisation, consistant pour les banques commerciales à transférer à un fonds dédié (*Special Purpose Vehicle – SPV*) les prêts hypothécaires qu'elles avaient accordés à leurs clients les moins solvables (ou *subprimes*), et à les financer par l'émission de MBS. La pratique s'est ensuite généralisée à l'ensemble des prêts hypothécaires, puis à d'autres formes d'actifs financiers. La chute des prix de l'immobilier consécutive au dégonflement de la bulle qui s'est formée dans les années 2000 a affecté la solvabilité de ces fonds, ce qui s'est répercuté sur la solvabilité des institutions financières qui les avaient achetés et les conservaient dans leur bilan.

chapitre 4). Ils ont été suivis de plans de relance économique destinés à éviter que la crise bancaire n'entraîne une récession durable, comme en 1929.

En France, le système bancaire a été relativement peu touché par la crise de 2008. Seule la banque Franco-Belge Dexia a dû être liquidée ; ses actifs de qualité ont été repris par d'autres banques, et les actifs douteux sont toujours portés par Dexia – qui est devenue une *« bad bank »* – avec la garantie des États français et belges. Le coût budgétaire s'est élevé pour l'État à 6,6 Mds d'euros, dont la moitié a été prise en charge par la Caisse des dépôts et consignations (CDC), auxquels il convient de rajouter 32 Mds de garanties. L'État est ensuite intervenu pour recapitaliser les six principaux groupes bancaires du pays (BNP Paribas, Crédit Agricole, Société Générale, Caisse d'Épargne, Banque Populaire et Crédit Mutuel), pour un total de 19,75 Mds, par l'achat de titres subordonnés, qui ont été remboursés depuis. Ceux-ci ayant été remboursés, il n'y a pas eu de perte pour l'État donc pas d'augmentation de la dette.

3.2.2. L'endettement public induit par le sauvetage des banques après 2008

Une étude du FMI portant sur les pays du G20 (Chen, Mrkaic et Nabar, 2019) a chiffré le coût budgétaire de la crise des *subprimes* – mesuré par la hausse de l'endettement public induit à 29,8 % du PIB, ce qui représente une somme exceptionnellement élevée. L'étude distingue trois formes d'intervention de l'État : les injections de capital, les rachats d'actifs, et les garanties accordées. Elle a également chiffré les interventions des banques centrales, ainsi que le coût des plans de relance.

Pour l'ensemble du G20, les coûts des interventions de l'État entre le début de la crise et février 2009 – hors garantie accordée par l'État – se sont élevés à 5,3 % du PIB.

Il nous paraît raisonnable de conserver ce chiffre pour mesurer l'effet sur la dette consolidée de l'État (en pourcentage du PIB). Le total des garanties s'élève à 14,3 % du PIB. L'effet sur la dette totale (dette consolidée plus dette contingente) est donc de 19,6 points de PIB.

Les banques centrales, lors de la crise de 2008, sont également intervenues pour fournir de la liquidité aux banques, les transactions entre banques ayant chuté brutalement après la faillite de Lehmann Brothers. Devant l'ampleur des besoins en liquidités, les instruments monétaires habituels (recours aux facilités permanentes de prêts et opérations d'*open market*) se sont révélés insuffisants et les banques centrales ont eu recours à des instruments « non conventionnels[30] ». L'étude du FMI a chiffré l'intervention des banques centrales, dans les pays du G20, à 10,2 % du PIB, dont 14,1 % pour les pays avancés, sur la période retenue.

---

[30] Voir site de la Banque de France (www.banquedefrance.fr) pour une description détaillée des instruments monétaires non-conventionnels.

4. Les droits à la retraite des employés de l'État

Les États s'engagent à verser à leurs employés des pensions après leur départ à la retraite ; ces engagements peuvent constituer des montants considérables. Cependant, il est difficile de parvenir à une mesure homogène de cette dette en raison (i) des différences d'organisation des systèmes de retraite entre les pays, (ii) des divergences de normes comptables entre États, et entre comptabilité nationale et patrimoniale.

4.1. Les différences de systèmes de retraite

La plupart des pays anglo-saxons ont instauré des systèmes de retraite par capitalisation, où les cotisations des salariés sont versées à un fonds de pension, qui les gère pour le compte de l'employeur, et sont reversées sous forme de prestation lors de leur départ à la retraite, tant pour les salariés du secteur privé que du secteur public. Dans certains régimes, l'employeur garantit le montant des pensions fixées contractuellement en fonction du salaire et de l'ancienneté (régime dit à « prestation définie »), alors que dans d'autres, les seules cotisations sont définies, ce qui est moins risqué pour l'employeur. Les États-Unis, l'Australie, la Nouvelle-Zélande et le Canada ont opté pour la capitalisation (Bouvier, 2015). En Europe, les États ont opté pour un système par répartition, où les salariés versent leur cotisation à une caisse de retraite, qui les reverse sous forme de pensions aux retraités. Plusieurs pays séparent les caisses de retraite des employés du secteur privé, et celle des employés de l'État, qui peuvent bénéficier d'une prestation complémentaire de l'État.

Dans les systèmes par capitalisation, une grande partie des cotisations versées sont investies – généralement en titres financiers – et constituent ainsi une réserve (ou provision) qui sera utilisée pour financer les pensions lors du départ à la retraite. En revanche, dans les systèmes par répartition, aucune provision n'est constituée par les caisses de retraite ou par l'État. L'engagement à verser les pensions constitue donc une dette due aux futurs retraités, ce qui constitue une différence majeure avec les systèmes par capitalisation, où l'engagement est totalement ou partiellement provisionné[31]. Cette dette est d'autant plus importante que le déséquilibre entre les cotisants et les retraités s'accroît, ce qui est le cas de nombre de pays européens, et notamment de la France, qui a l'un des systèmes de retraite les plus coûteux pour l'État.

En France, le système de retraite distingue les pensions des fonctionnaires de l'administration centrale, de celles des autres fonctionnaires, des entreprises publiques et du secteur privé.

---

[31] C'est le cas des régimes à prestation définie, où il peut exister une différence entre les prestations dues et les réserves constituées.

Les fonctionnaires de l'administration centrale ne cotisent à aucune caisse de retraite et leurs pensions sont imputées directement sur le budget de l'État[32]. La valeur actualisée de ces pensions est enregistrée en engagements hors bilan dans le CGE, et représente la part la plus importante de ces engagements (cf. tableau 2).

Les pensions des autres fonctionnaires et des employés des entreprises publiques sont versées par des caisses de retraites, dont certaines sont à l'équilibre – telle que la CNACL (collectivités locales) – mais qui sont globalement déficitaires. Ces déficits sont comblés par des subventions de l'État central. Certains EPIC, notamment la SNCF et la RATP, bénéficient de régimes dits spéciaux, qui dérogent aux lois encadrant les autres régimes, notamment en matière d'âge de départ, et sont structurellement déficitaires. L'État verse une subvention annuelle pour les équilibrer (cf. tableau 2).

Aucune dette n'a donc été comptabilisée pour reconnaître l'engagement de l'État à payer les retraites des fonctionnaires, et, surtout, aucune réserve n'a été créée pour y faire face.

Les retraites du secteur privé s'appuient sur (i) des caisses du régime dit général, dont l'équilibre est assuré par la sécurité sociale. Leurs déficits futurs en valeur actualisée constituent donc également une dette pour l'État, mais celle-ci n'est pas comptabilisée (ii) des régimes complémentaires, qui, eux sont à l'équilibre ou excédentaires.

4.2. Les différences de normes comptables

Nous avons montré dans le chapitre 1 que la comptabilisation de la dette des administrations publiques diffère selon que l'on utilise la comptabilité nationale ou la comptabilité patrimoniale. Le choix de l'approche comptable a une incidence particulièrement importante sur la mesure des engagements de retraite.

4.2.1. Comptabilité nationale

En comptabilité nationale, les pays européens et le Japon excluent totalement les engagements de retraite de la dette publique. En revanche, la plupart des pays anglo-saxons, tels que l'Australie, le Canada et les États-Unis, incluent dans la dette des administrations, la valeur actualisée des pensions à verser aux fonctionnaires. Selon Lequiller et Blades (2014), cela a pour effet d'augmenter la dette des administrations de quatorze points de PIB pour le Canada et 20 points pour les États-Unis sur la base des chiffres de 2012.

---

[32] On rappelle que, de plus, le calcul des pensions des fonctionnaires est assis sur les six derniers mois de salaire, alors que dans le régime général, il est basé sur le salaire moyen perçu pendant vingt-cinq ans.

Tableau 3. Dette publique des États-Unis, Canada et France, 2012 selon l'approche SCN/FMI

En % du PIB	États-Unis	Canada	France
Total dette publique, approche SCN 2008	122,5	109,7	109,3
Total hors dette de retraite	102,1	96,1	109,3
Dette de retraite intégrée dans la dette publique (Valeur actualisée nette des pensions à verser)	20,4	13,6	0

Source : Lequiller et Blades (2014)

Le SCN, dans ses préconisations, a opté pour l'approche anglo-saxonne. S'appuyant sur le SCN, le FMI propose de comptabiliser, dans la dette de l'administration, la valeur actualisée nette[33] des pensions à verser aux employés de l'État si aucune réserve n'a été constituée[34]. Il considère que les droits à la retraite ne sont pas soumis à condition : ils constituent une dépense future certaine, qui peut être quantifiée en s'appuyant sur l'espérance de vie résiduelle des retraités. Cependant, cette préconisation n'est pas suivie par nombre de pays-membres et il n'a, rappelons-le, aucun pouvoir coercitif ; les données de dette qu'il publie dans ses rapports se basent sur les données transmises par les instituts nationaux de statistique, qui n'incluent pas toujours (c'est le cas des pays européens) les engagements de retraite. Il y a donc une forte *incomparabilité* des chiffres de comptabilité nationale en matière de dette publique entre l'Europe, en particulier la France, et les États-Unis ou le Canada (Lequiller, 2018).

Le SEC propose en revanche d'enregistrer les engagements de retraite en hors-bilan. En effet, les pays d'Europe continentale ont toujours refusé d'adopter l'approche préconisée par le FMI, car cela aurait pour effet d'augmenter substantiellement les chiffres de dette officiels (Lequiller, 2018), ces pays ayant mis en place des systèmes par répartition et n'ayant pas constitué de réserves. Ce point constitue le principal point de divergence entre l'approche du FMI et celle de SEC. Il revient aux analystes financiers et autres observateurs de procéder aux retraitements nécessaires pour les rendre comparables.

---

[33] Il s'agit de l'écart entre les cotisations à recevoir et les pensions à verser, actualisé sur une période infinie.

[34] En revanche, le FMI propose de traiter en dette contingente la prise en charge des dépenses de sécurité sociale (principalement les dépenses de santé) des fonctionnaires, qui est soumise à la condition de l'état de santé futur des retraités.

4.2.2. Comptabilité patrimoniale

En comptabilité patrimoniale, les normes IFRS requièrent d'enregistrer au passif des entreprises la valeur actuelle nette des engagements de retraite. Cette approche est retenue dans les normes IPSAS pour la comptabilisation des retraites des employés de l'État. La valeur actuelle nette des engagements de retraite des employés de l'État doit être comptabilisée en dette. Cependant, comme déjà indiqué, ces normes ne s'imposent pas aux pays.

Les pays d'Europe continentale publiant des comptes patrimoniaux, tels que la France, publient la valeur actuelle des engagements de retraite des fonctionnaires en hors bilan, conformément aux préconisations du SEC.

Comme indiqué dans la section 1 de ce chapitre, en France, selon le CGE (cf. tableau 2), la dette correspondant aux droits de retraite des fonctionnaires s'élevait à 1,841 Mds d'euros à fin 2023, contre 1,684 en 2022, la différence entre 2023 et 2022 provenant des mouvements de taux d'intérêt[35]. Si cette dette était intégrée dans la dette totale des administrations publiques, cette dernière s'élèverait à 199% du PIB sur la base des chiffres 2023.

4.3. Distinguer engagements hors bilan et dettes contingentes

Les engagements de retraite faussent la comparaison des données de dette publique entre pays anglo-saxons et européens. On peut cependant se demander s'il est pertinent d'intégrer les engagements de retraite dans la dette des administrations, au même titre que la dette financière due aux marchés (Lequiller, 2018). La question se pose également pour nombre d'engagements hors-bilan.

4.3.1. Engagements auprès des créanciers et des autres contreparties

En effet, alors qu'une renégociation d'emprunt entraîne, *de facto*, une situation de défaut de paiement, entraînant une dégradation de la note de crédit et une hausse des taux d'intérêt, tel n'est pas le cas pour une renégociation des modalités de versement des retraites. Celle-ci n'est en aucun cas considérée comme un défaut – au contraire, elle peut être encouragée par les autres créanciers, comme l'a montré récemment la réforme des retraites en France.

En 2023, le gouvernement français a décidé d'augmenter l'âge de départ à la retraite de 62 à 64 ans, ce qui revient à de ne pas verser les pensions initialement dues aux employés âgés de 62 à 64 ans. Cette réforme a été 'repoussée' au moment où nous écrivons ces lignes. Ces changements n'ont pas eu d'effet sur les créanciers de l'Etat.

Dans le cas d'une garantie accordée par l'État à une dette, au contraire, un changement des termes du contrat initial entraînerait une dégradation de la note du débiteur ; et si cette garantie venait à être appelée et n'était pas

[35] La baisse des taux en fin 2023 a eu pour effet d'augmenter la valeur actualisée des versements futurs.

honorée, un défaut de paiement vis-à-vis des créanciers serait constaté, avec des conséquences graves sur le coût de la dette. Il apparaît donc nécessaire de distinguer :

- les engagements hors-bilan susceptibles de se transformer en dette financière auprès des créanciers officiels ou commerciaux, qui correspondent à la définition du SCN/FMI ;
- les engagements hors-bilan auprès d'autres contreparties, particuliers ou institutionnels, pouvant être renégociés sans entraîner de défaut de paiement sur la dette de l'État, ce qui est le cas des engagements de retraite.

Seuls les premiers constituent une dette publique contingente. En effet, en France, l'État accorde de nombreuses aides comptabilisées en hors-bilan, dans les « engagements découlant de la mission de régulateur économique et social de l'État » (cf. tableau 2). De même que les pensions à verser, ces engagements sont pris auprès de contreparties (fournisseurs d'énergies, personnes handicapées, allocataires des aides aux logements, etc.) qui ne sont pas des créanciers de l'État, et peuvent être renégociés. Ainsi, en 2010, confronté à une crise de surendettement, l'État grec a procédé à une réduction massive des pensions de retraite.

Tel n'est pas le cas des garanties accordées par l'État, enregistrées en « engagements pris dans le cadre d'accords bien définis » (cf. tableau 2). Si ces garanties ne sont pas honorées, un défaut de paiement sera constaté par les agences de notation, et la réputation de la France durablement affectée, avec des conséquences graves sur le niveau des taux d'intérêt. Il s'agit là de véritables dettes contingentes auprès des créanciers de l'État.

En s'appuyant sur le tableau 2, on peut répartir les engagements hors bilan de l'État entre dettes contingentes et engagements auprès de contreparties autres que les créanciers.

Tableau 4. France, répartition des engagements de l'État par contreparties, 2023 (en Mds d'euros)

Total engagements hors bilan	**4,111**
Dettes contingentes auprès des créanciers : Engagements pris dans le cadre d'accords bien définis (garanties sur dette financière)	1,591
Engagements auprès d'autres contreparties	**2,520**
Engagements découlant de la mission de régulateur économique et social de l'État : aides diverses à des entreprises et particuliers	679
Engagements de retraite de l'État : pension à verser aux fonctionnaires	1,841

Source : CGE et auteurs

Afin de comparer les dettes publiques de tous les pays, et de résoudre la différence de comptabilisation entre anglo-saxons et européens, il paraît pertinent (i) de ne retenir que la dette des administrations publiques hors retraite, comme le proposent Lequiller et Blades[36], (ii) de n'inclure dans les dettes contingentes que les engagements susceptibles de se transformer en dette financière pour l'État, telles que les garanties, (iii) de faire apparaitre les autres engagements hors bilan séparément, (iv) d'identifier les risques constituant des dettes contingentes implicites et de chiffrer la hausse potentielle de la dette s'ils se matérialisaient.

4.3.2. Retraites : identifier les dépenses annuelles

En ce qui concerne les engagements de retraite, il paraît plus opportun d'identifier leur poids en s'intéressant aux dépenses annuelles, plutôt que de mesurer des engagements futurs qui peuvent être renégociés. Ces dépenses peuvent être mesurées relativement aux recettes budgétaires ou à la taille de l'économie (PIB). Cette seconde mesure est proposée par l'OCDE, qui rapporte le coût de l'ensemble des retraites, net des cotisations, au PIB.

De ce point de vue, la France se classe en troisième position après la Grèce et l'Italie, avec des dépenses de retraite représentant près de 14 % du PIB en 2019, alors que pour les pays de l'OCDE, le ratio se situe à 8 %. Cet indicateur prend en compte l'ensemble des retraites, privées et publiques.

Figure 1. Pays de l'OCDE, coût net des retraites en % du PIB, 2019

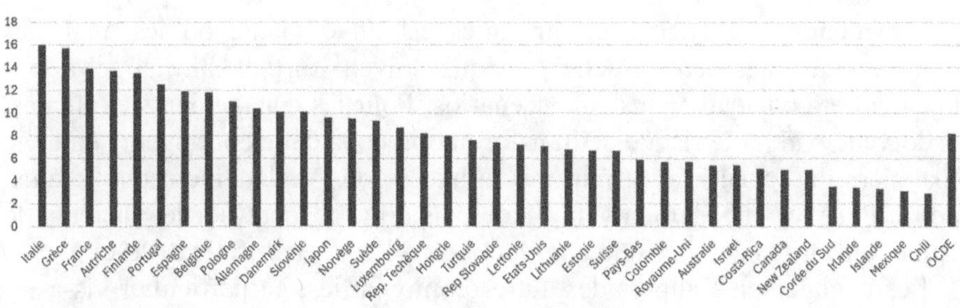

Source :OCDE

Dans le cadre d'une mesure de la dette publique contingente, le ratio des dépenses de retraite rapportées aux recettes budgétaires constitue un indicateur permettant des comparaisons entre pays et dont l'évolution peut être tracée dans le temps.

---

[36] La présentation de la dette dans les rapports de l'article 4 du FMI permettent de connaitre le périmètre de dette retenu et, le cas échéant, de procéder à un ajustement consistant à déduire les engagements de retraite de la dette des administrations.

Ainsi, en France, le montant des pensions versées annuellement aux fonctionnaires est indiqué dans le CGE (il n'inclut pas cependant les pensions des collectivités locales). Il représentait 20 % des recettes de l'État en 2024, ce qui est élevé par rapport aux autres pays avancés. On observe que ce ratio n'était que de 15 % en 2003 ; cette progression va se poursuivre en raison de l'augmentation du nombre de retraités, et les pensions versées aux fonctionnaires vont représenter une part toujours plus importante des recettes publiques à l'avenir. Cependant, ces pensions pouvant être renégociées ou non indexées sur l'inflation, l'État sera en mesure d'en stopper la progression s'il le souhaite, ce qui justifie de ne pas intégrer leur montant futur actualisé dans le bilan de l'État au même titre que la dette financière due aux créanciers.

Conclusion

Les dettes contingentes représentent, dans les pays avancés, des montants considérables, comparables à la valeur de la dette des administrations publiques. La matérialisation de ces dettes a été à l'origine de crises financières majeures. Il n'est cependant pas opportun d'additionner ces deux montants : la dette contingente peut être renégociée sans constater un défaut de paiement, ce qui n'est pas le cas de la dette des administrations publiques. Il nous paraît opportun, dans l'optique d'une évaluation de la dette publique, de distinguer les engagements susceptibles de se transformer en dette financière, des engagements auprès d'autres contreparties, qui peuvent être renégociés.

L'évaluation des dettes contingentes est un domaine où les analystes financiers qui mesurent la dette publique doivent surtout faire appel à leur jugement et considérer plusieurs scénarios. Pour les engagements explicites, ils doivent évaluer le risque de transformation de la dette contingente en dette financière due par l'État et mesurer la hausse de l'endettement public ainsi induit. Pour les engagements implicites, ils doivent identifier les facteurs de risque pouvant nécessiter une intervention de l'État et chiffrer celle-ci.

Les engagements auprès des autres contreparties, en particulier vis-à-vis des retraités de l'État, doivent être pris en compte dans les prévisions de solde budgétaire ; ils ont un caractère certain et, au fur et à mesure qu'ils se matérialisent, alourdissent les dépenses publiques. Les engagements de pension des fonctionnaires sont amenés à progresser et constituent un facteur de progression de la dette publique ; cependant, si la dette s'avère non soutenable, ils peuvent être renégociés.

Chapitre 3
Histoire de la dette publique dans les pays avancés jusqu'à la Première Guerre mondiale

L'histoire de la dette publique est riche d'enseignements. Son évolution ne peut être comprise qu'après une analyse du contexte politique, économique et idéologique de chaque époque. L'idéologie dominante influence les décisions des gouvernants en matière d'endettement : au rejet du prêt à intérêt, a succédé l'acceptation de la nécessité pour l'État de s'endetter de manière raisonnable, et, depuis peu, de s'endetter sans fin. La perception même des métiers de la finance a changé : méprisés au Moyen Âge, les financiers sont ensuite considérés comme un mal nécessaire, avant d'être adulés dans les dernières décennies du XXe siècle.

Il est difficile d'obtenir des données précises et fiables sur la dette publique avant cette période. « La dette publique commence à partir du moment où les emprunts des pouvoirs publics sont considérés comme une seule dette globale, et où ils tendent à être "consolidés" [...] Ces titres à long terme ne sont appréciables aux yeux des créanciers que s'ils comportent des intérêts, et s'ils peuvent être librement cédés à titre onéreux, ou transférés par héritage. » (Andreau, 2006) Ces conditions furent remplies à la fin du XVIIIe siècle aux États-Unis, en Angleterre, en Suède, et au début du XIXe siècle en France.

Afin de pouvoir analyser l'évolution de la dette publique sur une longue période, nous nous focalisons, dans ce chapitre, sur les pays avancés jusqu'à la Première Guerre mondiale ; l'histoire de la dette publique des pays avancés du XXe siècle à nos jours sera traitée dans le chapitre suivant.

1. Antiquité et Moyen Âge : l'incertitude juridique

Il existe peu de trace de dette publique dans l'Antiquité. Selon Andreau, Rome n'a contracté des emprunts qu'à deux reprises, et uniquement pour financer des conflits armés : lors des guerres puniques au IIIe siècle avant J.-C., puis des guerres civiles, au Ier siècle après J.-C. Des emprunts furent contractés à titre personnel par des empereurs, notamment par Auguste pour financer ses grands travaux ; la dette se situait alors à la limite de l'emprunt privé et de l'emprunt public. Au Moyen Âge, comme dans l'Antiquité, la notion même de dette publique n'existait pas (Hamon, 2006).

Les premières expériences de monétisation eurent lieu dans la Rome antique. Afin de payer leurs dettes et la solde due à leurs soldats, les empereurs romains commencèrent à réduire la teneur en or et en argent des pièces métalliques, qui étaient alors la seule forme de monnaie. Cela entraîna une perte de confiance dans la monnaie et plusieurs épisodes d'inflation.

1.1. Instabilité politique et influence des croyances religieuses

En Europe, les monarques et les seigneurs ont eu abondamment recours à l'endettement jusqu'au début du XIXe siècle ; le motif principal a été le financement des guerres. En effet, aux empires romain et carolingien, qui possédaient un pouvoir et une administration centralisés, ont succédé une myriade de petits royaumes, duchés, comtés et cités-États, entretenant entre eux de complexes relations vassaux-souverains, et qui se trouvaient en état de guerre quasi-permanent. Les dettes levées pour payer l'effort militaire n'étaient pas toujours remboursées et les créanciers souvent spoliés.

Ainsi, au XIIIe siècle, Saint-Louis endetta lourdement le Royaume de France pour financer ses guerres contre l'Angleterre et les croisades. Afin de régler la dette, ses successeurs n'hésitèrent pas à se livrer à l'extorsion de leurs créanciers : banquiers juifs sous Louis VIII et Ordre du Temple sous Philippe le Bel. Ce dernier expulsa les juifs de France en 1306 et reprit les créances qu'ils possédaient sur la couronne, avant de spolier et de liquider – juridiquement et physiquement – les templiers. Les monarques français ne furent pas les seuls à abuser leurs créanciers ; Béaur (2011) rappelle que le roi Edward III d'Angleterre refusa de rembourser les banquiers italiens qui avaient financé son Royaume au début de la guerre de Cent Ans, provoquant la ruine de ceux-ci. D'autres monarques avaient recours à l'emprunt forcé, qui, étant rarement remboursé, n'est rien d'autre qu'un impôt déguisé.

La difficulté à obtenir le remboursement des prêts de la part des souverains, à une époque où il était difficile de leur imposer d'honorer leurs contrats de dette, a longtemps dissuadé les créanciers de prêter sur des maturités longues. « Les mauvaises manières infligées à ces hommes d'argent (saisies, amendes, exactions diverses) se répètent régulièrement et interdisent un fonctionnement un tant soit peu harmonieux des relations avec la monarchie. » (Hamon, 2006, p. 85-97) Se posait également, pour les créanciers, la question de la continuité de l'État : le monarque qui reprenait le pouvoir à la suite du décès d'un roi ou d'une guerre pouvait refuser d'assurer le remboursement de la dette contractée par le souverain précédent.

En outre, chaque souverain frappant sa propre monnaie, les conversions s'effectuaient sur la base de leur teneur en métal, qui pouvait elle-même être facilement falsifiée. Ce privilège, dont bénéficiait les seigneurs, était connu sous le nom de *seignorage* en vieux français, qui est à l'origine du mot « seigneuriage », et désigne le pouvoir d'émettre la monnaie, détenu par les seules banques centrales de nos jours. Le seigneuriage permettait au souverain d'émettre un montant de monnaie plus élevé que la valeur réelle de l'encaisse de métaux précieux qu'il détenait ; le surplus de monnaie émise pouvait être utilisé pour payer les engagements de l'État. Ce procédé prend de nos jours le nom de monétisation et sera traité dans les chapitres ultérieurs.

Au Moyen Âge, la pratique de la monétisation était courante et facilitée par l'absence de la séparation entre la gestion du Trésor et la conduite de la politique monétaire, les premières banques centrales n'ayant vu le jour qu'au tournant du XVIIIe siècle. Le roi français Philippe le Bel avait ainsi hérité du sobriquet de « roi faux monnayeur[37] » ; en réalité, il procéda à plusieurs « mutations » de la monnaie (six au total entre 1295 et 1306), consistant à diminuer la teneur en or des pièces, en les fondant avec d'autres métaux, généralement du plomb.

1.2. Lettre de change et rente : premières innovations financières

Au Moyen Âge, l'idéologie dominante n'était pas propice à l'activité financière. L'endettement financier fut longtemps frappé d'interdit par les autorités religieuses chrétiennes et musulmanes, qui considéraient l'intérêt comme de l'usure[38]. Cela a laissé le champ libre aux marchands de confession hébraïque pour développer des réseaux de banques et accorder des prêts aux monarques. Ils ont été rejoints par les banquiers italiens, qui ont développé des techniques financières pour contourner le prêt à intérêt et financer les cités-États italiennes (Venise, Florence, Gênes).

Le premier instrument fut la lettre de change, qui est un effet de commerce, donc présente l'inconvénient d'avoir une échéance courte. Le service de conversion de devises et le déplacement géographique des paiements masquaient l'élément de crédit qui était consubstantiel à la lettre de change (Hautcoeur, 2008). Est ensuite apparu le contrat de rente, qui est considéré par les autorités religieuses comme un échange de versement immédiat contre un flux de revenus futurs, soit pour la durée de vie du bénéficiaire (rente viagère), soit perpétuellement (rente perpétuelle).

Selon Hautcoeur, la rente se développa rapidement au Moyen Âge, d'abord dans les villes du Nord de la France, où elles étaient garanties par les impôts locaux, puis, au XVe siècle, dans des entités publiques plus importantes telles que les États de Hollande, l'Hôtel de Ville de Paris (agissant pour le compte du Roi), puis par les royaumes d'Aragon et de Castille. Un marché secondaire des titres de rente se développa, grâce à l'élargissement social du monde des créanciers ; ces titres furent utilisés comme garantie pour des prêts court-terme contractés par les cités-États, qui levaient de la dette à long terme pour

---

[37] L'accusation fut lancée par l'évêque de Pamiers Bernard Saisset, connu pour être un ennemi de Philippe le Bel.

[38] Notons que cet interdit perdure encore dans la plupart des pays musulmans, ce qui a donné naissance à la finance islamique ; celle-ci désigne un ensemble de techniques financières permettant de contourner le prêt à intérêt.

financer leurs armées de mercenaires ; la dette devenait donc indispensable pour assurer l'indépendance et la survie des cités-États.

2. Renaissance et Ancien Régime : consolidation des dettes publiques et création du papier-monnaie

À la Renaissance, la Réforme entraîna un profond changement de l'idéologie dominante en Occident, avec comme principale conséquence la levée progressive de l'interdit religieux sur le prêt à intérêt. Comme le rappelle Graeber (2013), l'interdiction de l'usure fut rejetée en 1650 par Calvin, qui considérait qu'un taux d'intérêt raisonnable n'était pas un péché, du moment que les prêteurs n'exploitaient pas les pauvres. L'ensemble des protestants se rallièrent à sa position. La doctrine catholique fut plus longue à se réformer, ce qui peut en partie expliquer le retard économique pris, à partir de cette époque, par les pays les plus imprégnés de cette idéologie, en particulier l'Espagne.

Sur le plan politique, l'époque fut marquée par la consolidation des cités indépendantes en États-nations en Europe, et par le début de la colonisation de l'Amérique et de l'Afrique, qui allaient accroître substantiellement les revenus des pays européens placés sur la façade atlantique. La lutte entre les pays européens prit une ampleur inédite, puisqu'elle opposait des États-nations et non des petits territoires indépendants. Les guerres engendrèrent encore plus de besoins de financement, et la dette publique atteignit des niveaux inégalés à la fin du XVIIIe siècle.

2.1. Première consolidation de la dette publique

Les XVe et XVIe siècles furent une période de développement très intense du crédit public en Europe. De même qu'au Moyen Âge, les dettes émises par les royaumes étaient sujettes à des défauts, en raison de la persistance de l'insécurité juridique. Cependant, la transformation des cités-États européennes en États-nations permit de concentrer les émissions de dette publique sur des pays plus peuplés et mieux organisés (Angleterre, Espagne, France, Hollande, Portugal, Suède), qui levaient chacun des montants de dette plus importants. Les souverains, dont les administrations étaient plus efficaces pour collecter l'impôt, commencèrent à centraliser leurs recettes et leurs dépenses, et à consolider leurs dettes (Dincecco, 2009). La Russie qui, rappelons-le, a participé au concert des nations européennes jusqu'à la Révolution de 1917, mit plus de temps à moderniser son administration ; c'est sous le règne de Catherine II, au XVIIIe siècle, qu'elle commença à consolider sa dette publique (Raffalovich, 1902).

L'effet de taille permit une meilleure organisation de l'administration de l'État. En France, l'État créa les rentes de l'hôtel de ville en 1522, qui, une fois collectées, étaient reversées au Trésor royal. Ce système perdura jusqu'à la fin du XVIIIe siècle. Les villes jouaient alors le rôle d'intermédiaire, de garant, et éventuellement de porte-parole des créanciers de l'État (Hamon, 2006). On peut considérer les rentes de l'hôtel de ville comme la première émission de dette publique en France.

De ce fait, les rentes émises par les États puis échangées entre créanciers constituaient des instruments financiers plus liquides. La croissance du marché secondaire – c'est-à-dire les échanges de titres entre détenteurs – en fut stimulée. Cela entraîna une amélioration de la capacité de remboursement de la dette des États, qui virent les taux d'intérêt diminuer, et purent emprunter plus facilement. La modernisation des échanges de dette et les meilleures garanties de remboursement offertes aux créanciers stimulèrent la croissance de la dette publique, l'appétit des États étant toujours intact.

Ainsi, en Angleterre, le *Bill of Rights* de 1688 permit au parlement de prendre le contrôle de la collecte des impôts, auparavant détenu par l'aristocratie, ce qui s'accompagna d'une forte hausse de ceux-ci. Le remboursement de la dette étant garanti par des recettes affectées (*Funded Debt*), cela donna confiance aux créanciers, qui acceptèrent d'augmenter les prêts à la Couronne sans hausse des taux d'intérêt, et permit d'émettre de nouvelles dettes. Entre 1688 et 1714, la dette publique anglaise passa de 20 % à 80 % du PIB (Dockès, 2022). Le cercle vertueux ainsi établi permit à l'Angleterre de se bâtir une capacité d'endettement qui joua un rôle essentiel dans le financement de la révolution industrielle et des guerres au XVIIIe siècle.

C'est au XVIe siècle que furent vendus pour la première fois des titres de dette – en l'occurrence des rentes du Comté de Hollande – à des acheteurs étrangers (Neal, 1990). La pratique devait ensuite se diffuser en Europe. Ainsi l'Espagne de Philippe II finança ses guerres grâce à des prêts obtenus des banquiers hollandais (Drelichman et Voth, 2014). De même, en 1769, la Russie réalisa son premier emprunt auprès de banques hollandaises (Raffalovitch, 1902). Le marché secondaire des rentes poursuivit son développement ; l'augmentation de la liquidité des titres stimula les émissions de dette nouvelles. Selon Eichengreen *et al.* (2019), les échanges de dettes ne furent plus restreints à des banquiers appartenant à des réseaux, mais prirent la forme de marchés impersonnels. Au XVIIe siècle, la rente commença à être utilisée par les grandes compagnies anglaises (Compagnie des Indes), puis par la Banque d'Angleterre, créée en 1694.

Au XVIIe siècle, la dette des États-nations européens se situait, selon Drelichman et Voth (2014), dans une fourchette de 20 à 60 % du PIB, soit un niveau comparable à la période moderne pré-2007. La création du papier-monnaie accéléra la croissance et la liquidité du marché de la dette publique.

2.2. Le recours au papier monnaie en Europe du Nord et aux États-Unis

Le papier-monnaie vit le jour en Occident au XVIIe siècle[39] et constitua une innovation financière majeure. Les pays d'Europe du Nord furent les premiers à émettre des billets gagés sur les réserves métalliques de l'État, sur les effets de commerce présentés aux banques, et, en France, sur les revenus des colonies et les biens du clergé. Si les pays d'Europe du Nord firent un usage mesuré de la planche à billets, permettant d'augmenter la dette, la France succomba à la tentation de la monétisation, qui entraîna à deux reprises la banqueroute.

Lors de premières expériences de papier-monnaie, le privilège de l'émission de billets fut accordé par les souverains à des banques nationales à capitaux privés. La Banque d'Amsterdam, créée en 1609, la Banque de Suède (1688), puis la Banque d'Angleterre (1694), furent les premières à émettre des billets en Occident. Cela facilita grandement les échanges et les transactions financières ; jusqu'alors, les opérations de prêt étaient réalisées en pièces métalliques ou *via* des lettres de change. Les premières banques nationales centralisèrent ces effets de commerce et émirent des billets en lieu et place, qui présentaient l'avantage d'être fongibles et donc plus faciles à échanger.

Au Royaume-Uni, la Banque d'Angleterre joua un rôle majeur dans l'émission de dette publique par le Royaume. Elle avait non seulement le privilège d'imprimer des billets de banque mais également d'accorder des prêts à l'État ; ceux-ci étaient financés par son capital et par l'émission de rentes. Elle assumait donc à la fois une mission de politique monétaire et d'agent fiscal. Ce modèle original inspira confiance aux créanciers, et contribua à la réduction du taux d'intérêt, malgré la hausse continue de la dette sur tout le XVIIIe siècle en raison des nombreuses guerres auxquelles participa le pays. Ainsi, le taux d'intérêt payé par la Couronne au XVIIIe siècle était parmi les plus bas d'Europe, alors que son stock de dette était le plus élevé (Neal, 1990).

Aux États-Unis, les premiers billets furent émis par l'État du Massachusetts en 1690, mais c'est en 1795, dix-neuf ans après la Déclaration d'Indépendance (1776), que fut créé le dollar. En 1791, fut instituée la Banque des États-Unis, premier institut d'émission, contrôlée par des capitaux privés. Par la suite, des instituts d'émission regroupant plusieurs États virent le jour, avant que la politique monétaire ne soit confiée, en 1913, à une banque fédérale, la *Federal Reserve Bank* (ou « Fed »).

Le gouvernement issu de la guerre d'indépendance reconnut la dette émise par les colonies et mit un point d'honneur à la rembourser. Contrairement à l'Angleterre, le nouvel État, grâce à la croissance de sa population (+ 3 % par an), de son économie et de ses échanges, fut en mesure d'équilibrer son budget

[39] La première expérience connue d'émission de billets eut lieu en Chine au Xe siècle.

et de rembourser rapidement sa dette. Selon Heffet (2006), la dette publique, qui ne représentait que 35 % du PNB en 1791[40], passa sous la barre des 20 % en 1800 pour être entièrement remboursée en 1836, malgré une légère augmentation pour financer la guerre de 1812.

Les premiers pays à avoir eu recours au papier-monnaie en firent donc un usage mesuré, s'assurant que la parité entre les billets émis et les réserves métalliques était maintenue, et utilisèrent les recettes budgétaires pour rembourser la dette. Ce refus de la monétisation rassura les créanciers, et permit à ces pays d'augmenter significativement leurs émissions de dette en période de guerre, puis de les rembourser rubis sur l'ongle en période de paix. Le contrôle de l'émission par des banques séparées du gouvernement joua un rôle essentiel pour éviter ces dérives, comme cela sera démontré plus tard par l'École monétariste (cf. chapitre 6). D'autres, au premier rang desquels la France, laissèrent l'État, ou des institutions qui lui étaient proches, prendre le contrôle de l'émission de monnaie.

2.3. En France : papier monnaie et monétisation de la dette

En France, les deux premières expériences d'émission de papier-monnaie eurent lieu au XVIIIe siècle. Le contexte était cependant différent des pays anglo-saxons ; le pays avait dû faire face, tout au long du XVIIIe siècle, à un surendettement chronique, qui trouvait ses origines dans les nombreuses guerres menées par le pays.

2.3.1. La banqueroute de Law (1716-1720)

L'État, sous la pression des dépenses de guerre et dans l'incapacité de frapper un nombre suffisant de pièces, imprima pour la première fois des billets en 1701 - les billets de Monoye, du nom de l'Hôtel de Monoye où ils étaient imprimés. Lorsqu'il succéda à Louis XIV, en 1715, le régent trouva un État en situation de quasi-faillite, avec des dépenses qui s'élevaient à 146 millions de livres, pour des recettes de 69 millions[41] (Murphy, 2006). Pour y faire face, le régent eut recours à la monétisation de la dette en 1716.

Le financier britannique John Law, agissant pour le compte du régent de France, créa, en 1716, une banque privée autorisée à émettre des billets à ordre. Ils étaient gagés sur les terres et les mines d'or acquises en Amérique du Nord par une société contrôlée par Law, la Compagnie du Mississippi (qui devint plus tard la Compagnie d'Occident). En 1717, l'État autorisa la conversion de la monnaie métallique en billets émis par la banque de Law et permit qu'ils soient utilisés pour payer les impôts. En 1719, l'État limita

[40] Statistiques du *Bureau of the Census* (1975).

[41] Il est intéressant de noter que le déficit représentait environ la moitié des recettes, ce qui est à peine plus élevé que le ratio déficit/recettes de l'État en 2025.

l'usage de la monnaie métallique pour les transactions commerciales, pour lesquelles les billets furent utilisés.

Il fut ensuite proposé aux détenteurs de créances sur l'État (en grande partie des rentes et des billets d'État[42]) d'échanger leurs titres contre des actions de la Compagnie du Mississippi, dont le nombre augmenta rapidement sous l'effet des émissions ordonnées par Law. L'opération permit d'éponger une grande partie de la dette de l'État[43]. Sous l'effet de l'impression massive d'actions, le prix de celles-ci s'effondra. En même temps, en mars 1720, les demandes de conversion des billets émis par la banque de Law en pièces métalliques affluèrent, provoquant une crise de confiance dans la nouvelle monnaie papier.

La banqueroute eut pour effet de réduire d'environ de moitié la dette de l'État. Cependant, de nombreux épargnants qui détenaient des billets et des actions de la Compagnie dépréciés furent ruinés.

2.3.2. Les assignats (1790-1797)

En 1788, le service de la dette française absorbait environ la moitié des recettes de l'État (Béaur, 2011). Les classes populaires, pauvres et lourdement taxées – surtout par les impôts indirects – s'élevèrent contre l'augmentation de la fiscalité que le gouvernement du roi proposait et qui aggravait les inégalités avec le clergé et la noblesse. Ceci conduisit à la Révolution de 1789. Afin de rembourser la dette, l'Assemblée constituante issue de la Révolution confisqua les biens du clergé – qui représentaient environ un quart du patrimoine français – et les déclara biens nationaux. Des bons, les assignats, furent émis auprès du public en décembre 1789, gagés sur ces biens. En 1790, une seconde émission eut lieu et le cours forcé des assignats fut décrété et les transactions en monnaie métallique furent interdites ; l'assignat était devenu du papier-monnaie.

Cependant, en raison des besoins financiers grandissant des gouvernements successifs, les assignats furent imprimés en trop grand nombre au regard de la valeur des biens gagés, entraînant une dépréciation rapide. Dès 1793, ils avaient perdu la moitié de leur valeur, et en 1795, 96 % de leur valeur (École des hautes études en sciences sociales, 2021), entraînant un épisode d'hyperinflation dans le pays.

Afin d'y mettre fin, en 1796, l'État remplaça l'assignat par une nouvelle monnaie, le mandat territorial, mais celui-ci perdit la quasi-totalité de sa valeur en onze mois. Les détenteurs de papier-monnaie furent ruinés : un créancier qui aurait reçu 3 000 francs-assignats de l'État en 1791 n'en aurait plus retiré qu'un franc en 1796. Devant encore faire face à une dette importante, le

---

[42] Il s'agissait de titres de créance sur l'État pouvant être échangés, émis dans les dernières années du règne de Louis XIV.

[43] Qui entretemps avait été rebaptisée Compagnie des Indes, suite à sa fusion avec d'autres compagnies.

Directoire, en 1797, procéda à un échange forcé : les détenteurs de créances sur l'État - emprunts, titres obligataires, rentes – furent remboursés à concurrence des deux tiers de leur capital en bons du Trésor nouvellement émis ; le tiers restant fut consolidé avec la dette publique et les intérêts également payés en bons du Trésor. La valeur de ces bons s'effondra peu après l'échange, provoquant la ruine des créanciers de l'État.

Cet épisode est connu sous le nom de « banqueroute des deux tiers ». Il constitue, à ce jour, le dernier cas de défaut de l'État français sur sa dette. Comme tous les échanges forcés, la banqueroute des deux tiers permit à l'État de réduire sa dette mais ruina également son capital confiance.

3. De Waterloo à Sarajevo : le siècle du rentier européen

Au début du XIXe siècle, les pays occidentaux les plus avancés devaient faire face à une dette publique importante, héritée des guerres napoléoniennes et d'indépendance des États-Unis. L'expansion de ces pays sur de nouveaux territoires et la croissance économique engendrée par la révolution industrielle allaient leur permettre de dégager des excédents importants et de rembourser facilement leur dette. Jusqu'à la Première Guerre mondiale, ces pays connurent une période de stabilité monétaire et de liberté des échanges qui favorisèrent le développement et l'internationalisation du marché de la dette, qui profita aux créanciers européens, principaux détenteurs de capitaux. Malgré les crises politiques et financières, l'endettement des pays avancés, dont la France, le Royaume-Uni, et les États-Unis, diminua sur la période. La Première Guerre mondiale mit fin au siècle du rentier européen.

3.1. Un contexte favorable aux pays occidentaux

3.1.1. Relative stabilité politique et expansion coloniale

Le contexte politique changea radicalement dans la période séparant les guerres napoléoniennes de la Première Guerre mondiale. Au regard des siècles précédents, le XIXe siècle fut une période de relative stabilité politique, propice à la croissance économique et à l'investissement international. Jusqu'en 1914, les guerres entre pays avancés se limitèrent à des conflits localisés (Allemagne-Autriche, Allemagne-France, Japon-Russie) ou à des guerres civiles (guerre de Sécession aux États-Unis, guerre d'indépendance italienne), beaucoup moins coûteuses que les conflits généralisés.

Dans la seconde moitié du siècle, on assista à la naissance de deux nouveaux États-nations européens, l'Italie et l'Allemagne, et à la renaissance économique d'un pays asiatique, le Japon. Celui-ci, sous la Restauration de Meiji qui débuta en 1868 accéda au rang de grande puissance grâce à un intense effort de rattrapage industriel. L'expansion coloniale s'accéléra pour l'ensemble des pays européens, surtout la France et le Royaume-Uni, entraînant une forte augmentation des revenus extérieurs. L'Espagne, en revanche, perdit ses colonies en Amérique du Sud et en Asie au profit des États-Unis. Le développement des États-Unis vers les territoires de l'Ouest, grâce à l'achat de la Louisiane à la France et au rattachement de territoires pris au Mexique et à l'Espagne, lui assura une croissance économique et démographique exceptionnelle. Elle fut freinée par la guerre de Sécession, pour reprendre de plus belle à partir de la fin du siècle, avec l'arrivée massive de migrants européens.

3.1.2. Croissance économique et orthodoxie budgétaire

Les pays avancés connurent alors un long épisode de croissance économique, rendu possible par la révolution industrielle, qui permit d'augmenter la productivité, et donc la richesse créée, en des proportions jamais connues jusqu'à présent. Selon Bairoch (1995), entre 1800 et 1913, le PNB réel de l'Europe (Russie comprise) crut à un taux réel moyen de 1,7 % par an. La croissance économique était principalement tirée par l'industrie, avec un taux de croissance moyen sur la période 1830-1913 de 2,6 %, contre 1 % pour la production agricole.

Figure 1. Dépenses publiques en % du PIB, pays avancés, 1800-1913

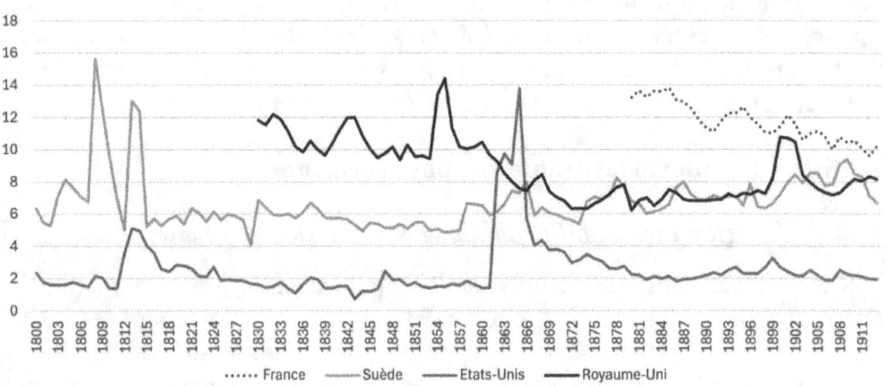

Source : FMI

Selon les statistiques les plus anciennes[44], les dépenses publiques ne représentaient guère plus de 10 % du PIB, sauf en période de guerre. Cela était dû à la quasi-inexistence de services sociaux publics. Les États européens

[44] Voir FMI, *Global Debt Database*. Seules les données des États-Unis et de la Suède couvrent la totalité du XIXe siècle ; pour le Royaume-Uni et la France, il n'existe pas de chiffres avalisés par le FMI antérieurs à, respectivement, 1830 et 1880.

dégagèrent ainsi des excédents budgétaires importants. Comme le notent Eichengreen *et al.* (2019), l'excédent budgétaire primaire du Royaume-Uni s'établit, en moyenne, à 1,6 % du PIB sur l'ensemble du XIXe siècle, et le budget ne fut en déficit que lors de la guerre des Boers, au tournant du XXe siècle. L'orthodoxie budgétaire n'était pas propre au Royaume-Uni ; les États-Unis, la France et la Suède dégagèrent également des excédents budgétaires primaires en dehors des années 1860-1864 (guerre de Sécession).

Figure 2. Solde primaire du budget en % du PIB, pays avancés, 1801 à 1913

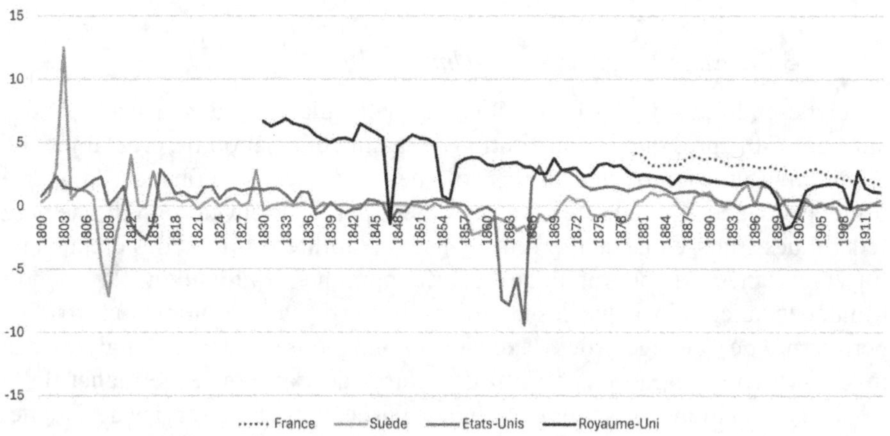

Source : FMI

Cette politique de rigueur budgétaire reflétait l'idéologie dominante dans les pays avancés, influencée par les économistes classiques. Ceux-ci prônaient le maintien de l'équilibre budgétaire et le remboursement des dettes afin de restaurer la confiance des prêteurs. Pour Grenier (2006), « on peut considérer le 19e siècle européen comme le siècle du rentier public : en plus de la baisse des prix qui valorise d'autant le capital investi, se développe alors la croyance en la force et la perpétuité de l'État, et donc en son souci de respecter la parole donnée ». Pour les pays avancés, la dette devait être maintenue à un faible niveau, afin de pouvoir s'endetter en cas de guerre. Dans la seconde moitié du siècle, ils reconnurent cependant la nécessité de s'endetter pour financer les infrastructures publiques, mais jamais pour financer des prestations sociales.

3.2. Le désendettement des pays avancés

Dans la première moitié du siècle, les excédents budgétaires et extérieurs importants réalisés par les États-Unis et les pays européens furent affectés au remboursement des dettes contractées lors des guerres de la fin du XVIIIe siècle et début du XIXe siècle. Le remboursement des dettes fut financé par les excédents budgétaires et sans recours à la monétisation – l'inflation aux États-Unis, en France et au Royaume demeura inférieure à 1 % sur la période (Eichengreen *et al.*, 2019). La France débuta cependant son désendettement plus tard, car elle dut s'acquitter d'indemnités de guerre importantes en 1815 puis en 1871.

3.2.1. États-Unis, Royaume-Uni, Suède

Le désendettement des États-Unis fut spectaculaire ; il démarra à la fin des années 1780, après que la constitution de la nouvelle nation fut proclamée. La dette importante contractée par les colonies anglaises pour financer la guerre d'indépendance fut entièrement assumée par le nouveau gouvernement fédéral des États-Unis, ce qui renforça sa crédibilité vis-à-vis des créanciers. La croissance démographique et économique qui suivit la guerre d'indépendance, ainsi que les premiers effets de la révolution industrielle, permirent de dégager des excédents budgétaires élevés, malgré des investissements importants en infrastructures de transport et le rachat de la Louisiane à la France. Ils furent en grande partie affectés au service de la dette. Selon Heffetr (2006), « le secrétaire au Trésor, Albert Gallatin […] pense que la dette ne crée pas de capital productif et que l'emprunt public évince du marché des capitaux des investisseurs privés qui feraient un bien meilleur usage de ces fonds. Selon lui, la dette est inflationniste et décourage l'investissement privé ».

Le seul recours à la dette eut lieu lors de la guerre de Sécession (1861-1865). Elle ne dépassa cependant pas 30 % du PIB. Grâce à la croissance soutenue de l'économie et à l'orthodoxie budgétaire du gouvernement, elle fut ramenée à 3 % du PIB en 1913. L'inflation demeura proche de zéro sur la période. Le refus de monétiser la dette inspira confiance aux créanciers et les États-Unis bénéficièrent de taux d'intérêt faibles sur leur dette publique sur toute la période. Comme le montre le cas de la Suède, les États européens débutèrent leur désendettement dès la fin des guerres napoléoniennes.

Figure 3. Dette publique en % du PIB, États-Unis et Suède, 1800-1913

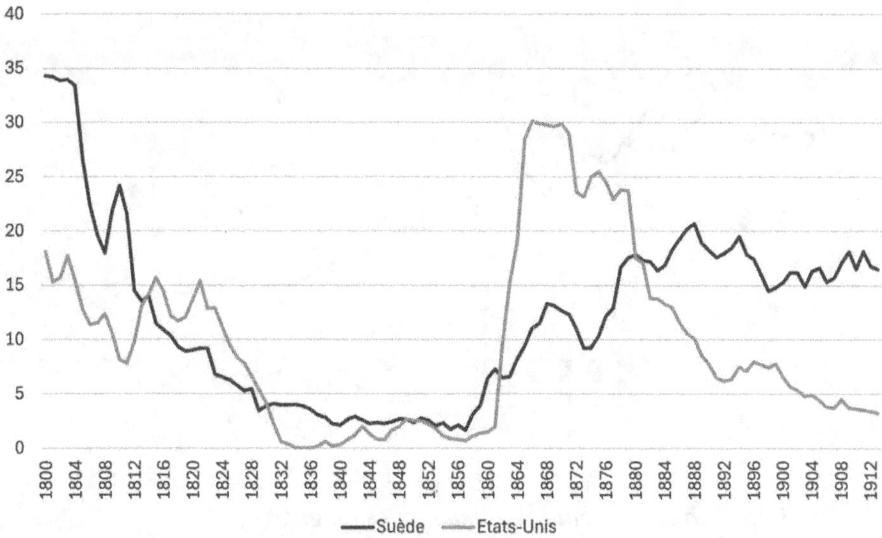

Source : FMI

À partir de la seconde moitié du XVIIIe siècle, l'Angleterre eut un recours massif à la dette publique. Son encours augmenta suite aux guerres de succession d'Espagne, de succession d'Autriche, et à la guerre de Sept Ans contre la France. Elle continua d'augmenter en raison de la guerre d'indépendance contre les colonies américaines, qui s'acheva en 1776, puis des guerres contre la France napoléonienne, qu'elle finança. La dette atteignit 237 % du PIB en 1816, faisant de l'Angleterre l'État le plus endetté du monde. Cependant, l'État parvint à réduire sa dette grâce à une politique d'orthodoxie budgétaire qui rassura les créanciers, et la dette publique passa à 27 % en 1913. Cela évita le recours à la monétisation, et permit, avec des taux d'intérêt modestes – de l'ordre de 3,5 % sur la période – d'attirer les créanciers et de développer ainsi le marché des titres de dette. Le gouvernement se réservait ainsi la possibilité d'augmenter la dette en temps de guerre – ce qu'elle fit en 1914 – en application des préceptes des économistes classiques.

Figure 4. Dette publique en % du PIB, Royaume-Uni, 1800-1913

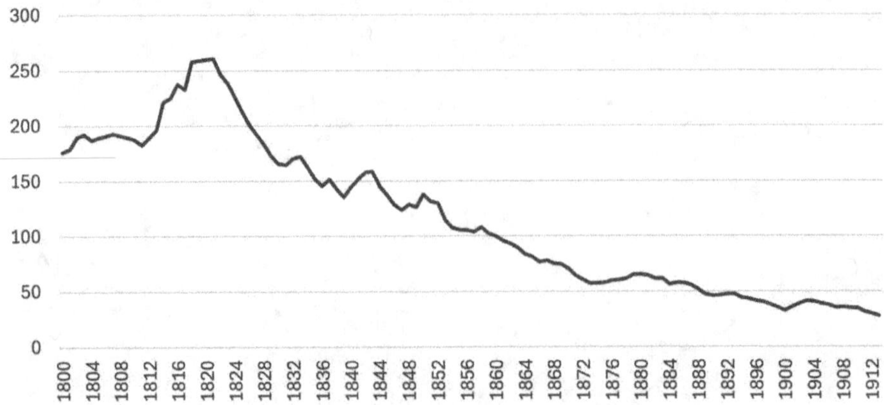

Source : FMI

3.2.2.France : le coût des indemnités de guerre

En France, l'évolution de la dette suivit une tendance inverse jusqu'à la fin du XIXe siècle. Sous Napoléon, les finances publiques françaises s'équilibrèrent et, selon Velde (2022), le pillage des territoires conquis et l'imposition de lourdes taxes aux pays occupés permit à l'Empereur d'éviter le recours à la dette pour financer la guerre. En 1802, la dette publique atteignit son plus bas historique à 10 % du PIB[45]. Elle doubla en 1815, en raison des réparations de guerre imposées par la Saint-Alliance et de l'indemnisation des émigrés payée à partir de 1825, mais se maintint en dessous de 50 % du PIB. Les rois Louis VIII et Charles X appliquèrent une politique de rigueur budgétaire stricte, qui leur permit de réduire progressivement la dette. Celle-ci atteignit 43 % du PIB en 1848, avant l'arrivée de Napoléon III au pouvoir.

De 1848 à 1870, la dette reprit sa croissance en raison des coûts liés à la politique étrangère belliqueuse de la France (conquête de l'Algérie, guerres de Crimée et d'Italie). Puis, en 1870, la guerre perdue contre la Prusse entraîna une forte augmentation des dépenses publiques, en raison du financement de l'effort de guerre puis des lourdes indemnités imposées par l'Allemagne. Celles-ci représentaient deux fois et demie le budget annuel de la France.

[45] En raison de l'absence de chiffres du FMI, nous avons recours aux chiffres proposés par Velde (2022).

Figure 5. Dette publique en multiple du PIB, France et Royaume-Uni, 1801-1914

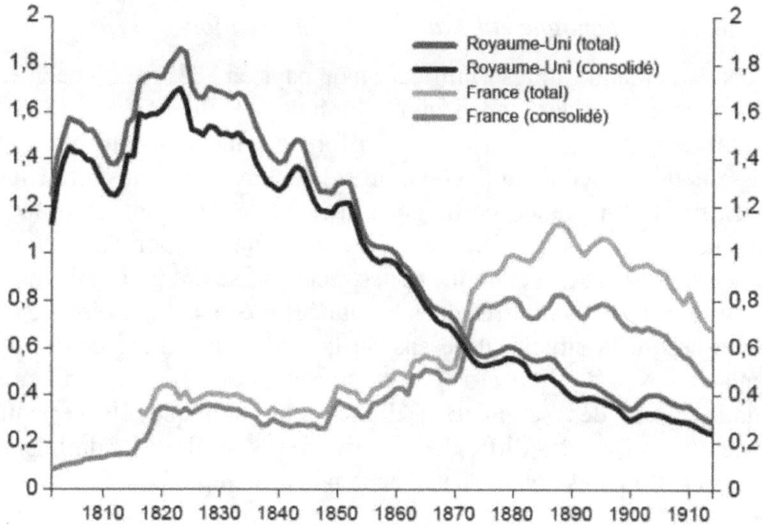

Source : Velde, 2022

Ces dépenses furent financées par emprunt, sans recours à la monétisation ; cela entraîna un quasi-doublement de la dette publique française, qui atteignit son pic à 113 % du PIB en 1888, pour redescendre à 68 % du PIB en 1914. Le recours à l'endettement extérieur ne fut pas nécessaire, en raison de l'importance de l'épargne intérieure. Celle-ci s'expliquait par la croissance des revenus en France et la faible taxation de ceux-ci, rendue possible par le faible niveau de dépenses sociales.

Comme l'indiquent Eichengreen *et al.* (2019), le remboursement des dettes anglaise et française ne bénéficia pourtant pas d'une croissance économique forte, du moins supérieure au taux d'intérêt, comme ce fut le cas après la Seconde Guerre mondiale et aux États-Unis au cours de cette période. Le désendettement fut entièrement le fruit d'une orthodoxie budgétaire dont les conséquences sociales, notamment pour les classes modestes, seraient inacceptables de nos jours.

3.3. Évolution contrastée dans les autres pays européens

3.3.1. L'Allemagne et l'Italie après l'unification

La dette allemande, après l'unification du pays en 1871, diminua grâce aux sommes versées par la France et atteignit 20 % du PIB en 1875, pour augmenter ensuite sous l'effet de l'effort d'armement du pays et des investissements en éducation et en infrastructures de transport (Spoerer, 2019). Elle était en grande partie constituée de la dette des États fédérés - conséquence de l'unification de l'empire sous la domination de la Prusse. La croissance soutenue de l'économie et des recettes fiscales permit de maintenir la dette autour de 40 % du PIB, dans les années précédant la Première Guerre mondiale, ce qui la situait au-dessus du taux d'endettement de ses voisins occidentaux.

L'Italie hérita dès sa création d'une dette publique élevée, qui crût rapidement en raison des difficultés à unifier et contrôler les administrations fiscales des différentes composantes de la nouvelle république. Elle passa au-dessus de 120 % du PIB en 1896, et, malgré une croissance soutenue, se situait à 77 % du PIB avant la Première Guerre mondiale, un niveau nettement supérieur aux autres pays européens belligérants.

Figure 6. Dette publique en % du PIB : Allemagne, Italie, Espagne et Russie

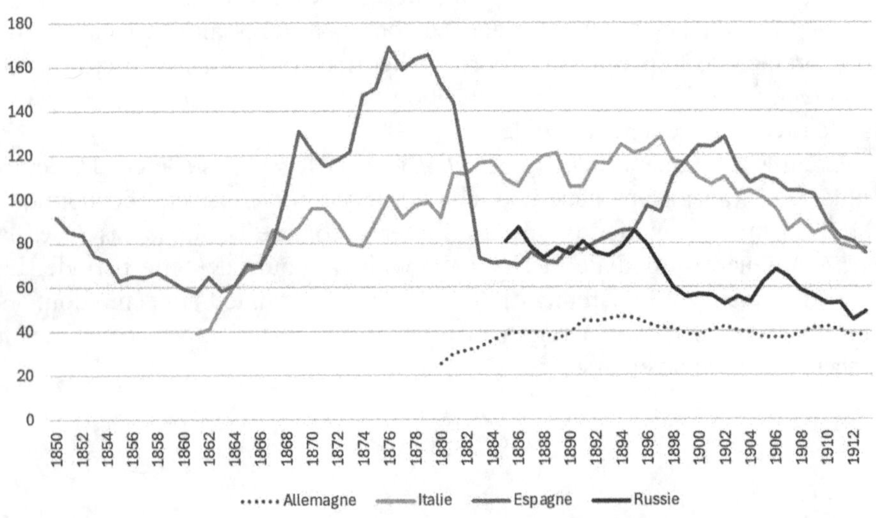

Source : FMI

3.3.2. La faillite de l'Espagne

L'Espagne, grande puissance européenne des XVIe et XVIIe siècles s'enfonça, dès le début du XIXe siècle, dans la spirale de la dette qui la conduisit au défaut de paiement. Le volume déjà énorme de la dette héritée de l'Ancien Régime fut aggravé par la guerre contre les armées napoléoniennes, par une longue guerre civile, et par les guerres d'indépendance avec les colonies sud-américaines au XIXe siècle. La perte de ses colonies entraîna une baisse sensible de ses revenus. Le budget fut en déficit pendant quasiment tout le XIXe siècle. Les régimes successifs y répondirent par des défauts de paiement. En 1814, l'État imposa aux créanciers extérieurs et intérieurs un autre échange de dette contre des titres qui perdirent rapidement leur valeur (Comin, 2019). Suite à un autre échange forcé de titres publics négocié avec les créanciers en 1851, la dette repartit rapidement à la hausse et atteignit 165 % du PIB en 1879 ; les charges financières représentaient alors 30 % des dépenses de l'État.

Le gouvernement se résolut à monétiser la dette dans les premières années du XXe siècle, en demandant à la Banque d'Espagne d'imprimer de la monnaie, ce qui l'amena à abandonner la conversion en métal des billets en 1883. La conséquence fut le retrait des investisseurs étrangers et une forte dépréciation des titres détenus par les investisseurs nationaux. Cela permit néanmoins de ramener la dette à moins de 60 % du PIB au moment où la Première Guerre mondiale éclata. À partir de 1918, la monétisation fut indirecte, l'État vendant ses titres aux banques locales, qui les escomptaient à la Banque d'Espagne.

3.3.3. La répudiation de la dette russe

La Russie dut faire face à de lourdes dépenses de guerre tout au long du XIXe siècle, qui pesèrent sur son budget. Elle se lança dans une politique d'investissement dans les chemins de fer, surtout à partir des années 1860 avec la construction du transsibérien, qui absorba des sommes énormes. Le gouvernement eut recours régulièrement à la dette qui atteignit 80 % du PIB en 1891. Plus que les autres pays européens, l'État fit appel aux créanciers étrangers. Après les banquiers anglais et allemands, les Français devinrent les principaux créanciers de la Russie - ils détenaient 80 % de la dette extérieure avant la Première Guerre mondiale. La Russie était, avant la guerre, la nation la plus endettée sur l'étranger.

Lorsque la Première Guerre mondiale se déclencha en 1914, les dépenses de guerre alourdirent les besoins en financement de l'État qui eut recours à une hausse des impôts, principalement indirects. Ceci aggrava le mécontentement des classes populaires, déjà élevé en raison des inégalités, et fut l'une des causes de la révolution qui éclata en 1917. En 1918, un an après la révolution, le gouvernement russe prit la décision de répudier toutes les dettes du tsar dues aux étrangers. La France fut le pays le plus touché par le défaut. Les emprunts avaient été en grande partie souscrits par des petits porteurs, dont les descendants ne récupérèrent qu'une infime partie dans les années 1990, quand la Russie post-soviétique revint sur les marchés.

3.4. Internationalisation et modernisation des marchés de dette

Le désendettement permit aux États avancés de reconstituer une capacité d'emprunt qui fut utilisée, en l'absence de conflit majeur, pour financer les investissements publics. Dans un contexte d'ouverture des échanges commerciaux et financiers, cela stimula le développement des marchés de dette publique, qui se modernisèrent et s'internationalisèrent.

3.4.1. Libéralisation des échanges et investissements en infrastructures

Les échanges commerciaux se libéralisèrent en Europe dès les années 1830, ce qui amena les pays à investir en infrastructures de transport, en particulier en lignes de chemin de fer. Ainsi, en Allemagne, l'union douanière réalisée en 1834 (*Zollverein*) fut suivie d'un rapide développement du chemin de fer puis de l'industrie, qui prit une place prépondérante dans ce pays à tradition jusqu'alors agricole. La libéralisation du commerce au Royaume-Uni commença en 1828, avant que le pays ne se convertisse au libre-échange dans les années 1840 ; un accord commercial fut signé avec la France en 1860. Tout au long du XIXe siècle, les pays européens et les États-Unis réalisèrent des investissements importants en chemin de fer. Ces investissements s'accélérèrent en France à partir de 1878 avec le plan Freycinet.

Cette ouverture du commerce fut accompagnée de la libéralisation des flux de capitaux intra-européens. Ils répondaient à la demande des gouvernements européens, mais aussi à l'augmentation des besoins en financement des pays émergents, en particulier en Amérique latine et Asie (le Japon étant considéré, jusqu'à la fin du XIXe siècle, comme un pays émergent). On assista, entre 1880 et 1913, à la première mondialisation du commerce et de la finance, qui prit fin avec la Première Guerre mondiale. Ce n'est qu'un siècle plus tard que les transactions financières retrouvèrent un degré d'internationalisation comparable.

3.4.2. L'internationalisation des marchés de dette publique

À la fin du XIXe siècle et au début du XXe, grâce à la croissance rapide de leur économie et de leurs surplus budgétaires, les principaux pays avancés (États-Unis, France, Royaume-Uni) purent contracter des montants importants de dette tout en diminuant leur ratio de dette publique sur PIB.

À la veille de la guerre de 1914, les pays européens étaient les principaux émetteurs de dette dans le monde, et faisaient largement appel aux créanciers étrangers. Une étude des Nations unies de 1946, citée par Eichengreen *et al.*

(2019), montre que le stock de dette mondiale s'élevait à 40,2 milliards de dollars, dont 13,5 milliards de dette extérieure. La dette émise par les pays européens représentait 73 % du total mondial, alors que les États-Unis, qui étaient alors la puissance montante de l'époque, étaient faiblement endettés et ne représentaient, avec le Canada, que 4 % du total mondial.

À la même époque, l'ouverture de la Chine et du Japon attira les investisseurs européens. La part de l'Asie (Japon et Chine) dans la dette extérieure mondiale s'élevait à 10 %, tandis que celle des pays d'Amérique latine et d'Afrique ne représentait que, respectivement, 5 % et 3 % de la dette totale. La part des pays émergents dans la dette émise à l'étranger était cependant plus importante que leur part dans la dette totale (25 % pour l'Asie, 10 % pour l'Amérique latine, 7 % pour l'Afrique), et contractée auprès d'investisseurs européens et américains, reflétant l'importance des capitaux d'origine occidentale.

3.4.3. La première mondialisation : 1880-1914

Au cours de la période 1880-1914, les flux de dettes internationaux s'intensifièrent sous l'effet de la diminution des entraves aux mouvements de capitaux et de l'adoption de l'étalon-or. Selon une étude publiée par le Trésor (Faubert, 2011), « entre 1870 et 1914, l'ouverture des économies a été associée à une expansion rapide du commerce et de l'investissement au-delà des frontières nationales. [...] Sur les marchés de capitaux, la première mondialisation a vu l'intégration croissante des marchés financiers des pays avancés. Cette intégration financière a été favorisée par la stabilité des changes qu'autorisait le système de l'étalon or. [...] les investissements se dirigent vers les pays riches en ressources naturelles, disposant d'une main-d'œuvre formée et bénéficiant de coûts de transport limités et d'un cadre institutionnel favorable au recouvrement des créances ».

La mondialisation financière fut également la conséquence de l'essor des besoins en financement internationaux en Asie. À la fin du siècle, la forte demande en capitaux provenait de Chine et surtout du Japon. Ce dernier émit plusieurs obligations sur les marchés européens afin de financer l'intense effort de rattrapage en infrastructures réalisé sous l'ère Meiji ainsi que les guerres avec la Chine (1898) puis avec la Russie (1905). La part de la Chine et du Japon dans les émissions de dette étrangère quadrupla entre 1880 et 1914, et explique en partie, avec les émissions de dette russes, cette croissance des flux de dette étrangère.

Tableau 1. Flux de dette contractée auprès de créanciers étrangers, 1880-1913, en %

	1880-1889	1890-1899	1900-1913	1913-1914
Europe	36,8	48,5	37,4	47,3
Amérique du Nord	7,9	10,6	9,3	2,4
Amérique Latine	47,8	12,3	21,3	9,2
Afrique			0,4	7,8
Asie	7,5	28,6	25,9	26,1
Océanie			5,7	7,1
Total (USD mln)	**957,6**	**1284,5**	**4398,6**	**12729,1**
Nombre de pays	26	26	28	28

Source : Eichengreen et al., 2019

La mondialisation fut rendue possible également par la modernisation des marchés financiers. À partir de la fin du XIXe siècle, les principales places financières – Amsterdam, Londres, Paris, Berlin – adaptèrent leur mode de fonctionnement à la croissance et à l'internationalisation des marchés de dette, et des intermédiaires apparurent pour assurer la liquidité du marché secondaire. C'est à cette époque que se développa la gestion collective de fonds par des intermédiaires financiers européens et américains. La part des titres détenus par les institutions financières augmenta ; la gestion collective supplanta les riches familles et permit aux petits épargnants de devenir, indirectement, des créanciers. L'information sur la qualité de crédit des pays émetteurs s'améliora avec des publications de revues spécialisées – ancêtres des futures agences de notation – et une meilleure couverture de la presse financière ; l'apparition du télégraphe et du téléphone accéléra les échanges d'information.

Conclusion

Plusieurs enseignements peuvent être tirés de l'histoire de la dette publique jusqu'au début du XXe siècle.

Les épisodes de croissance rapide de la dette publique trouvent leur source dans l'instabilité politique, qu'il s'agisse de guerres contre des pays tiers ou de révolutions. La croissance économique seule ne suffit généralement pas à stabiliser ou diminuer la dette publique ; seuls les États ayant mis en place des politiques d'orthodoxie budgétaire et ayant bénéficié d'une croissance soutenue sur une longue période, tels que la France et le Royaume-Uni au XIXe siècle, y sont parvenus. Il s'agit là de situations exceptionnelles, liées à un contexte extrêmement favorable combinant avancées technologiques, expansion coloniale et acceptation de politiques ultra-conservatrices. D'une manière générale, les États qui ont eu recours à une augmentation des impôts pour résoudre une situation de surendettement ont dû faire face à de graves troubles internes, tels que la Révolution française de 1789 ou russe de 1917.

Les situations de surendettement ont été réglées de deux manières. La plus fréquente a été la monétisation de la dette publique, solution à laquelle ont eu recours la France de l'Ancien Régime, l'Italie et l'Espagne du XIXe siècle ; elle a entraîné une dévalorisation de la monnaie de ces pays. L'autre option revenait à renégocier ou annuler le paiement de la dette, c'est-à-dire à faire défaut ; ce fut le cas de la Russie en 1917. Les deux approches ont eu pour conséquence de ruiner les créanciers et d'entamer durablement la réputation de l'État, réduisant par la suite sa capacité à s'endetter.

Chapitre 4
Histoire de la dette publique dans les pays avancés depuis la Première Guerre mondiale

Depuis 1914, la dette publique dans les économies avancées suit des cycles marqués par les guerres, les crises économiques et les évolutions monétaires. Le graphique ci-dessous retrace l'évolution du ratio dette publique/PIB agrégé du G7[47] sur plus d'un siècle.

Figure 1. Évolution du ratio dette publique/PIB agrégé dans les pays du G7 (1914-2024)

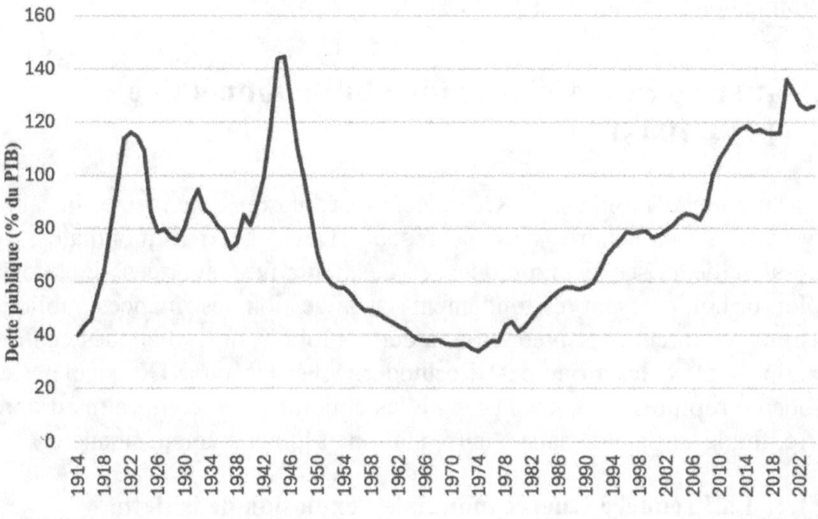

Source : FMI, Historical Public Debt Database (2025), reconstitution à partir des données disponibles ; calculs des auteurs

[47] Même si l'Italie et le Japon ne sont généralement classés parmi les économies avancées qu'à partir de la reconstruction de l'après-guerre, dans les années 1950, leur présence dans le G7 reflète leur rôle dans les grandes tendances de l'endettement depuis un siècle. Ce classement repose sur des critères tels que le revenu par habitant, le niveau d'industrialisation, la stabilité institutionnelle et l'intégration dans l'économie mondiale, selon les définitions du FMI et de l'OCDE.

La première grande phase d'endettement s'amorce avec la Première Guerre mondiale, qui provoque une hausse massive de la dette publique dans l'ensemble des pays avancés. Au cours de la crise des années 1930, seuls les États-Unis adoptent une stratégie de relance budgétaire modérée, notamment à travers le New Deal[48]. Ce premier cycle d'endettement culmine avec la Seconde Guerre mondiale, qui entraîne une nouvelle envolée des finances publiques.

L'après-guerre marque toutefois une rupture : entre 1945 et 1975, le ratio dette publique/PIB recule fortement, porté par une croissance soutenue, une inflation modérée et des taux d'intérêt durablement inférieurs au rythme de la croissance nominale. Ce désendettement s'opère sans recours à des mesures d'austérité, dans un contexte macroéconomique exceptionnellement favorable.

À partir de la fin des années 1970, le cycle s'inverse. Les chocs pétroliers, le ralentissement économique et l'augmentation des dépenses sociales relancent l'endettement. Après 2008, la crise financière mondiale entraîne une hausse durable des déficits. En 2020, la réponse à la pandémie de la Covid-19 provoque un bond sans précédent de la dette publique. Le retour de l'inflation à partir de 2021 contribue à en réduire le poids, mais la soutenabilité reste incertaine pour certains pays avancés, dont la France.

1. Guerres mondiales et instabilité monétaire (1914-1945)

La première moitié du XXe siècle est marquée par une instabilité budgétaire et monétaire sans précédent. Deux guerres mondiales, une succession de crises économiques et des tentatives avortées de retour à l'étalon-or bouleversent les fondements de la gestion des finances publiques. Les États recourent massivement à la dette, mobilisent les banques centrales et rompent avec les principes d'orthodoxie hérités du XIXe siècle. Cette période de ruptures profondes prépare les conditions du compromis d'après-guerre, fondé sur la croissance, la régulation et l'encadrement financier.

1.1. La Première Guerre mondiale : explosion de la dette et financiarisation du conflit

La Première Guerre mondiale constitue un tournant majeur dans l'histoire de la dette publique des économies avancées. Face à l'ampleur inédite des destructions humaines et matérielles, les États s'engagent dans des efforts budgétaires et monétaires sans précédent, rompant avec la discipline héritée de l'étalon-or classique. L'ampleur des dépenses militaires contraint en effet

[48] Ensemble de programmes économiques et sociaux mis en œuvre par le président Roosevelt entre 1933 et 1938 pour faire face à la Grande Dépression.

les gouvernements à recourir massivement à l'endettement, en mobilisant des mécanismes d'avances directes ou indirectes effectuées par leurs banques centrales respectives. En suspendant la convertibilité en or, ils s'affranchissent d'une contrainte structurelle à l'expansion monétaire. Selon Broadberry et Harrison (2005), le coût économique global du conflit s'élève à environ 186 milliards de dollars courants, soit près de 75 % du PIB mondial de 1913, estimé entre 210 et 250 milliards par Maddison (2001). Comme le souligne Eichengreen (2004), ce recours aux avances monétaires amorce une logique de monétisation de crise, rompant avec les équilibres monétaires et budgétaires du XIXe siècle.

Cette rupture budgétaire se traduit par une envolée des ratios dette publique/PIB dans les principales puissances, comme l'illustre le tableau 1 ci-dessous.

Tableau 1. Évolution du ratio dette publique/PIB des États-Unis, de la France et du Royaume-Uni (1913-1920)

Pays	**Dette publique (% PIB) en 1913**	**Dette publique (% PIB) en 1920**
France	66,35	169,57
Royaume-Uni	27,9	137,79
États-Unis	3,25	27,91

Source : FMI, Historical Public Debt Database (2025)

Ainsi, pour financer l'effort de guerre, les bons du Trésor sont absorbés par les banques centrales ou, à défaut, par des institutions sous contrôle étatique[49]. Pendant la période de guerre, portée par des campagnes patriotiques, la souscription obligataire s'élargit au grand public, faisant de la dette un levier à la fois financier et politique.

1.2. L'entre-deux-guerres : trajectoires contrastées de la dette publique dans un contexte d'instabilité monétaire

L'entre-deux-guerres se caractérise par une phase d'instabilité monétaire durable et de tensions budgétaires chroniques. Plusieurs puissances tentent de restaurer l'ordre monétaire d'avant-guerre et de rétablir l'étalon-or, au prix

[49] Au début du XXe siècle, certaines banques centrales n'avaient pas encore le monopole de l'émission monétaire ni un rôle consolidé dans le financement de la dette publique. Dans plusieurs pays, comme l'Italie ou la France, ce rôle était encore partagé avec des banques commerciales ou des institutions mixtes sous supervision étatique. Voir Ugolini (2017).

d'une déflation sévère, notamment pour le Royaume-Uni dès 1925 (Eichengreen, 1992). Temin (1989) montre que ces politiques déflationnistes, mises en œuvre pour défendre la parité, ont accentué la récession dans des économies déjà fragiles. Dès les années 1930, John Maynard Keynes appelle à rompre avec l'orthodoxie budgétaire pour adopter des politiques conjoncturelles visant à stimuler la demande. Si ces idées restent encore marginales dans les cercles de pouvoir, elles posent les fondements d'un nouveau paradigme économique.

Les dettes publiques durant l'entre-deux-guerres ne fléchissent pas. L'hyperinflation en Allemagne dès 1923[50], catalysée par le poids des réparations, efface la dette publique en termes réels, mais au prix de l'effondrement de la crédibilité monétaire (Holtfrerich, 1986). Dans les autres grandes puissances, à savoir la France, le Royaume-Uni et les États-Unis, l'endettement public demeure élevé. Pour tenter de maîtriser leurs finances, ces puissances mettent en œuvre des politiques de rigueur budgétaire et monétaire destinées à restaurer la confiance et à défendre la parité-or. Fondées sur la réduction des dépenses et la hausse de la fiscalité, elles privilégient la stabilité des prix au détriment de la relance. Dans un contexte de faible croissance et sans coordination internationale, ces stratégies peinent à réduire durablement le poids de la dette.

Ces dynamiques contrastées se reflètent dans l'évolution du ratio dette publique/PIB entre 1920 et 1939, illustrée par le graphique 2 ci-dessous. Pour la France, les données sont incomplètes dans la base du FMI (absence pour 1919 et 1933-1939), mais des estimations historiques situent l'endettement autour de 150 % du PIB en 1919 et entre 100 % et 110 % à la veille de la Seconde Guerre mondiale[51].

---

[50] L'hyperinflation allemande de 1923 résulte en grande partie des réparations imposées par le Traité de Versailles (28 juin 1919) et de la politique de financement monétaire du déficit par la Reichsbank.

[51] Estimations fondées sur des séries historiques reconstituées de la dette publique française.

Figure 2. Évolution de la dette publique (% PIB) aux États-Unis, en France et au Royaume-Uni entre 1920 et 1939

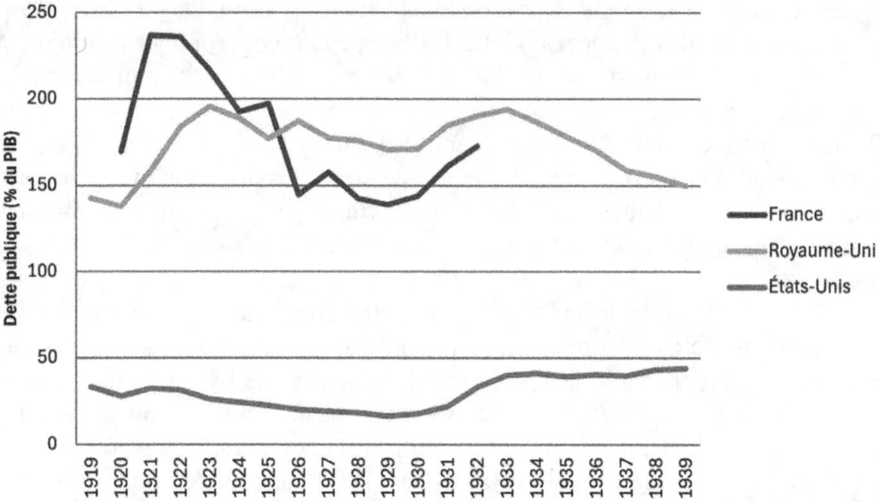

Source : FMI, Historical Public Debt Database (2025)

Entre 1920 et 1939, les grandes puissances ne parviennent pas à enrayer la dynamique de l'endettement. Dans certains cas, la pression sur la dette débouche sur des décisions unilatérales majeures. L'un des exemples les plus marquants demeure celui de l'Allemagne : en 1932 d'abord, lorsque le Reich suspend unilatéralement le paiement des réparations, déclarant :

« Nous ne pouvons pas payer, et nous ne paierons pas[52]. »

Autre exemple : celui des États-Unis de 1933. Plongé en pleine dépression économique après la crise financière de 1929, dans un contexte de crise bancaire aiguë et de déflation prolongée, le gouvernement américain décide unilatéralement de supprimer la convertibilité en or attachée aux obligations fédérales. Bien que contesté par les créanciers, ce choix est validé par la Cour suprême dans les célèbres *Gold Clause Cases*, affirmant que l'intérêt général prévaut sur l'obligation contractuelle[53]. Il ne s'agit pas d'un défaut formel, mais d'une redéfinition unilatérale des termes des engagements obligataires, légitimée par l'urgence économique.

[52] Déclaration du chancelier allemand Heinrich Brüning lors de la conférence de Lausanne en 1932, marquant la suspension du paiement des réparations imposées par le traité de Versailles. Deux décennies plus tard, l'accord de Londres de 1953 réduit de moitié la dette allemande, constituant un allègement substantiel. Ce choix fut justifié par les négociateurs occidentaux comme une condition nécessaire au redressement économique de l'Allemagne et à la stabilité de l'Europe.

[53] Dans les *Gold Clause Cases* (Perry v. United States, 294 U.S. 330, 1935), la Cour suprême des États-Unis reconnaît que les intérêts publics peuvent justifier l'altération de contrats privés en période de crise économique grave.

1.3. La Seconde Guerre mondiale : dette record et ancrage monétaire

Le second conflit mondial provoque un choc budgétaire de grande ampleur dans les économies avancées. Cette fois, les États coordonnent étroitement Trésors publics et banques centrales ; le financement s'opère dans un cadre structuré, avec un pilotage concerté des taux, de la liquidité et des circuits de financement. Comme le soulignent Reinhart et Sbrancia (2011), la combinaison de taux d'intérêt plafonnés, de contrôles des capitaux et de forte implication des banques centrales dans le financement des déficits publics constitue un régime cohérent de « répression financière » destiné à contenir le poids de la dette. Eichengreen (2004) met également en évidence la coopération entre autorités monétaires et budgétaires durant la guerre.

L'ampleur de l'effort budgétaire engagé par les puissances alliées ressort clairement à travers les soldes primaires. Pour la France, l'absence de données dans la base du FMI s'explique par sa situation particulière : occupée entre 1940 et 1944, elle ne mène pas une mobilisation comparable, et ses dépenses publiques sont encadrées. Selon Hautcoeur (1997), le coût de l'occupation fut majoritairement couvert par la création monétaire[54]. En revanche, les États-Unis et le Royaume-Uni affichent des déficits primaires massifs, soutenus par un encadrement des taux et un financement public structuré. Le graphique ci-dessous en retrace l'évolution entre 1939 et 1945.

[54] La création monétaire sans émission de dette peut offrir un financement d'urgence en période de crise extrême, mais elle expose l'économie, à moyen terme, à des risques accrus d'inflation, de perte de confiance monétaire et de déséquilibres financiers profonds.

Figure 3. Évolution des déficits primaires durant la Seconde Guerre mondiale aux États-Unis et au Royaume-Uni entre 1939 et 1945

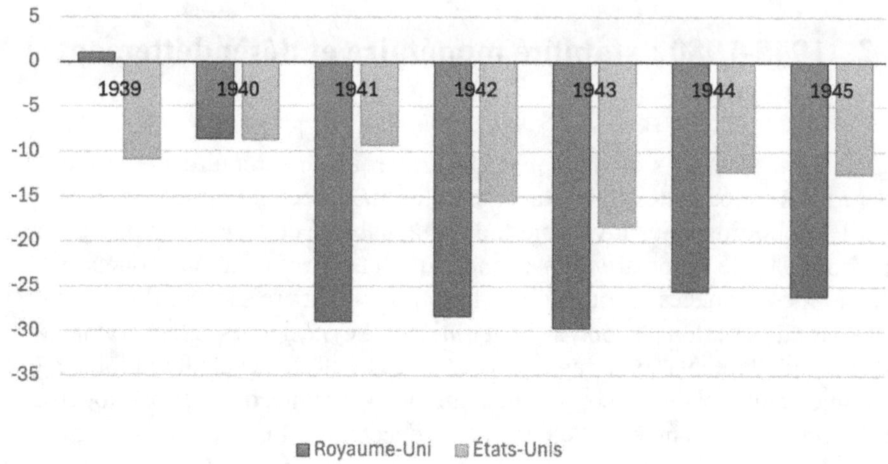

Source : FMI, DataMapper (2025)

Cette dynamique s'accompagne d'une envolée spectaculaire des dettes publiques dans les principales économies avancées, comme l'illustre le tableau 2 ci-dessous pour les États-Unis et le Royaume-Uni.

Tableau 2. Évolution du ratio dette publique/PIB durant la Seconde Guerre mondiale (1939-1945) : États-Unis, Royaume-Uni

Pays	**Dette publique (% PIB) en 1939**	**Dette publique (% PIB) en 1945**
États-Unis	43,96	116
Royaume-Uni	149,68	234,69

Source : FMI, Historical Public Debt Database (2025)

Si les dettes publiques atteignent des sommets entre 1939 et 1945, le régime de financement encadré instauré durant la guerre amorce une dynamique nouvelle, fondée sur la coopération étroite entre Trésors publics et banques centrales. Ce cadre marque le passage d'un financement désordonné à un pilotage concerté des taux et de la liquidité, permettant de stabiliser l'endettement. Cette organisation relève d'un régime de

« répression financière », dans lequel les taux d'intérêt sont maintenus artificiellement bas, les capitaux soumis à des contrôles, et une partie de l'épargne orientée vers la dette publique. Elle prépare ainsi les fondations du compromis monétaire de Bretton Woods.

2. 1945-1980 : stabilité monétaire et désendettement contrôlé

La période qui s'ouvre après 1945 marque une rupture nette avec les décennies précédentes, tant par la stabilité macroéconomique retrouvée que par les conditions plus favorables à la soutenabilité de la dette publique. Dans un contexte de reconstruction économique et de refondation monétaire, les économies avancées renouent avec la stabilité et la croissance. Portées par le système de Bretton Woods et les politiques keynésiennes, elles connaissent un désendettement rapide sans recourir à l'austérité. Ce cycle favorable repose sur une combinaison de croissance nominale soutenue, d'inflation modérée et de répression financière. Pendant trois décennies, l'encadrement étroit des taux et la forte croissance économique assurent un environnement macroéconomique propice à la maîtrise des finances publiques. Cette phase, aujourd'hui souvent qualifiée d'exceptionnelle, forme le cœur du compromis d'après-guerre.

2.1. Bretton Woods et les Trente Glorieuses : cadre stabilisateur et désendettement

La fin de la Seconde Guerre mondiale ouvre une longue période de reconstruction, marquée par une forte croissance dans les économies avancées que Jean Fourastié qualifiera plus tard de « Trente Glorieuses », en référence aux trois décennies (1945-1975) de progrès économique et social. En 1944, la création du système de Bretton Woods, impulsé par les États-Unis, redéfinit l'ordre monétaire international ; c'est le début d'un système de taux de change fixes mais ajustables, avec ancrage du dollar à l'or, et un contrôle des mouvements de capitaux. Cette stabilité facilite la coordination économique et contribue à contenir durablement l'endettement public.

Ce retour à l'ordre budgétaire s'inscrit également dans un contexte d'équilibres extérieurs globalement restaurés dans les économies avancées.

Sous Bretton Woods, la discipline externe imposée par le système de changes fixes et la rareté relative des capitaux internationaux oblige les États à préserver une certaine cohérence macroéconomique. L'Allemagne et le Japon dégagent progressivement des excédents courants, alimentant l'accumulation de réserves. Les États-Unis, en revanche, voient leur balance courante se dégrader dès la fin des années 1960, dans un contexte de dépenses croissantes liées à la guerre du Vietnam et aux programmes sociaux. Ce basculement annonce l'émergence de déséquilibres extérieurs durables, notamment du côté américain, où le statut du dollar s'accompagne d'une tolérance accrue aux déficits courants. Le lien entre soutenabilité externe et trajectoire de la dette publique est ici fondamental : un excédent courant facilite le remboursement sans ajustement brutal, tandis qu'un déficit durable accroît la vulnérabilité monétaire.

En instaurant un régime de convertibilité limitée, Bretton Woods impose ainsi aux gouvernements une cohérence entre leur politique budgétaire interne et leur position extérieure. Cette contrainte externe induit une forme de discipline implicite, notamment pour les pays déficitaires, qui ne peuvent durablement financer leurs déficits publics sans exposer leur taux de change à une attaque. Dans ce cadre, la gestion de la dette publique ne peut être dissociée de la soutenabilité extérieure. Le financement monétaire reste contenu, sauf en période exceptionnelle, et les ajustements budgétaires font partie des instruments de défense de la parité.

2.2. Répression financière et croissance nominale : les ressorts du désendettement

Durant cette période, les États adoptent des politiques keynésiennes, combinant investissements publics et soutien à la demande. La dépense publique devient alors un levier de reconstruction. Dans le même temps, les dépenses sociales augmentent fortement, portées par l'essor des systèmes de protection. Pour la première fois en temps de paix, cette dynamique n'est pas liée à un effort militaire.

Comme le rappelle Lindert (2004), cette évolution marque une rupture structurelle. Ce contexte fait émerger un paradoxe fondateur : malgré cette hausse continue, les économies avancées se désendettent rapidement.

La réduction du poids de la dette publique s'opère sans austérité, grâce à un différentiel durablement favorable entre croissance nominale et taux d'intérêt. Alimentée par une inflation modérée et une forte croissance, cette dynamique permet une érosion progressive de la valeur réelle de la dette publique. En maintenant des taux nominaux inférieurs à l'inflation, les États recourent à une forme de monétisation de la dette : la charge réelle de la dette diminue en termes réels sans hausse d'impôts ni réduction des dépenses. Comme le rappellent Reinhart et Sbrancia (2011), cette stratégie de répression financière constitue un levier discret mais efficace.

Figure 4. Évolution de la dette publique (% PIB) aux États-Unis, en France et au Royaume-Uni entre 1945 et 1975

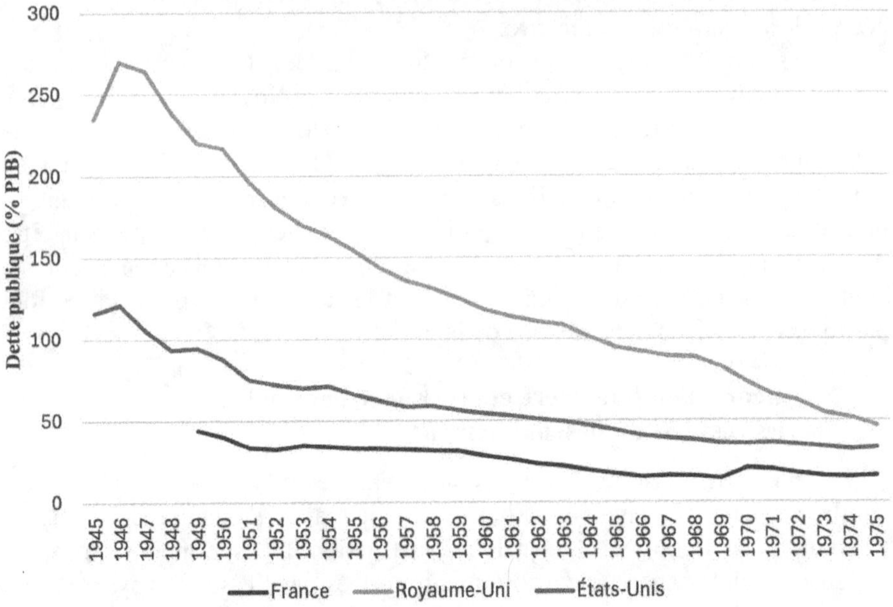

Source : FMI, Historical Public Debt Database (2025)

Les modalités de ce désendettement varient toutefois selon les pays. Aux États-Unis, la combinaison d'une croissance soutenue, d'une inflation modérée et de taux d'intérêt durablement inférieurs au rythme de croissance nominale permet une décrue rapide du ratio dette publique/PIB. En France, la trajectoire se révèle plus heurtée, marquée par une instabilité monétaire persistante jusqu'à la fin des années 1950, lorsque le retour à la stabilité s'amorce avec l'introduction du franc lourd[55] et la mise en œuvre d'une politique budgétaire recentrée sur la maîtrise des déficits. Le Royaume-Uni s'appuie, de son côté, sur une forme assumée de répression financière : taux plafonnés, détention obligatoire de titres publics, et forte coordination entre le Trésor et la Banque d'Angleterre. Malgré ces différences, un socle commun se dessine : dans tous les cas, le désendettement s'appuie sur une croissance nominale dynamique et sur un contrôle étroit des taux d'intérêt et de l'accès au crédit.

[55] Le franc lourd, instauré en 1960, correspondait à une division par 100 du franc ancien. Il s'agissait d'une réforme monétaire visant à restaurer la confiance dans la monnaie après une décennie marquée par une forte inflation. Cette opération, bien qu'essentiellement symbolique sur le plan économique, a accompagné une reprise en main budgétaire et monétaire du régime gaulliste.

Eichengreen (2011) qualifie cette période d'« âge d'or de la stabilité budgétaire », notamment rendu possible par les règles implicites du système monétaire international d'après-guerre.

À la fin des années 1960, le modèle keynésien entre en tension avec des contraintes structurelles nouvelles. La hausse continue des dépenses publiques, en particulier sociales, commence à peser sur les finances publiques, tandis que le ralentissement de la productivité affaiblit les recettes fiscales. Dans les pays de l'OCDE, la part des dépenses sociales dans le PIB passe d'environ 10 % en 1950 à plus de 20 % à la fin des années 1970, principalement sous l'effet de la généralisation des retraites, du développement des systèmes de santé et des allocations familiales (Lindert, 2004) Le compromis fordiste entre salaires, emploi et profits s'effrite progressivement. Dans le même temps, l'inflation devient plus irrégulière, limitant l'efficacité des taux d'intérêt réels négatifs comme outil de désendettement implicite.

2.3. Les chocs pétroliers : rupture, stagflation et retour de la dette

Le milieu des années 1970 marque la fin d'un cycle de stabilité budgétaire pour les économies avancées. Cette période est marquée par les chocs pétroliers de 1973, puis de 1979, provoquant une forte hausse des prix de l'énergie et déclenchant une période de stagflation[56]. Les États réagissent par des politiques keynésiennes de soutien budgétaire : subventions, maintien des dépenses publiques.

Parallèlement, la transition vers un régime de changes flottants modifie les équilibres macroéconomiques, en exposant les États à une contrainte nouvelle : les déséquilibres extérieurs. En raison de la hausse du prix des matières premières, les déficits extérieurs et publics des pays avancés se creusent. Ils sont largement financés par les avances des banques centrales, qui sont alors autorisées, ce qui se traduit par une forte inflation. Après trois décennies de décrue continue, le ratio dette publique/PIB repart à la hausse dans la majorité des économies avancées : le tableau 3 ci-dessous donne un aperçu pour les principales économies du G7.

---

[56] La stagflation désigne une situation dans laquelle coexistent une croissance faible ou nulle et une inflation élevée. Ce phénomène, longtemps jugé incompatible avec le cadre keynésien, s'impose brutalement dans les années 1970 à la suite des chocs pétroliers. Voir Bruno et Sachs (1985).

Tableau 3. Évolution du ratio dette publique/PIB dans les principales économies avancées du G7 (1975-1985)

Pays	**Dette publique (% PIB) en 1975**	**Dette publique (% PIB) en 1985**
Allemagne	24,33	40,69
Canada	49,82	65,88
États-Unis	33,14	54,09
France	16,09	30,58
Italie	56,64	80,9
Japon	23,87	66,67
Royaume-Uni	46,68	41,54

Source : FMI, Historical Public Debt Database (2025)

Sur l'ensemble de la décennie, le ratio moyen de la dette publique par rapport au PIB dans le G7 passe de 35,8 % en 1975 à 54,3 % en 1985, traduisant ainsi une rupture nette avec la dynamique de désendettement des décennies précédentes. Le Royaume-Uni constitue toutefois une exception, son ratio ayant légèrement reculé sur la période, en raison de la rigueur budgétaire imposée après le recours au FMI lors de la crise de 1976.

Dans la seconde moitié des années 1970, les pays avancés décident de mettre fin aux avances des banques centrales aux Trésors. L'objectif est de juguler l'inflation en réduisant la création monétaire (cf. chapitre 6). Nombre d'États se tournent alors vers les marchés obligataires pour financer leur déficit public. C'est notamment le cas des États-Unis, dont les titres de dette sont faciles à vendre aux banques centrales étrangères en raison du statut de monnaie de réserve du dollar (cf. chapitres 7 et 10). Les années 1980 inaugurent l'ère des « trois D[57] » : désintermédiation, dérégulation et décloisonnement qui vont profondément transformer les modalités de financement public et les conditions de refinancement des États.

[57] L'expression « trois D » - désintermédiation, dérégulation et décloisonnement -, souvent attribuée à Henri Bourguinat, est couramment utilisée pour décrire la transformation structurelle des systèmes financiers à partir des années 1980.

3. La dette publique depuis les années 1980 : financiarisation, crises, et croissance des marchés de la dette

Au tournant des années 1980, les économies avancées entrent dans une nouvelle phase d'endettement. L'idéologie dominante, d'essence néo-libérale, accorde désormais la priorité à la désinflation. La préservation du capital des rentiers, érodé par l'inflation, devient un objectif central. Les taux d'intérêt réels augmentent rapidement sous l'effet conjugué de la désinflation et du relèvement brutal des taux nominaux décidé par les banques centrales. Parallèlement, l'heure est à la libéralisation financière et à l'ouverture des marchés, favorisant une intensification des flux internationaux de capitaux. C'est le début de la deuxième mondialisation, un siècle après la première (cf. chapitre 3). La libéralisation financière, la désinflation, l'essor des marchés obligataires et l'évolution des politiques budgétaires bouleversent les équilibres d'après-guerre. Elles auront pour conséquence une croissance rapide de l'endettement public.

3.1. La désinflation monétaire et ses effets sur la dette

Au début des années 1980, un tournant désinflationniste s'amorce. Sous l'impulsion de la Fed, débute une phase de forte hausse des taux directeurs afin de freiner l'inflation. Cette forte hausse des taux d'intérêt réels initiée aux États-Unis, puis répercutée à l'échelle mondiale, alourdit le coût du service de la dette des États, qui ne peuvent plus financer leur déficit auprès des banques centrales, et doivent augmenter leurs émissions de titres sur le marché. Blanchard et Summers (1986) soulignent que la combinaison de taux d'intérêt réels élevés et d'une croissance modérée, contribue à creuser les déficits publics et à accroître la dette publique. L'évolution du ratio de la dette publique/PIB dans les pays du G7 entre 1985 et 1995, présentée dans le tableau 4 ci-dessous, illustre ce phénomène.

Tableau 4. Évolution du ratio dette publique/PIB dans les principales économies avancées du G7 (1985-1995)

Pays	Dette publique (% PIB) en 1985	Dette publique (% PIB) en 1995
Allemagne	40,69	54,82
Canada	65,88	100,4
États-Unis	54,09	68,8
France	30,58	55,81
Italie	80,9	108,69
Japon	66,67	95,07
Royaume-Uni	41,54	44,45

Source : FMI, Historical Public Debt Database (2025)

Pour l'ensemble des pays du G7, le ratio moyen dette publique/PIB passe ainsi de 54,3 % en 1985 à 75,4 % en 1995, confirmant la tendance à l'accumulation de dette dans un contexte de désinflation.

3.2. De Maastricht à la veille de la crise : entre discipline budgétaire et résurgence de la dette (1995-2007)

Les années 1990 sont marquées par un revirement de la politique monétaire, qui se traduit par un mouvement de baisse sensible des taux d'intérêt nominaux, l'inflation étant à présent maîtrisée. Les États tentent à présent de maîtriser la hausse de l'endettement public, qui, jusqu'à présent, ne constituait pas un problème pour les pays avancés. D'abord avec la signature du traité de Maastricht en 1992, qui définit les conditions d'entrée dans la zone euro, puis l'adoption du Pacte de stabilité et de croissance en 1997, qui instaure un cadre permanent de respect et de surveillance des règles budgétaires au sein de l'Union européenne. Ainsi, les États membres s'engagent à contenir leur déficit budgétaire annuel sous la barre de 3 % du PIB, et à maintenir leur dette en dessous de 60 % du PIB.

Dans les faits, la dynamique entre 1995 et 2008 reste contrastée. Durant cette période, dans les pays d'Europe du Nord[58], mais aussi en Allemagne et au Canada, une réduction progressive du ratio dette/PIB s'opère, au prix d'efforts notables de consolidation budgétaire. Aux États-Unis et au Royaume-Uni, la dette publique est globalement contenue pendant une partie

[58] Notamment les pays scandinaves : Suède, Danemark, Norvège et Finlande.

de la période, sous l'effet d'une croissance soutenue et de dépenses budgétaires relativement maîtrisées. Alesina et Perotti (1997) soulignent que les programmes de consolidation budgétaire réussis reposent davantage sur la réduction des dépenses que sur une hausse des impôts, et sont généralement associés à une amélioration de la croissance.

En 2000, après une phase d'euphorie boursière autour des valeurs technologiques, les marchés d'action subissent une forte baisse. Bien que rapidement absorbé, ce choc s'accompagne d'un ralentissement temporaire et illustre déjà les risques inhérents à une financiarisation croissante. Dans plusieurs pays avancés, on assiste à une remontée progressive des déficits, liée notamment à la hausse des dépenses publiques dans des domaines structurels tels que les retraites ou la santé.

Dans ce contexte, la dynamique de la dette publique des pays avancés sur la période 1995-2007 est contrastée. Si certains pays parviennent à maintenir ou réduire leur endettement, d'autres amorcent dès les années 2003-2005 un nouveau cycle haussier, comme l'illustre le graphique 5 ci-dessous.

Figure 5. Évolution de la dette publique (% PIB) dans les pays du G7 entre 1995 et 2007

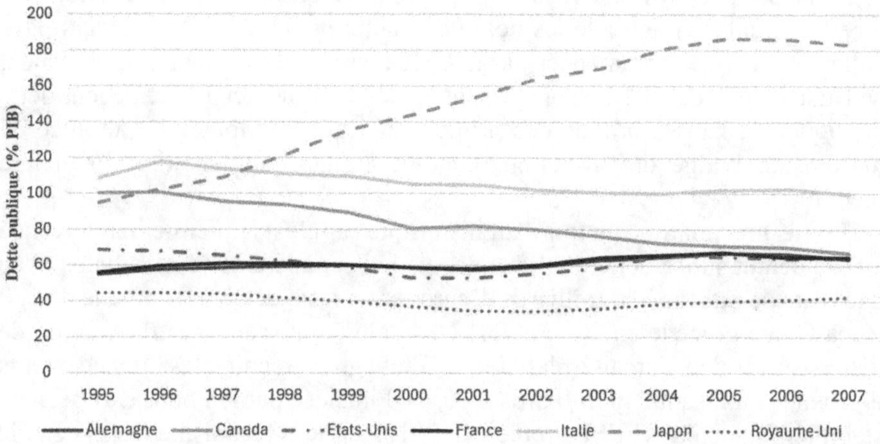

Source : FMI, Historical Public Debt Database (2025)

Après une période de stabilité entre 1995 et 2001, où le ratio moyen des pays du G7 évolue très légèrement de 75,4 % à 77,6 %, la dette publique repart progressivement à la hausse pour atteindre près de 83,4 % en 2007. À noter que le Japon constitue une exception, avec un ratio dette publique/ PIB qui poursuit sa progression continue sur l'ensemble de la période, en raison de la stagnation économique prolongée et des politiques de relance budgétaire successives.

Dans de nombreux pays avancés, la croissance est tirée par le secteur immobilier et la construction, qui bénéficient des taux d'intérêt bas - c'est le cas des pays du Sud de l'Europe, ainsi que, dans une moindre mesure, des États-Unis Ces activités stimulent l'activité bancaire, qui profite également de la libéralisation des marchés de capitaux. La crise financière mondiale de 2008 vient brutalement révéler la fragilité de cet équilibre budgétaire apparent.

3.3. La crise de 2008 et ses suites : explosion des dettes publiques et nouveau régime de soutien monétaire (2008-2019)

La crise des *subprimes* déclenchée en 2008 aux États-Unis marque un tournant majeur dans la trajectoire des dettes publiques des économies avancées. Il s'agit d'un choc inédit d'ampleur internationale, se caractérisant par des faillites bancaires, la contraction du crédit et une perte de confiance massive sur les marchés. Plusieurs États doivent recapitaliser massivement leur système bancaire, ce qui provoque une augmentation de leur déficit public (cf. chapitre 2). Les pays de la zone euro dits « périphériques » dont le secteur bancaire était exposé à l'immobilier sont touchés. Face à cette situation, la réponse budgétaire des États est d'une ampleur exceptionnelle : plans de relance, soutien direct aux banques, nationalisations partielles. L'année 2009, marquée par une profonde récession, provoque mécaniquement une chute des recettes fiscales et aggrave les déficits structurels. Dès 2010, plusieurs pays de la zone euro, à commencer par la Grèce, suivie du Portugal, de l'Irlande, de l'Espagne et de l'Italie, connaissent une crise de soutenabilité de leur dette publique. La hausse brutale des primes de risque, combinée à l'absence de mécanisme budgétaire commun, conduit à une fragmentation financière inédite.

Le cas grec marque un tournant historique car c'est le premier pays avancé à faire défaut sur sa dette publique depuis la Seconde Guerre mondiale. Avec une dette de plus de 350 milliards d'euros et un ratio dette/ PIB proche de 170 %, la Grèce procède en 2010 et 2012 à la plus importante restructuration de dette souveraine jamais réalisée. L'État grec reçoit des financements d'urgence totalisant 240 milliards d'euros. Financée par le Fonds européen de stabilité financière (FESF), créé en 2010, et le Mécanisme européen de stabilité (MES), entré en vigueur en 2012, et le FMI, cette opération est accompagnée d'une décote de 53,5 % de la valeur faciale des obligations émises par l'État. Celle-ci n'est pas acceptée par les créanciers privés, et l'État doit se déclarer en défaut en 2012.

Le ratio dette publique/PIB dans les pays du G7 passe d'environ 88 % en 2008 à près de 114 % en 2019, traduisant une dynamique d'endettement[59].

---

[59] En Allemagne, la mise en place en 2009 du frein à l'endettement (*Schuldenbremse*), inscrit dans la Constitution, marque une exception notable.

Tableau 5. Évolution du ratio dette publique/PIB
dans les pays du G7 (2008-2019)

Pays	Dette publique (% PIB) en 2008	Dette publique (% PIB) en 2019
Allemagne	65,16	58,7
Canada	70,36	90,21
États-Unis	73,59	108,2
France	69,82	98,1
Italie	105,79	133,82
Japon	180,85	236,38
Royaume-Uni	50,83	85,66

Source : FMI, World Economic Outlook Database, April 2025

Le MES et le FESF doivent également accorder des financements d'urgence à l'Espagne, à l'Irlande, au Portugal, à Chypre. Il apparaît en 2012 que leur capacité d'intervention, près de 1 000 milliards d'euros, sera insuffisante si l'Espagne ou l'Italie demandent un nouveau financement. En août 2012, la BCE, par la voix de son président Mario Draghi, annonce qu'elle financera - indirectement - les pays en difficulté en rachetant leurs titres sur le marché secondaire. Ceci marque le début d'une nouvelle phase de monétisation de la dette publique qui dure encore (cf. chapitre 6).

Les années 2010 voient ainsi émerger progressivement un nouveau régime de financement des économies avancées, encadré par l'interventionnisme permanent des banques centrales et l'absence de pression exercée par les marchés obligataires. Cette configuration inédite neutralise les signaux émanant des marchés, tout en entretenant un flou croissant entre politique monétaire et politique budgétaire.

Cet équilibre apparent est brusquement remis en cause dès l'année 2020, avec l'irruption de la pandémie de la Covid-19, qui provoque un arrêt simultané de l'activité économique à l'échelle mondiale et entraîne une réponse budgétaire massive.

3.4. La pandémie de la Covid-19 : rupture budgétaire et envolée des dettes publiques

La pandémie de la Covid-19 constitue un choc exogène d'ampleur mondiale et met à l'épreuve un équilibre budgétaire déjà marqué par une forte dépendance aux conditions monétaires. Les plans d'urgence (notamment pour le système de santé), le recours au chômage partiel, les aides aux entreprises et autres transferts directs aux ménages, entraînent une explosion des dépenses publiques.

Le tableau 6 ci-dessous retrace l'évolution du ratio dette publique/PIB dans les pays du G7 entre 2019, point de référence pré-pandémique, et 2024, mettant en évidence l'ampleur du choc budgétaire provoqué par la crise de la Covid-19.

Tableau 6. Évolution du ratio dette publique/PIB dans les pays du G7 (2019-2024)

Pays	Dette publique (% PIB) en 2019	Dette publique (% PIB) en 2020	Dette publique (% PIB) en 2024
Allemagne	58,70	68,04	63,89
Canada	90,21	118,07	110,77
France	98,10	114,83	113,11
Italie	133,82	154,29	135,29
Japon	236,38	258,37	236,66
Royaume-Uni	85,66	105,84	101,23
États-Unis	108,20	132,03	120,79

Source : FMI, World Economic Outlook Database, April 2025

Grâce aux interventions des banques centrales, marquées par des rachats massifs de titres souverains et le maintien prolongé de taux d'intérêt exceptionnellement bas, le choc initial est contenu sans déclencher de tensions sur les marchés obligataires.Dans un premier temps, la reprise post-Covid s'accompagne d'une hausse du PIB nominal, favorisée par les mesures de relance et une inflation initialement contenue.

Fin 2021, les tensions inflationnistes resurgissent, nourries par les perturbations persistantes des chaînes d'approvisionnement, la flambée des prix de l'énergie, amplifiée par le contexte géopolitique début 2022, et les effets différés de l'expansion monétaire passée. Cette dynamique inflationniste, en alimentant le rebond du PIB nominal, contribue à réduire mécaniquement le poids relatif de la dette.

Confrontées à cette accélération des prix, les banques centrales amorcent dès 2022 un resserrement progressif de leur politique monétaire, mettant fin à la parenthèse des taux bas et réactivant la contrainte budgétaire.

Ainsi, la pandémie a marqué un tournant : l'endettement massif, facilité par des taux bas et un soutien monétaire sans précédent, entre désormais dans une phase d'ajustement, où la soutenabilité redevient un enjeu central.

Les mécanismes de la monétisation et leurs effets sur les prix seront analysés dans le chapitre 6 ; mais il convient d'ores et déjà de mettre en lumière une vulnérabilité budgétaire nouvelle, apparue dans le sillage de la crise de la Covid-19. Dans ce contexte marqué par l'instabilité généralisée, la dette publique, revenue à des niveaux historiquement hauts dans l'ensemble des économies avancées, redevient un facteur de vulnérabilité systémique. À cet égard, Reinhart et Rogoff (2022) soulignent que l'endettement massif accumulé après la pandémie s'est construit sur un contexte financier exceptionnellement favorable, dont la pérennité apparaît aujourd'hui comme incertaine.

Conclusion

L'évolution de la dette publique dans les pays avancés depuis le début du XXe siècle confirme les conclusions tirées du chapitre précédent. Elle prouve de manière on ne peut plus claire que les guerres constituent la première cause de la hausse de l'endettement public, les deux guerres mondiales qui ont marqué le XXe siècle ayant entraîné une explosion de la dette des belligérants.

Les modes de résolution des crises de dette n'ont pas changé par rapport aux siècles précédents. Bien que la croissance soit demeurée soutenue tout au long du XXe siècle, les États ont dû avoir recours à la monétisation pour effacer une partie de la dette publique. C'est l'inflation induite par l'abandon de l'étalon-or puis de la convertibilité du dollar en or qui a vraiment permis aux États-Unis et aux pays européens de réduire leur endettement dans l'après-guerre. Après un retour à l'orthodoxie monétaire entre 1980 et 2009, la planche à billets a fait son grand retour afin de résoudre le surendettement des pays avancés. Nous y reviendrons dans le chapitre 6.

Il est apparu que la dette ne peut pas être remboursée, même en période de croissance soutenue, par une hausse des impôts ou une diminution des dépenses publiques, comme ce fut le cas au Royaume-Uni et en France au siècle précédent. Ceci est attribuable au changement d'idéologie dominante, et à l'apparition du *welfare state*. Depuis la seconde moitié du XXe siècle, pour la première fois dans l'histoire des pays avancés, l'augmentation de la dette ne trouve pas son origine dans les dépenses de guerre, mais dans les dépenses sociales.

Les pays avancés s'étant endettés surtout dans leur propre monnaie, il leur fut aisé de monétiser leur dette ; les épisodes de défaut n'ont concerné qu'un seul pays, la Grèce, dont l'euro n'était pas vraiment la monnaie locale. Il n'en est pas de même pour les PVD, que nous étudions dans le chapitre suivant.

Chapitre 5
Histoire de la dette publique dans les pays en voie de développement

L'endettement public dans les PVD s'inscrit dans une histoire longue, souvent méconnue, marquée par des épisodes précoces d'emprunts extérieurs, notamment en Amérique latine, qui obtinrent les premiers leur indépendance, dès le début du XIXe siècle. Dans les autres régions du Sud global (Asie, Afrique, Moyen-Orient), la plupart des pays ont été administrés par les puissances occidentales jusqu'au milieu du XXe siècle, d'où la rareté des données budgétaires. Seuls quelques pays comme la Chine, avant la tentative coloniale du Japon des années 1930, ou l'Éthiopie, sont demeurés indépendants et ont mis en place leur propre administration financière, sans pour autant nécessairement publier des données sur la dette.

La plupart des PVD n'ont pas rattrapé leur retard par rapport aux pays avancés. L'une des conséquences est qu'ils sont dans l'incapacité d'émettre de la dette publique à long terme dans leur propre monnaie sur les marchés internationaux[60], ce qui constitue une différence fondamentale avec les pays avancés, surtout ceux dont la devise est une monnaie de réserve. Cette contrainte les pousse à recourir massivement à l'endettement en devises étrangères, les exposant à un risque de change accru et à une insuffisance chronique de devises en période de tension. Le service de la dette devient alors vulnérable aux mouvements de taux de change et aux fluctuations des revenus d'exportation. Cette asymétrie explique en partie pourquoi les PVD sont plus fréquemment confrontés à des crises de dette que les pays avancés.

L'objectif de ce chapitre n'est pas seulement de décrire les trajectoires chiffrées de la dette publique des PVD, mais d'en identifier les mécanismes sous-jacents. Le chapitre met également en évidence l'impossibilité pour les PVD de monétiser durablement leur dette extérieure, qui constitue, pour nombre d'entre eux, une part prépondérante de la dette publique.

[60] Théorie du péché originel de Hausmann et Panizza (2003).

1. La dynamique de la dette des PVD

La figure 1 présente les niveaux moyens de dette publique rapportée au PIB depuis 1800[61] en distinguant pays avancés et PVD. L'évolution de la dette des pays avancés a été discutée dans les deux chapitres précédents. Les données de la dette des PVD jusqu'aux indépendances ne concernent que l'Amérique latine ; celle-ci a connu plusieurs crises de surendettement à la fin du XIXe siècle. Au moment des indépendances obtenues au milieu du XXe siècle, l'endettement des PVD est faible, car ces pays n'ont pas été directement touchés par les guerres mondiales. Il a ensuite rapidement augmenté pour atteindre un pic dans les années 90 ; les restructurations et défauts de paiement se sont multipliés, avant que des initiatives d'abandon de dette soient mises en place par les pays avancés. L'endettement a cependant repris sa progression depuis 2008.

Figure 1. Dette publique en % du PIB (1800-2023)

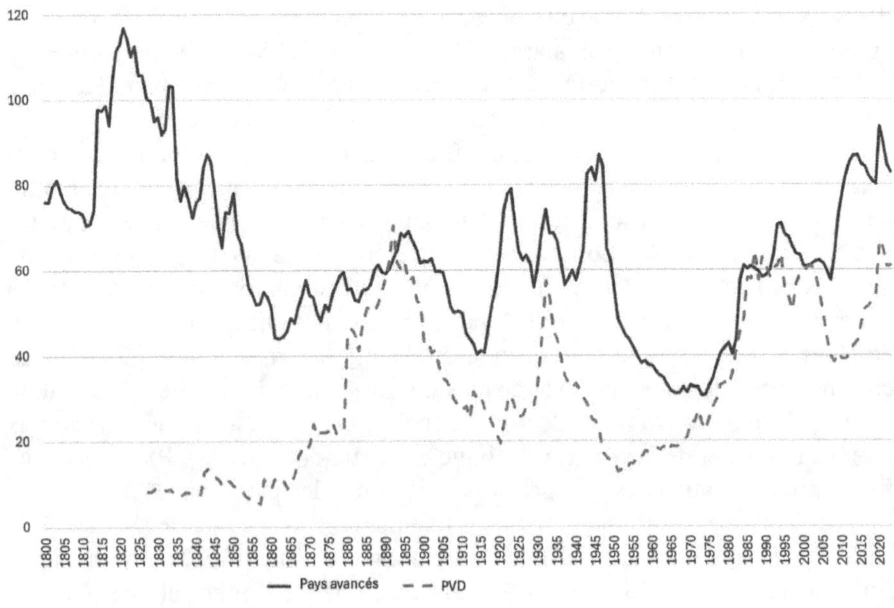

Source : FMI

[61] Cette moyenne est calculée à partir des pays dont les données sur la dette ont pu être exploitées par le FMI, qui a produit des séries statistiques longues. Le nombre de PVD publiant des données sur leur dette était très faible au début du XIXe siècle, et a progressé très lentement jusqu'au milieu du XXe siècle.

1.1. L'évolution de la dette des PVD : vue d'ensemble

Contrairement aux pays avancés, l'endettement moyen des PVD, tel que calculé à partir des pays étudiés par le FMI, reste faible jusqu'au milieu du XXe siècle ; cependant, ces données sont tronquées, car la grande majorité des PVD d'aujourd'hui ne sont pas encore indépendants et ne publient pas de données sur leur dette. Les PVD indépendants sont principalement latino-américains ; à cette époque, les institutions financières internationales (IFI) n'existent pas, et les emprunts proviennent principalement du secteur privé.

Ce n'est qu'à la suite de l'indépendance des autres PVD, acquise vers le milieu du XXe siècle, que des données sur la dette commencent à être disponibles. Dans les années 1960, et jusqu'aux chocs pétroliers de 1973, la dette, principalement libellée en dollars, est modérée et ne progresse que lentement, dans un contexte d'ouverture aux flux de capitaux et d'intervention des prêteurs officiels, bilatéraux et multilatéraux. En raison de la chute des prix des matières premières, les PVD voient le déficit du compte courant de la balance des paiements se creuser, et doivent augmenter sensiblement leur dette extérieure. Dans les années 1980 et 1990, un grand nombre de pays, surendettés, doivent restructurer leur dette auprès des créanciers étrangers, sous l'égide du FMI. Ceux-ci imposent des plans d'austérité budgétaire qui brident la croissance de nombreux pays.

Dans les années 2000, les bailleurs de fonds publics consentent à des allègements massifs de dette, ce qui permet de réduire sensiblement les niveaux d'endettement. Cependant, un grand nombre de PVD ne parviennent toujours pas à équilibrer leurs déficits jumeaux[62], et ont recours à nouveau à la dette à partir de 2008/2010. Plusieurs pays doivent à nouveau restructurer leur dette, et un moratoire est accordé par les pays avancés en 2020, à la suite de la crise de la Covid-19.

Certains pays, notamment la Chine, parviennent cependant à développer des filières industrielles compétitives, et dégagent des excédents courants importants. Ils deviennent créanciers des pays avancés, dont les déficits courants se creusent, à l'exception des grands pays exportateurs tels que l'Allemagne et le Japon. Comme rappelé dans le chapitre 1, malgré sa progression rapide, l'endettement des PVD (68 % du PIB en 2024), a été dépassé par celui des pays avancés (111 % du PIB), qui a crû très fortement depuis la crise de 2008.

Cette divergence appelle une double lecture. D'un côté, les pays avancés peuvent soutenir un endettement plus important grâce à des marchés financiers profonds et des monnaies nationales dominantes, souvent utilisées comme monnaie de réserve, qui leur permettent de s'endetter dans leur propre monnaie vis-à-vis de l'extérieur. De l'autre, les PVD, dont les banques

---

[62] La littérature économique désigne par l'expression « déficits jumeaux » la coexistence d'un déficit budgétaire et d'un déficit courant. Pour une analyse détaillée, voir le chapitre 1, section 3.

centrales détiennent, en réserve de change, des titres de dettes des pays avancés, sont devenus, globalement, les créanciers des pays avancés, ce qui est une situation inédite. La Chine est devenue le principal créancier des États-Unis, en raison de sa détention de bons du Trésor américain. Cette situation appellera tôt ou tard une réforme profonde du système financier international, encore assis sur les Accords de Bretton Woods (1944), où les États-Unis étaient alors les créanciers de la plupart des pays.

1.2. Dynamique de long terme et effet de ciseau

L'analyse de long terme de la dette publique dans les PVD révèle une dynamique budgétaire fortement conditionnée par la relation entre le coût réel de l'endettement et la croissance économique. Comme expliqué au chapitre 1, le différentiel r-g, c'est-à-dire l'écart entre le taux d'intérêt réel des obligations d'État et le taux de croissance réel du PIB, constitue un déterminant central de la soutenabilité de la dette (Blanchard, 1990 ; Escolano, FMI, 2010).

Sur la période 1960-2023, comme le montre le graphique 2, le ratio dette/PIB dans les PVD ne s'aligne pas mécaniquement sur le différentiel r-g. En effet, un effet ciseau (r-g > 0) ne se traduit pas nécessairement par une hausse effective de la dette, dans la mesure où il peut être compensé par un excédent primaire, des revenus exceptionnels ou une aide extérieure. Inversement, de nombreux épisodes de croissance rapide de la dette sont observés en contexte de r-g < 0, reflétant alors des déficits budgétaires primaires importants ou des politiques volontaristes de dépense.

Les données agrégées montrent toutefois des périodes où l'effet ciseau s'est clairement matérialisé. Entre 1982 et 1985, à la suite du resserrement monétaire global, le différentiel r-g excède quatre points, tandis que la dette réelle croît de plus de 10 % par an, signalant une contrainte budgétaire intense et brutale. Un phénomène similaire est observé en 1998-1999, dans le sillage des crises financières asiatiques et russe. Plus récemment, l'année 2015 combine un différentiel r-g supérieur à 2,8 avec une hausse de la dette réelle de près de 10 %, ce qui confirme la matérialisation de l'effet ciseau dans un contexte de ralentissement de la croissance et de normalisation monétaire.

Le pic est atteint en 2020, avec un r-g supérieur à 7,6 points, accompagné d'une augmentation importante de la dette de + 22,7 %, traduisant l'ampleur des plans de relance face à la pandémie de la Covid-19. Toutefois, les années suivantes montrent une nette correction : r-g devient fortement négatif en 2021 et 2022 (-5 à -10 points), traduisant l'effet transitoire d'une inflation élevée sur des taux d'intérêt encore encadrés, ce qui soulage mécaniquement la charge de la dette.

Figure 2. Dette publique, taux d'intérêt
et croissance économique dans les PVD

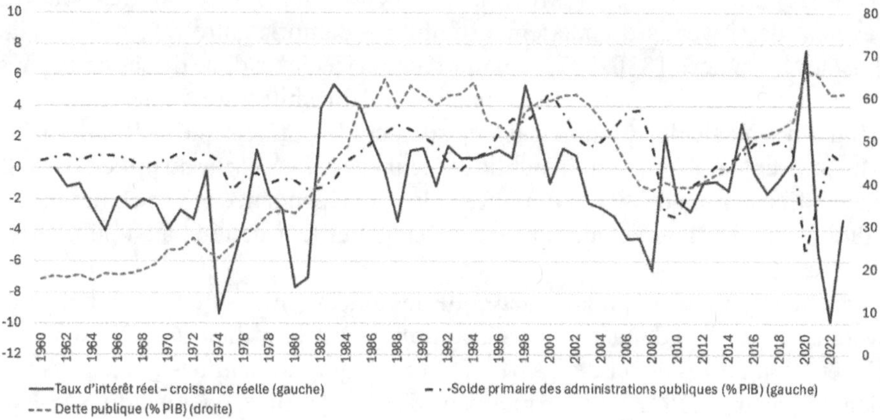

Source : FMI et auteurs

2. La dette des PVD jusqu'aux années 1980

2.1. Jusqu'au milieu du XXe siècle : l'endettement colonial

2.1.1.Des données sur la dette inexistantes ou biaisées

L'analyse des trajectoires budgétaires dans les PVD du XIXe siècle aux indépendances, au milieu du XXe siècle, est confrontée à une contrainte de l'absence généralisée de données exploitables sur la dette publique. Cette lacune ne signifie pas une inactivité budgétaire, mais reflète la rareté des sources consolidées, l'inexistence de systèmes statistiques nationaux, ou encore l'administration de ces territoires par des structures coloniales peu transparentes. En effet, ces territoires n'avaient généralement pas d'institutions fiscales ni budgétaires propres : l'Afrique occidentale française (AOF[63]) ne publiait pas de données distinctes sur le budget ou la dette locale. Il n'existait ni ministère des Finances local souverain, ni budget national consolidé, encore moins de banques centrales indépendantes. Même dans les colonies où des budgets locaux étaient préparés, ceux-ci étaient rarement publiés de façon transparente, et encore moins selon des normes comparables à celles des institutions contemporaines.

Les premiers pays à mettre en place une administration fiscale et à publier des données sur leur dette étaient des pays d'Amérique latine, qui ont obtenu

[63] Un groupe de colonies françaises en Afrique administré comme un ensemble unique entre 1895 et 1958. L'AOF regroupait notamment les territoires actuels du Sénégal, Mali (ex-Soudan français), Burkina Faso (ex-Haute-Volta), Bénin (ex-Dahomey), Côte d'Ivoire, Guinée, Mauritanie, et Niger.

leur indépendance de l'Espagne et du Portugal au XIXᵉ siècle. Selon les statistiques du FMI, le Chili a publié le montant de sa dette publique dès 1827 ; il a été rejoint en 1864 par l'Argentine, puis en 1880 par le Brésil. Ces données révèlent des niveaux d'endettement faibles – compris entre 8 % et 12 % du PIB dès les années 1830-1850. Au tournant du siècle, la dette de ces deux pays oscille autour de 50 % du PIB, alors que celle du Chili reste faible à 26 %. Au début du XXᵉ siècle, d'autres pays du sous-continent, tels que le Honduras, le Mexique et Haïti[64], ont rendu publiques leurs dettes. À partir du milieu du XXᵉ siècle, l'ensemble des PVD ont obtenu leur indépendance et ont commencé à administrer de manière autonome leur budget et leur dette et à en publier les chiffres.

Cette trajectoire contraste avec celle des autres régions du Sud global, pour lesquelles aucune donnée n'est disponible avant le milieu du XXᵉ siècle, à l'exception de l'Inde, et de l'Afrique du Sud, qui publient des données sur la dette à partir de 1913. En Afrique, au Moyen-Orient et en Asie du Sud-Est, les rares budgets locaux ne sont que très partiellement consolidés. En Asie, seule l'Inde laisse des traces fragmentaires au XIXᵉ siècle.

2.1.2. Dettes coloniales et orthodoxie budgétaire

Pour autant, les actuels PVD se sont endettés au cours de la période coloniale. À partir du milieu du XIXᵉ siècle, de nombreux territoires d'Afrique, d'Asie et d'Amérique latine ont été contraints de contracter des dettes publiques, souvent sous la pression ou le contrôle direct des puissances coloniales.

Ainsi, en 1825, Haïti, nouvellement indépendant, fut contraint de rembourser à la France un montant de 150 millions de franc-or, une somme importante au regard de ses ressources, afin d'indemniser les propriétaires blancs expulsés à la suite de la révolte des esclaves[65].

Dans d'autres cas, ces dettes avaient pour but de financer des infrastructures (de transport ou minières) utilisées principalement pour exploiter les ressources locales par les colons, et non pour favoriser le développement des habitants.

L'Égypte, bien qu'officiellement indépendant, a dû contracter une lourde dette pour la construction du Canal de Suez, dont il a finalement perdu le contrôle au profit des puissances occidentales. En effet, devant les difficultés de l'État à rembourser cette dette, les actionnaires anglais et français ont demandé et obtenu la majorité du capital de la société qui l'exploitait, et obtenu son contrôle en 1876. À partir de cette date, les finances publiques du

---

[64] On peut cependant s'interroger sur le faible niveau de dette affiché par Haïti – 3,5% du PIB en 1945 – lorsqu'on sait que ce pays a dû s'acquitter d'une lourde dette imposée par la France peu après son indépendance.

[65] Selon une étude publiée par le *New York Times*, en l'espace de 64 ans, le pays a dû verser l'équivalent de 560 millions de dollars actuels.

pays ont été administrées par la Caisse de la dette publique, qui était contrôlée par la France et le Royaume-Uni, et non par l'État égyptien.

Dans les pays directement administrés par les occidentaux, les autorités coloniales ont imposé des politiques d'orthodoxie budgétaire, qui ont réduit la capacité des gouvernements locaux à s'endetter pour financer des programmes d'investissement ou pour financer des dépenses sociales. Les recettes de l'État sont souvent dédiées au remboursement des dettes dues à la métropole. Cependant, en raison de l'absence d'autonomie budgétaire, ces flux financiers n'apparaissaient pas dans les comptes, de même qu'aucune dette n'était enregistrée.

Ces politiques d'austérité se sont accentuées à la suite de la crise économique des années 1930, qui a engendré un effondrement des exportations des colonies et une forte baisse des recettes fiscales. Les puissances coloniales ont réduit les dépenses publiques et les investissements, ce qui a entraîné une aggravation de la pauvreté des populations autochtones.

2.2. 1950-1973 : des indépendances aux chocs pétroliers

2.2.1. Le contexte

Ce n'est qu'entre 1945 et 1960 que la grande majorité des PVD actuels ont obtenu leur indépendance des États coloniaux. Auparavant, ces territoires n'étaient pas des entités politiques autonomes : ils avaient le statut de colonies (par exemple l'Afrique occidentale française, qui était entièrement contrôlée par Paris), de protectorats (le Maroc ou encore la Tunisie) ou de territoires administrés (le Liban). La période 1950-1980 est marquée par la structuration progressive des États post-coloniaux. Alors que l'administration publique se renforce et que les fonctions régaliennes s'élargissent, les dépenses publiques augmentent de manière continue dans la plupart des pays.

Dans un contexte de guerre froide, où les deux camps cherchent à s'allier les anciennes colonies, celles-ci reçoivent d'importants financements des anciens colonisateurs (l'aide publique au développement, ou APD), ce qui permet à ces derniers de maintenir, sinon des colonies, du moins des zones d'influence. Ces financements sont accordés directement par les États ou par des institutions supranationales, les BMD[66], dont la première, la Banque mondiale, a vu le jour en 1944, en même temps que le FMI. Ces institutions commencent à collecter et à harmoniser les données sur le budget et la dette des PVD.

En effet, beaucoup de PVD, fraîchement indépendants, peinent à financer leur développement. Leurs systèmes administratifs, fiscaux et productifs sont encore embryonnaires. En contrepartie de l'APD, des accords sont signés avec les anciennes puissances coloniales leur permettant de conserver une zone où

---

[66] Une brève description de ces institutions et du soutien dont elles bénéficient des États est proposée au chapitre 2.

elles peuvent commercer librement avec les anciennes colonies, offrant ainsi des débouchés à leurs produits de consommation et d'équipement, et des matières premières bon marché ; elle permet également de maintenir une influence politique dans ces pays. C'est le cas des États-Unis avec l'Amérique latine et certains pays du Moyen-Orient (comme l'Arabie saoudite), la France avec l'Afrique de l'Ouest et le Royaume-Uni avec le Moyen-Orient et l'Afrique de l'Est.

L'économie des PVD repose alors sur l'exportation d'un nombre restreint de matières premières, dont les prix sont relativement stables, mais fixés par des marchés dominés par les pays industrialisés. Cette stabilité apparente favorise un certain optimisme quant à la capacité de remboursement des emprunts. Le modèle de développement reste basé sur l'insertion dans le commerce mondial par les produits de base, sans stratégie d'industrialisation propre.

Les premières dettes contractées à l'international servent essentiellement à financer des infrastructures de base : routes, hôpitaux, ports, systèmes éducatifs, soutien à l'industrialisation *via* des entreprises publiques. En moyenne, les dépenses publiques des PVD passent de 11,8 % du PIB en 1950 à 19 % en 1980.

Le recours à l'emprunt reste limité, souvent négocié dans un cadre bilatéral avec les anciennes puissances coloniales ou les deux superpuissances, selon des logiques autant politiques qu'économiques. La soutenabilité des dettes contractées repose sur l'hypothèse d'une croissance continue des recettes d'exportation. Or, les termes de l'échange se détériorent progressivement au détriment des pays exportateurs de matières premières, dont les cours fluctuent ou stagnent alors que les prix des produits manufacturés importés augmentent. Cette asymétrie fragilise la capacité des PVD à générer des excédents extérieurs durables, prélude aux tensions à venir.

Le graphique 3 illustre cette double dynamique : dépenses publiques et dette publique progressent de concert entre 1950 et 1980. Cette évolution préfigure les tensions futures en matière de soutenabilité, notamment dans les pays dont les recettes stagnent alors que les engagements financiers s'accumulent.

Figure 3. Dépenses publiques et dette publique en % du PIB dans les PVD (1950-1980)

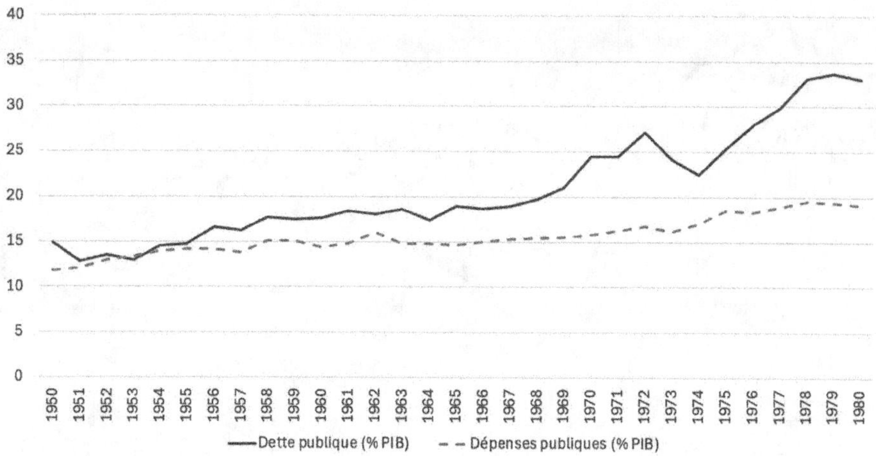

Source : FMI

2.2.2. Un endettement modéré, mais en devises étrangères

La dette des PVD reste globalement modérée jusqu'au milieu des années 1960. En raison de la faiblesse de l'épargne nationale, les prêts aux États proviennent principalement de bailleurs de fonds étrangers. Les emprunts sont souvent adossés à des projets précis, encadrés et suivis par les bailleurs. Ils sont majoritairement concessionnels, c'est-à-dire portant un faible taux d'intérêt et remboursés sur de longues échéances (plus de vingt ans) et avec une période de grâce de trois à cinq ans. Cependant, afin de permettre aux États d'acheter des biens d'équipement produits par les pays avancés, ces emprunts sont libellés en devise étrangère convertible, principalement en USD - qui est la seule devise de réserve depuis les Accords de Bretton Woods (1944) et qui est utilisée pour un grand nombre d'échanges internationaux, notamment les achats de pétrole. Parallèlement, certains pays commencent à emprunter auprès des banques commerciales internationales *via* des crédits garantis ou adossés à des exportations futures. Cette diversification des créanciers s'accompagne toutefois d'une complexification des conditions de remboursement. À partir de la fin des années 1960, la dette des PVD augmente significativement.

Le ratio dette publique/PIB, relativement modeste au début de la période (15 % en 1950), suit une tendance haussière pour atteindre 33 % en 1980. En effet, l'écart croissant entre les dépenses et les ressources courantes conduit ainsi à l'accumulation de déficits primaires modérés, mais qui conduisent à une progression, certes lente, de l'endettement dans nombre de pays.

Figure 4. Solde primaire des administrations publiques en % du PIB

Source : FMI

Suite au premier choc pétrolier de 1973-1974, le solde primaire se dégrade, tant pour les PVD que pour les pays avancés, sous l'effet combiné de la récession mondiale, de la hausse des importations énergétiques, et des besoins sociaux croissants, entraînant une accélération de la croissance de la dette publique. Les énormes excédents pétroliers des pays exportateurs, libellés en USD, sont recyclés par les banques occidentales, qui accordent un nombre toujours croissant de crédits aux PVD, et incitent ceux-ci à accroître leur dette extérieure.

2.3. 1980-2000 : surendettement et restructurations

Au début des années 1980, les prix des matières premières chutent brutalement, sous l'effet combiné de la baisse de la croissance des pays avancés et de la hausse de la production mondiale, en particulier de pétrole. Les PVD voient la valeur de leurs exportations de matières premières diminuer rapidement, alors qu'ils s'étaient engagés dans de coûteux projets d'investissement et de programmes sociaux. Les déficits jumeaux se creusent. Au même moment, à la suite de la nouvelle politique monétaire imposée par les États-Unis à partir de 1980, les taux d'intérêt réels sur les emprunts en dollars, longtemps négatifs en raison du niveau élevé d'inflation dans les années 1960/1970, augmentent sensiblement.

La situation s'aggrave avec la fin de la guerre froide en 1990. Il n'est plus nécessaire pour les pays occidentaux de financer les États susceptibles de basculer dans l'orbite de l'URSS, ce qui les incite à réduire leur aide publique au développement, qui passe de 94 milliards de dollars en 1991 à 70 milliards de dollars en 1997 (cf. graphique 8). Celle-ci regroupe les dons et les prêts officiels bonifiés (ou concessionnels) accordés par les pays de l'OCDE aux PVD, et est indispensable au maintien des équilibres financiers de nombre de PVD, en particulier les pays à faible revenu[67].

2.3.1. Les années 1980 : le début des crises de surendettement

On assiste, au début des années 1980, à une rupture nette dans la trajectoire d'endettement public des PVD. Cette période marque le début d'un cycle prolongé d'endettement. Pour de nombreux pays, l'endettement extérieur est alors massivement utilisé pour compenser le déficit de balance des paiements courants induit par la baisse des prix des matières premières. C'est particulièrement marqué pour les pays à faible revenu, qui sont les plus dépendants des exportations de matières premières agricoles, parmi lesquels figurent un grand nombre de pays africains et, dans une moindre mesure, latino-américains. Leur dette dépasse le seuil de 80 % du revenu national brut (RNB) en 1987, à partir duquel la dette est considérée ne plus être soutenable sans monétisation. Or, comme nous le montrerons plus loin dans ce chapitre, la dette en devise n'est pas monétisable.

[67] Les pays à faible revenu et à revenu intermédiaire sont classés selon le revenu national brut (RNB) par habitant, tel que défini chaque année par la Banque mondiale. En 2024, sont considérés : 1. à faible revenu, les pays dont le RNB par habitant est inférieur ou égal à 1 135 dollars US ; 2. à revenu intermédiaire, ceux dont le RNB par habitant est compris entre 1 136 et 14 005 dollars US, ce groupe étant lui-même divisé entre pays à revenu intermédiaire inférieur et à revenu intermédiaire supérieur.

Figure 5. PVD : dette extérieure en % du revenu national brut, 1975 à 2023

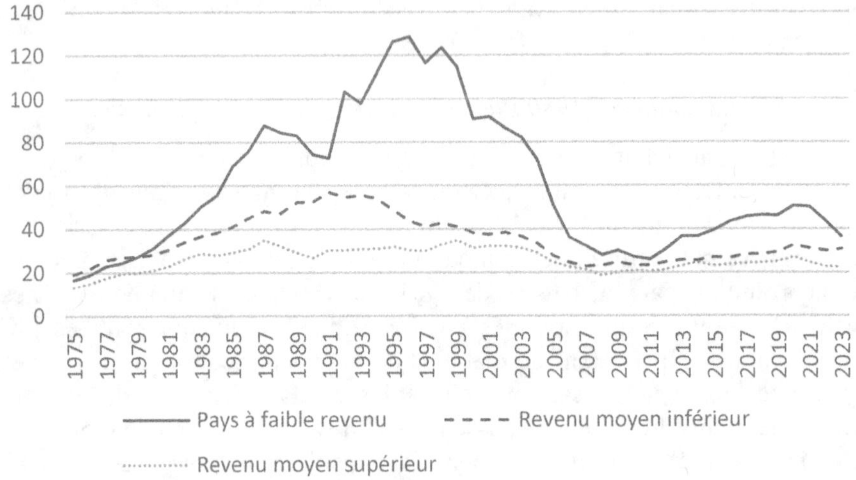

Source : FMI

Parallèlement, les pays trop dépendants des exportations de matières premières, dont de nombreux pays à faible revenu, subissent une forte détérioration des termes de l'échange tout au long de la décennie. La baisse continue des prix des matières premières, pétrole excepté, combinée à une perte de compétitivité industrielle vis-à-vis des économies occidentales et émergentes, réduit leur capacité d'exportations et donc leur solvabilité extérieure. Cette dégradation creuse le déficit de la balance courante et aggrave le recours à l'endettement externe notamment en devises étrangères. Les pays qui ont su diversifier leurs exportations vers les biens de consommation, classés en pays à revenu intermédiaire élevé, sont moins touchés. Ils sont localisés en Asie ou en Amérique latine ; viennent s'y joindre les pays d'Europe de l'Est à partir de 1990.

Un nombre croissant de PVD commencent alors à éprouver des difficultés à honorer le service de leur dette. Le Mexique, en 1982, est le premier pays majeur à demander à ses créanciers une renégociation de sa dette. Le défaut concerne la dette extérieure, en partie constituée d'emprunts à des banques internationales, et nécessite l'intervention du FMI. Il met en place un programme d'assistance conditionnée, où la dette est renégociée sous conditions de réformes mises en place par l'État afin d'ajuster ses dépenses[68]. C'est aussi dans ce contexte qu'entre en action le Club de Paris, instance de

[68] Connus également sous le terme de plans d'ajustement structurels.

coordination des créanciers officiels, créé dès 1956 mais pleinement mobilisé à partir des années 1980 pour coordonner les restructurations de dette souveraines (cf. chapitre 8).

La conséquence budgétaire est double. D'une part, comme l'indique le graphique 6, au début des années 1980, la charge d'intérêts sur la dette augmente significativement, en raison des taux d'intérêt réels élevés et de la persistance d'un endettement libellé en dollars. D'autre part, les pays sont contraints de dégager des excédents primaires importants pour rembourser leur dette en devises étrangères. De nombreux pays doivent restructurer leur dette, généralement sous l'égide du FMI, ce qui se traduit par la mise en place de plans d'ajustement structurels[69]. Ces plans imposent des coupes drastiques dans les dépenses publiques, des hausses de recettes fiscales, et des réformes libérales, avec pour objectif la restauration d'un équilibre primaire positif susceptible de garantir la soutenabilité de la dette.

Figure 6. Charges d'intérêts payées sur la dette publique (% PIB)

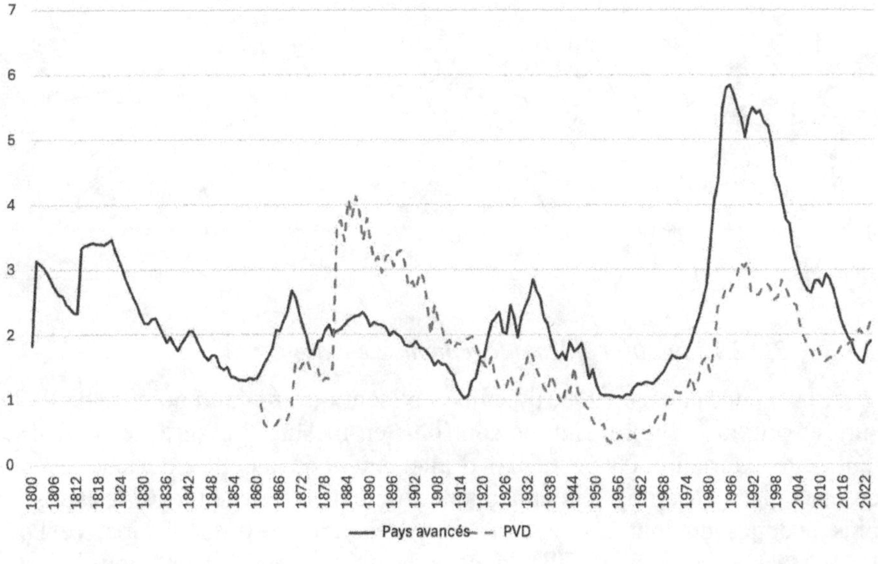

Source : FMI

À la suite de ces restructurations, les sources de financement privées se tarissent, et les PVD se tournent alors vers les institutions multilatérales, qui leur permettent d'avoir accès à des prêts moins coûteux, mais assortis de conditions sur l'utilisation de ces fonds (respect des grands équilibres financiers, mais également respect de l'environnement ou pratiques de bonne

---

69 Les principaux épisodes de défauts et restructurations de dette ainsi que leur mécanisme sont traités dans le chapitre 8.

gouvernance). C'est surtout le cas des pays à revenu faible, qui ont accès aux prêts concessionnels offerts par les fonds de développement contrôlés par les BMD, tels que l'Agence internationale pour le développement (AID), qui est contrôlée par la Banque mondiale. Ces institutions collectent des dons des pays avancés, qui sont utilisés pour bonifier les conditions des prêts accordés (cf. chapitre 8). Les pays à revenu intermédiaire, eux, n'ont accès qu'aux prêts des BMD au taux de marché[70].

Figure 7. PVD : part des BMD dans le service de la dette publique (en %), 1970-2023

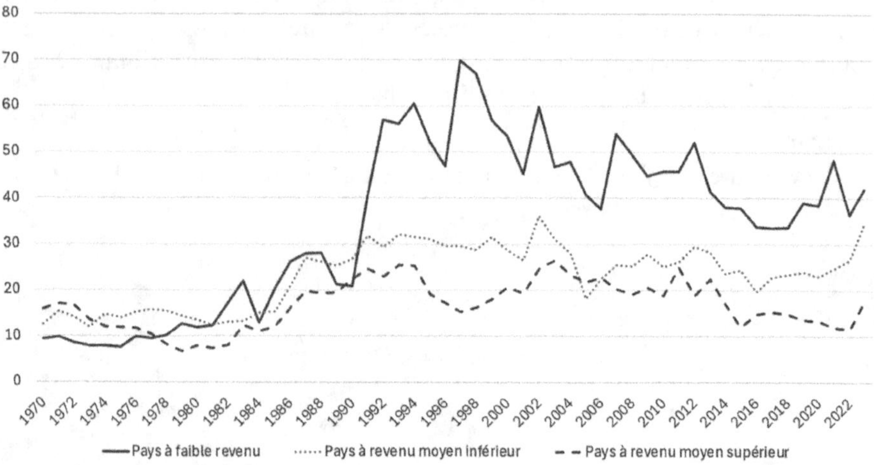

Source : La Banque mondiale

2.3.2. L'an 2000 et les allègements de dette

À la fin des années 1990, il devient évident qu'un grand nombre de PVD, surtout ceux à faible revenu, ne sont plus en mesure d'assurer le service de leur dette extérieure. Un vaste plan d'allègement de la dette extérieure est mis en place par l'ensemble des créanciers officiels, afin de soulager les pays les plus endettés et dont les revenus sont très faibles. C'est l'initiative Pays Pauvres Très Endettés (PPTE), lancée à la fin des années 1990, dont les pays d'Afrique subsaharienne (ASS) sont les principaux bénéficiaires. Elle ne concerne que les créanciers bilatéraux, les BMD n'y participant pas en raison de leur statut de créancier privilégié. Cependant, compte tenu du poids important de la dette multilatérale pour les pays les plus pauvres, un second plan impliquant les BMD, l'Initiative pour l'Allègement de la Dette Multilatérale (IADM) est par la suite mis en place, concernant un nombre restreint de pays (cf. chapitre 8).

[70] Il s'agit du taux auquel les BMD se refinancent - qui est très bas, en raison de leur qualité de crédit élevée - plus une marge fixe, indépendante du niveau de risque du pays emprunteur.

Ces allègements entrent dans l'enveloppe de l'APD, qui double entre 1998 et 2005, comme le montre le graphique 8, puis reprend une croissance soutenue, en raison des allègements de dette accordés. En effet, les allégements de dette ne sont pas accordés simultanément à tous les pays récipiendaires : ceux-ci doivent réunir un certain nombre de conditions pour être éligibles, notamment l'apurement des arriérés sur la dette, ce qui ne peut se réaliser que progressivement ; en fait, l'essentiel des allègements de dettes est étalé sur la décennie 2000-2010.

Ces dispositifs marquent un tournant dans le traitement coordonné des surendettements souverains, mais leur mise en œuvre reste étroitement conditionnée à la conduite de réformes structurelles. Ces initiatives sont développées dans le chapitre 8 consacré aux restructurations de dette souveraine.

Figure 8. Aide publique au développement reçue par les PVD, en milliards USD à prix constants

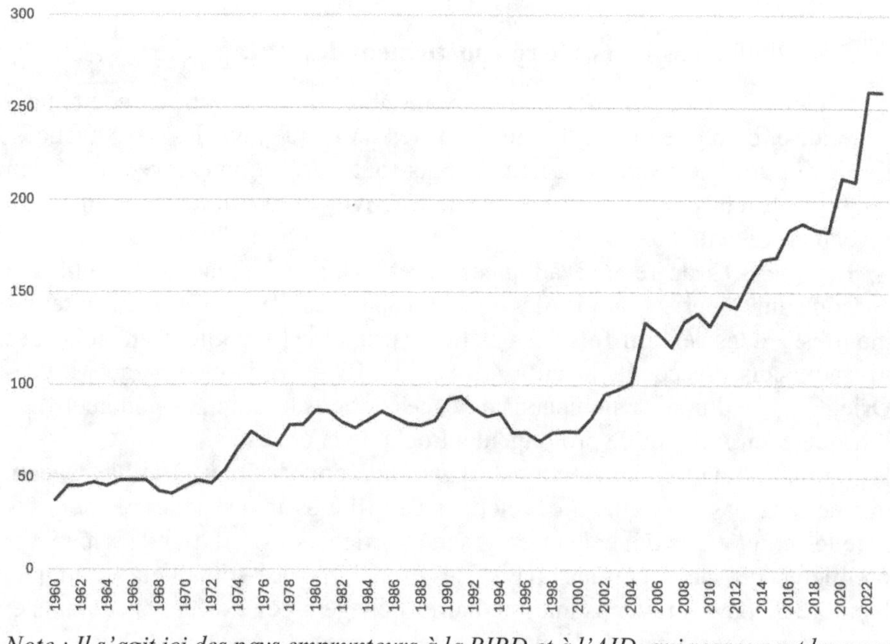

Note : Il s'agit ici des pays emprunteurs à la BIRD et à l'AID, qui regroupent les pays à revenus intermédiaire et faible.
Source : OCDE

En conséquence, entre 2000 et 2007, la plupart des PVD connaissent une phase de réduction de leur dette publique et extérieure. Elle est particulièrement marquée pour les pays à revenu faible, principaux récipiendaires des allègements de dette, et dont la dette extérieure passe de

129 % du RNB en 1998 à 28 % en 2008 (cf. graphique 5).Les pays d'Afrique sont les principaux bénéficiaires de ces mesures ; la dette publique passe de 80 % à 44 % du PIB entre 2000 et 2007. La Zambie voit son ratio dette/PIB passer de 204 % en 2000 à seulement 19 % en 2007, le Mozambique de 121 % à 37 %, et l'Ouganda de 65 % à 11 %. En Amérique latine, la PPTE a bénéficié à quatre pays, dont le Nicaragua, qui a vu sa dette diminuer de 115 % en 2000 à 29 % en 2007.

En Asie, la dette publique diminue de 58 % à 38 % du PIB dans la même période, et en Europe de l'Est (de 42 % à 27 %), en raison d'une croissance mondiale soutenue et du développement de filières d'exportation compétitives, quasiment aucun pays n'a bénéficié de l'initiative PPTE. Plusieurs pays asiatiques comme l'Inde (de 78 % à 68 %) ou les Philippines (de 78 % à 56 %) ont également engagé des efforts de consolidation, bien quc hors du cadre PPTE. En Europe de l'Est, des pays comme la Bulgarie (de 66 % à 17 %) ou la Roumanie (de 24 % à 12 %) ont bénéficié d'un contexte de pré-adhésion à l'Union européenne, favorable aux réformes budgétaires et à l'accès à des financements extérieurs plus stables.

2.4. 2008 à nos jours : le ré-endettement des PVD

À partir de 2008, la crise financière mondiale entraîne un ré-endettement généralisé, bien que moins marqué pour les PVD que pour les pays avancés. La dette publique repart à la hausse dans toutes les régions, avec un pic en 2020-2021, à la suite de la pandémie de la Covid-19, avant de se stabiliser au niveau élevé actuel.

Les mesures de relance adoptées après la crise financière de 2008 ont entraîné une reprise rapide de la dette dans les PVD. Cette rupture est manifeste dans les chiffres : les déficits primaires atteignent en 2020 des niveaux sans précédent, jusqu'à 4,8 % du PIB en Asie et 6 % au Moyen-Orient. Signe d'une tension persistante, ces déficits ne sont pas ponctuels : en Afrique et en Asie, ils se prolongent au-delà de la crise.

La reprise de l'endettement est plus rapide pour les pays à faible revenu, qui ne sont pas parvenus à développer des filières industrielles, et dont les recettes extérieures dépendent en grande partie des exportations de matières premières ou, dans certains pays, des transferts des travailleurs émigrés. Nombre de pays à revenus intermédiaires dégagent des excédents courants et s'endettent pour financer l'investissement - c'est le cas de la Chine et de nombre de pays d'Asie.

À partir de 2008, les intérêts sur la dette publique représentent plus de 2 % du PIB pour les PVD, un niveau qu'ils n'avaient pas connu depuis 1980. Pour les pays avancés, pourtant plus endettés que les PVD, les intérêts diminuent proportionnellement au PIB à partir de 2012, en raison de l'application de taux d'intérêt faibles ou négatifs. Les PVD, eux, sont dans l'incapacité de monétiser la dette extérieure, qui constitue encore une part importante de la dette publique, car celle-ci est libellée en devises étrangères.

Figure 9. Service de la dette extérieure des PVD (% exportations)

Source : FMI

À la différence des années 1990, les PVD s'endettent plus fréquemment auprès des créanciers privés, principalement sur les marchés obligataires internationaux (Eurobonds). La part de la dette extérieure de PVD sous forme d'obligations passe de 5,5 % en 2013 à 6,1 % en 2023. Or, les taux d'intérêt sur ce marché sont nettement plus élevés que ceux facturés par les bailleurs de fonds officiels, ce qui a pour effet de renchérir le coût de la dette. Par ailleurs, ce type de créancier est peu ouvert aux renégociations de dette, ce qui s'est traduit par plusieurs défauts souverains ces dernières années (cf. chapitre 8).

La récession d'une ampleur inédite induite par la pandémie de la Covid-19 entraîne une nouvelle dégradation du solde budgétaire de la plupart des pays, qui est financé par recours à la dette. En 2020, la dette extérieure de l'ensemble des PVD atteint 125 % des revenus d'exportations (89 % en 2013), et le service de la dette extérieure 16,2 % (9,5 % en 2013). Pour les pays à faibles revenus, il atteint 264 % des exportations en 2016 (171 % en 2013), ce qui est au-delà du seuil de soutenabilité. Les pays riches, sous l'égide du G20, mettent alors en place un moratoire sur le service de la dette extérieure qui s'applique aux pays les plus pauvres (77 pays concernés), et permet de réduire ce ratio à respectivement 95,5 % et 14,7 % en 2023.

3. L'impossible monétisation de la dette extérieure des PVD

3.1. Une dette publique majoritairement libellée en devises étrangères

Dans la plupart des PVD, une part significative de la dette publique est libellée en devises étrangères. Cette caractéristique limite fortement la capacité de ces pays à exercer une souveraineté monétaire pleine sur leur politique budgétaire, en particulier en période de tensions financières. Le graphique ci-dessous montre que la part médiane de la dette publique libellée en devises étrangères atteint plus de 50 % dans la majorité des régions en développement.

Ce clivage est encore plus net lorsque l'on croise ce ratio avec le niveau de notation financière souveraine. Les pays les plus mal notés par les agences de notation[71], classés C ou D, présentent une dette en devises qui dépasse 59,8 %, taux quasiment identique à celui des pays notés B (59,9 %). En revanche, les pays les mieux notés (AAA et AA) n'ont pas de dette en devise étrangère. Cette corrélation entre notation et part de la dette en devise met en évidence l'importance pour un pays de la capacité à monétiser la dette.

[71] Voir chapitre 9 pour une définition des échelles de notation.

Figure 10a. Dette publique médiane en devise étrangère (% total) par notation par région

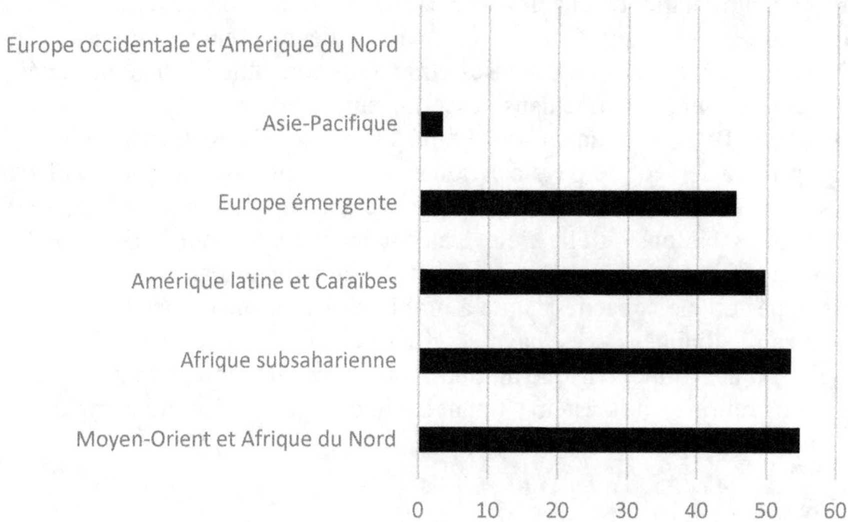

Source : Fitch Ratings (Sovereign Data Comparator, décembre 2024)

Figure 10b. Dette publique médiane en devise étrangère (% total) par notation

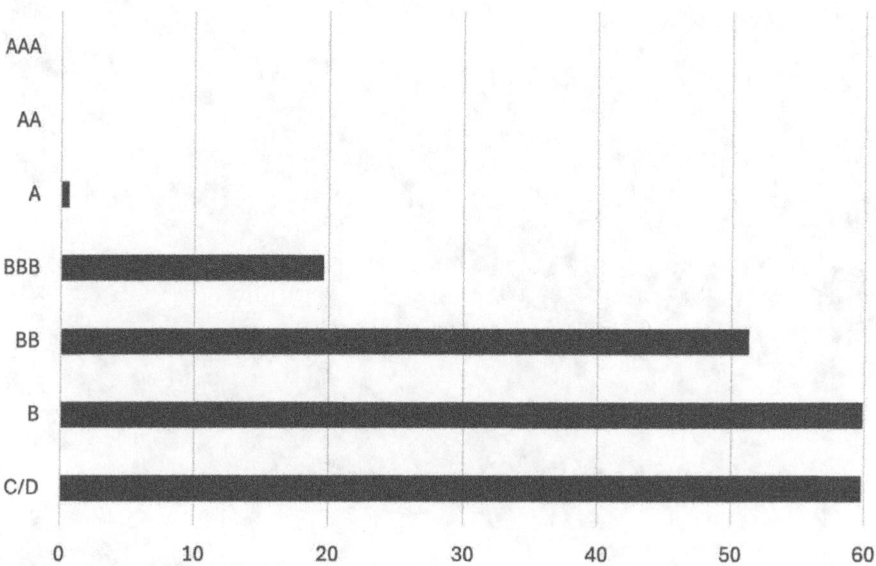

Source : Fitch Ratings (Sovereign Data Comparator, décembre 2024)

Ces données soulignent une contrainte majeure pour les PVD : l'incapacité à se financer massivement en monnaie locale expose leurs finances publiques au risque de change. En conséquence, toute dépréciation de la devise nationale renchérit automatiquement le service de la dette, aggravant la charge budgétaire et réduisant d'autant les marges de manœuvre internes. Cette dépendance structurelle aux devises étrangères constitue le socle du « péché originel » qui sera examiné dans la section suivante.

Certains PVD, cependant, ont limité le recours à la dette en devises ; il s'agit principalement de pays asiatiques, notamment la Chine, la Thaïlande, la Malaisie et l'Inde, pour qui la part de la dette en devise représente moins de 5 % du total. Notons qu'elle s'élève à seulement 5,9 % pour le Brésil et 10,4 % pour l'Afrique du Sud. Ces pays ont des marchés financiers locaux plus développés et une capacité accrue à mobiliser l'épargne domestique. Depuis une dizaine d'années, ces pays, regroupés sous le sigle BRICS (Brésil, Russie[72], Inde, Chine, Afrique du Sud), jouent un rôle moteur dans la mise en place de réformes du système financier international visant à remplacer le dollar par une autre monnaie de réserve.

[72] Les données sur la dette russe sont difficiles d'accès et peu fiables en raison de la situation politique actuelle.

3.2. Le péché originel

Le péché originel, concept formulé par Eichengreen et Hausmann (1999), désigne l'incapacité des PVD à emprunter en monnaie locale sur les marchés internationaux. Cette vulnérabilité accentue leur exposition aux crises financières (Jeanne, 2000 ; Schneider et Tornell, 2004).

Le péché originel trouve ses sources dans la taille limitée des économies concernées et la faible profondeur de leurs marchés financiers, qui découragent les investisseurs internationaux de détenir des titres libellés dans des monnaies peu liquides (Hausmann et Panizza, 2003). Ainsi, les PVD restent piégés dans une hiérarchie monétaire défavorable, rendant difficile le développement d'une base stable d'investisseurs en monnaie domestique, surtout à long terme. Des progrès ont cependant été observés chez certains pays émergents, comme le Brésil ou la Turquie, qui ont développé leurs marchés de dette domestique. Toutefois, ces cas restent marginaux.

Par ailleurs, cette dépendance empêche toute stratégie de monétisation de la dette en période de stress financier. À la différence des pays avancés, les PVD ne peuvent mobiliser leur banque centrale sans générer une perte de confiance et une spirale de dépréciation, aggravant le fardeau de la dette (Hausmann *et al.*, 2001). En cas de tensions, ils n'ont pas d'autre choix que d'envisager une restructuration ou un recours à l'aide multilatérale.

Empiriquement, cette vulnérabilité structurelle se traduit par une fréquence élevée des restructurations de dette dans les PVD. Selon le décompte annuel réalisé par la Banque du Canada, 98 % des dettes souveraines en cours de restructuration depuis 1960 étaient contractées par des PVD. Ce contraste illustre la récurrence des crises de soutenabilité dans les PVD et la faible résilience de leurs cadres budgétaires et monétaires face aux chocs externes.

Dès lors, la restructuration de la dette s'impose souvent comme la seule issue praticable. Faute de pouvoir ajuster leur politique monétaire, les PVD sont contraints de négocier avec leurs créanciers, qu'il s'agisse de bailleurs bilatéraux, de créanciers privés ou d'institutions multilatérales. Cette voie, bien que douloureuse sur le plan réputationnel et économique à court terme, reste préférable à un ajustement brutal *via* l'austérité ou à une explosion désordonnée de la dette. Elle reflète, en creux, l'asymétrie fondamentale du système financier international, où seuls les émetteurs de devises de réserve peuvent lisser le coût de leurs crises budgétaires par la monétisation.

Conclusion

La dette publique de l'ensemble des PVD ne représente qu'une faible part de la dette mondiale, les pays riches étant de nos jours nettement plus endettés que les pays pauvres. Cependant, la structure de la dette de la plupart des PVD – à l'exception de la Chine et de quelques pays d'Asie - présente une vulnérabilité majeure, dite 'péché originel' : il s'agit de la part importante de dette contractée en devises étrangères. Elle se traduit par une dépendance accrue aux créanciers étrangers.

En conséquence, afin de résoudre les situations de surendettement, les PVD ne peuvent pas monétiser leur dette et n'ont d'autre choix que d'en renégocier les termes avec les créanciers étrangers ou de faire défaut. Dans des pays à revenu faible ou moyen, l'augmentation des impôts pour rembourser la dette n'est pas envisageable.

De nombreux PVD ont été confrontés à une dégradation de leur solde budgétaire et courant à partir des années 1980, suite à la chute des prix des matières premières, et ont dû renégocier leur dette extérieure auprès des bailleurs de fonds occidentaux. Certains pays ont tenté de monétiser leur dette locale ; cependant, l'excès de monnaie ainsi créée a entraîné des dévaluations de la devise et des épisodes d'hyperinflation, tels qu'au Zimbabwe.

Malgré plusieurs initiatives d'allègement de dette, la vulnérabilité de ces pays, en particulier ceux à faible revenu, demeure importante. De ce fait, l'essentiel des défauts sur la dette souveraine provient des PVD.

Annexe. PVD : données sur la dette publique et notation, fin 2024

Pays	Dette en devise en % de la dette publique	Dette domestique / PIB	Dette publique / PIB	Note en devise étrangère
Abou Dabi	100	0	14,6	AA
Afrique du Sud	10,5	60,5	77	BB-
Angola	73,2	23	63,9	B-
Arabie saoudite	40,3	15,6	27,9	A+
Argentine	63,6	51	73,7	CCC
Arménie	53,5	17,5	49,8	BB-
Aruba	53,1	40,2	69,1	BB+
Azerbaïdjan	37,4	4,6	21,5	BBB-
Bahreïn	56,6	48,8	124,7	B+
Bangladesh	36,2	21	37,2	B+
Barbade	37,7	81,8	104,2	B+
Bénin	72,5	17,9	53,7	B+
Bolivie	35,3	34,1	76,8	CCC
Brésil	5,9	72,5	77,3	BB
Bulgarie	73	5,8	24,5	BBB
Cameroun	72,5	12,9	40,3	B
Cap-Vert	69,9	37,8	110,1	B
Chili	34,5	24,4	41,8	A-
Chine	0,4	47,3	62,7	A+
Colombie	32,2	32,5	56,3	BB+
Costa Rica	42,1	47,5	55	BB
Côte d'Ivoire	52,4	18,7	58,3	BB-
Égypte	34,1	61,6	89,1	B

Pays	Dette en devise en % de la dette publique	Dette domestique / PIB	Dette publique / PIB	Note en devise étrangère
Émirats arabes unis	67,3	9,8	24,1	AA-
Équateur	100	10,6	53,5	CCC+
Éthiopie	32,4	17,9	29,1	RD
Gabon	41,1	29	70,9	CCC+
Géorgie	70,5	10,4	38,1	BB
Ghana	53,2	32,8	69	RD
Guatemala	49,7	16,6	25,4	BB
Hongrie	27,2	46,5	74,9	BBB
Inde	3,2	79,2	82,2	BBB-
Indonésie	29,7	21,7	39,9	BBB
Irak	45,6	22,6	47,7	B-
Jamaïque	57,5	33,7	69,9	BB-
Jordanie	53,6	49,8	92,8	BB-
Kazakhstan	15,2	14,3	24,6	BBB
Kenya	46,6	31,7	66,7	B-
Kosovo	97,3	12,4	17,1	BB-
Koweït	96,5	2,1	2,9	AA-
Lesotho	82,7	9,8	58	B
Macédoine du Nord	76,9	19,4	53,3	BB+
Malaisie	2,1	57,7	76,1	BBB+
Maldives	33,7	60,6	114,6	CC
Maroc	31,6	46,8	70,1	BB+
Mexique	14,1	31,4	50,2	BBB-
Moldavie	58,5	13,3	37,2	B+

Pays	Dette en devise en % de la dette publique	Dette domestique / PIB	Dette publique / PIB	Note en devise étrangère
Mongolie	98,5	3,7	41,2	B+
Mozambique	71,4	20,8	92,8	CCC+
Namibie	30,8	45,6	65,3	BB-
Népal	48,5	17,7	43,7	BB-
Nicaragua	93	9,1	41,2	B
Nigéria	49,1	23,2	50,3	B-
Oman	70,8	13,1	33,9	BB+
Ouganda	55	15,4	49,8	B
Ouzbékistan	89	0,9	32,1	BB-
Pakistan	34,4	47,2	67,4	CCC+
Panama	100	6,5	58,3	BB+
Paraguay	86,4	3,1	36,4	BB+
Pérou	44,8	10,2	32,9	BBB
Philippines	34,5	33,7	54,7	BBB
Pologne	24	32,4	54,8	A-
Qatar	45,9	40,1	47,3	AA
Ras el Khaïmah	69,3	2,2	10,9	A+
République dominicaine	67,5	15,1	47,9	BB-
République du Congo	39,6	43,3	90,4	CCC+
Roumanie	41,2	23,6	53,6	BBB-
Rwanda	78,3	14,8	75,6	B+
Salvador	100	43,2	87,7	CCC+
Serbie	73,7	20,1	47,4	BB+
Seychelles	54,7	34,5	59,6	BB-

Pays	Dette en devise en % de la dette publique	Dette domestique / PIB	Dette publique / PIB	Note en devise étrangère
Sri Lanka	35,7	57,2	97,5	RD
Tanzanie	66,5	13,2	48,7	B+
Tchad	52,3	12,1	34,8	B-
Thaïlande	1,3	48,4	58,3	BBB+
Tunisie	48,4	30,6	86,4	CCC+
Turkménistan	99,3	2,2	3,4	BB-
Turquie	57,2	19,5	26,2	BB-
Ukraine	66	23	90,8	RD
Uruguay	44,2	29,8	68,1	BBB
Viêt Nam	27,2	25	34,6	BB+
Zambie	61,6	36,1	116,5	RD

Source : Fitch

Chapitre 6
La monétisation de la dette publique

Les chapitres précédents ont montré que les États, confrontés à un endettement croissant et à des marges budgétaires limitées, ont été amenés, à plusieurs reprises, à monétiser leur dette, c'est-à-dire à créer de la monnaie pour la rembourser. Ainsi, sous différentes formes, la création monétaire a été régulièrement utilisée au cours des siècles comme solution à court terme au surendettement, entraînant la dépréciation de la monnaie et, *in fine*, la ruine des épargnants. Dans les années 1970, les économies avancées ont progressivement mis fin à la monétisation directe de leur dette, ouvrant la voie à une phase de désinflation à partir des années 1980.

Dans le passé, la monétisation prenait la forme d'adjonction de plomb dans les pièces d'or ou d'impression de billets de banque pour des montants supérieurs à leur contrepartie en or. La crise financière de 2008, puis la pandémie de 2020, ont conduit à un retour de cette logique sous une forme différente, avec le déploiement des politiques monétaires dites non conventionnelles, telles que les programmes d'achats d'obligations d'État.

Ce chapitre s'attache à décrire les mécanismes contemporains de la monétisation de la dette publique à travers le financement des États par les banques centrales, et à s'interroger sur les effets de cette pratique.

1. La Banque centrale et la création monétaire

Depuis le XIXe siècle, les banques centrales assurent la création de monnaie en émettant des billets adossés à des encaisses métalliques, principalement de l'or. Dans ces régimes de convertibilité, la masse monétaire devait correspondre au stock d'or détenu, imposant une stricte discipline monétaire. Comme évoqué dans le chapitre 4, ce cadre a progressivement été remis en cause au cours du XXe siècle, sous l'effet des tensions budgétaires et des mutations économiques profondes. À partir des années 1970, les économies avancées ont amorcé une rupture décisive avec les logiques de monétisation directe, en réponse aux déséquilibres monétaires et à l'instabilité des prix. Ce changement de paradigme a ouvert la voie à une phase de désinflation, reposant sur une autonomie accrue des banques centrales et un recentrage sur la stabilité des prix.

La transition vers des régimes de monnaies fiduciaires, fondés sur la seule confiance institutionnelle, a profondément modifié le rôle des banques centrales. Désormais, leur mission consiste à piloter la masse monétaire en encadrant le crédit bancaire et en agissant sur les taux d'intérêt, afin d'assurer la stabilité des prix et de soutenir l'activité économique. Comme le souligne Eichengreen (2008), ce basculement a marqué une inflexion majeure dans l'histoire monétaire moderne.

Cette régulation s'appuie sur un ensemble d'instruments dits conventionnels, longtemps jugés suffisants, jusqu'à ce que la crise financière de 2008 en révèle les limites.

1.1. Le cadre conventionnel de la création monétaire dans les économies avancées

Le cadre monétaire des économies avancées repose sur des principes visant à encadrer la création monétaire et à préserver la stabilité économique. Une inflation excessive réduit le pouvoir d'achat, tandis qu'une inflation trop faible risque d'entraîner une situation déflationniste défavorable à la croissance. Krugman (1998) a analysé la situation japonaise et le risque de ce type de spirale[73]. Dans les cas les plus extrêmes, et notamment celui d'une création monétaire incontrôlée, plusieurs risques économiques et financiers majeurs peuvent apparaître.

La création monétaire repose avant tout sur l'octroi de crédits par les banques commerciales, encadrées par la banque centrale. Chaque fois qu'un établissement de crédit octroie un prêt, il ne se contente pas de redistribuer des fonds préexistants sous forme de dépôts ; il crée de la monnaie *ex nihilo* sous forme scripturale. Cette monnaie représente l'essentiel de la masse monétaire en circulation[74]. La part restante de la masse monétaire provient de la monnaie émise directement par la banque centrale, appelée base monétaire, principalement par le biais des concours aux banques commerciales, du financement de l'État dans certaines configurations institutionnelles, ou de l'escompte de titres.

Une croissance maîtrisée de la masse monétaire facilite l'accès au crédit, réduit les taux d'intérêt et stimule l'investissement ainsi que la consommation. Pour encadrer cette dynamique, les banques centrales utilisent des instruments conventionnels, qui leur permettent d'ajuster l'offre de monnaie et de réguler l'économie.

- **Les taux d'intérêt sur les facilités marginales de prêt, de dépôt et sur les opérations principales de refinancement** constituent les principaux taux directeurs. Ils encadrent le coût du crédit à court terme pour les banques commerciales. Une baisse de ces taux stimule

[73] La déflation au Japon a d'ailleurs duré deux décennies jusqu'au début des années 2010.

[74] Elle représente aujourd'hui plus de 90 % de la monnaie en circulation dans la zone euro selon la Banque de France (octobre 2020).

l'investissement et la consommation, tandis qu'une hausse permet de contenir l'inflation et de prévenir les risques de surchauffe.

– **Le taux des réserves obligatoires** fixe la proportion des dépôts que les banques doivent conserver en réserve. Il module ainsi leur capacité à accorder du crédit, même s'il n'est pas à proprement parler un taux directeur.

- **Les opérations d'*open market***, initiées par la banque centrale, consistent à acheter ou vendre des titres (généralement publics) afin d'ajuster la liquidité bancaire et de stabiliser les taux à court terme. Le taux appliqué dans ces opérations influe sur les conditions de refinancement des banques et, indirectement, sur le coût de financement du Trésor.

Ces instruments conventionnels constituaient jusqu'en 2008 l'ossature de la politique monétaire, dans le but de maintenir une inflation modérée autour de 2 %, seuil considéré comme optimal pour la stabilité macroéconomique (BCE, 2007).

1.2. Le multiplicateur monétaire et le rôle des banques commerciales

La politique monétaire influence l'économie non seulement par les décisions directes de la banque centrale, mais aussi par un mécanisme amplificateur propre au système bancaire : le multiplicateur monétaire. Ce dernier illustre comment une injection initiale de liquidités par la banque centrale peut se transformer en une création monétaire bien plus large grâce au jeu des dépôts et des crédits bancaires.

Comme l'expliquent Bernanke et Blinder (1988), la transmission de la politique monétaire s'effectue principalement *via* le secteur bancaire ; la banque centrale se contente simplement de mettre en œuvre les conditions préalables à ce processus. En effet, elle agit en influençant les conditions de prêt et donc l'activité économique. La banque centrale demeure l'acteur principal chargé de gérer la croissance de la masse monétaire *via* les instruments conventionnels de la politique monétaire : taux directeurs, réserves obligatoires et opérations d'*open market*.

Par exemple, en abaissant ses taux directeurs, une banque centrale encourage les banques commerciales à emprunter davantage auprès d'elle et à se munir d'un réservoir de liquidités supplémentaires, ce qui favorise l'octroi de crédits aux ménages et aux entreprises. C'est à ce stade qu'intervient le multiplicateur monétaire : lorsqu'une banque accorde un prêt, le bénéficiaire de ce prêt dépose l'argent sur un autre compte bancaire, qui pourra ensuite être réutilisé (après soustraction des réserves obligatoires) pour accorder de nouveaux prêts par d'autres banques. Ce processus successif entraîne une création monétaire beaucoup plus importante que l'injection initiale de la banque centrale, amplifiant son effet sur l'économie.

Ce modèle est toutefois remis en question à partir de la crise financière de 2008, qui marque un tournant dans la conduite de la politique monétaire.

Malgré des taux directeurs historiquement bas, le crédit est resté atone : les banques ont conservé une large part de leurs liquidités, neutralisant ainsi le multiplicateur. Cette rupture a conduit les banques centrales à développer d'autres instruments, dits non conventionnels, analysés ultérieurement.

1.3. Le statut des banques centrales et la monétisation de la dette

Les chapitres 3 et 4 ont mis en lumière le rôle direct qu'ont longtemps exercé les banques centrales dans le financement des États. Dès le XIXe siècle, elles ont soutenu les émissions de dette publique ou accordé des avances au Trésor, en particulier en période de guerre. Ce lien étroit, renforcé après 1945, a rendu la monétisation de la dette publique quasi structurelle dans de nombreuses économies avancées. Cette pratique, tolérée voire institutionnalisée, a contribué aux déséquilibres monétaires des années 1960 et 1970. Pour y remédier, les États ont engagé un tournant désinflationniste, fondé sur l'autonomisation progressive des banques centrales. Ce mouvement s'étend à l'ensemble des économies avancées, culminant dans l'Union européenne avec l'inscription, à l'article 123 du Traité sur le fonctionnement de l'Union européenne (TFUE)[75], de l'interdiction de financer directement les déficits publics.

Ce nouveau cadre, centré sur la stabilité des prix, vise à isoler la politique monétaire des besoins budgétaires. Il marque une rupture nette avec les décennies précédentes, instaurant l'indépendance formelle des banques centrales. Mais cette séparation, pensée comme un gage de discipline, ne suffit pas à prévenir toutes les dérives. Sans cadre strict, des déséquilibres peuvent émerger, compromettant la confiance des agents économiques et fragilisant l'ensemble des piliers de l'économie. C'est dans cette optique que les banques centrales jouent un rôle fondamental : elles disposent de mécanismes spécifiques pour contrôler la création monétaire et prévenir toute dérive susceptible de fragiliser le système financier.

L'une des principales prérogatives de la banque centrale est le pouvoir de monétiser la dette, c'est-à-dire de financer les déficits publics par l'émission monétaire. Si cette prérogative peut sembler attrayante en temps de crise, l'histoire a démontré à plusieurs reprises les dangers qu'elle représente. On rappelle l'hyperinflation allemande des années 1920, où une monétisation

---

[75] Article 123 du Traité sur le fonctionnement de l'Union européenne (TFUE) : « Il est interdit à la Banque centrale européenne et aux banques centrales des États membres d'accorder des découverts ou tout autre type de crédit aux institutions, organes ou organismes de l'Union, aux administrations centrales, aux autorités régionales ou locales, aux autres autorités publiques, aux autres organismes ou entreprises publics des États membres; l'acquisition directe, auprès d'eux, par la Banque centrale européenne ou par les banques centrales nationales, des instruments de leur dette est également interdite. » Source : Journal officiel de l'Union européenne (2012).

excessive de la dette publique a provoqué un effondrement de la monnaie et une crise économique majeure (Fergusson, 1975).

La crise de 2008, initialement bancaire, a d'abord exigé une réponse d'urgence en matière de liquidités. Mais, dès 2010, la tension s'est déplacée vers les finances publiques, révélant une vulnérabilité plus structurelle dans certains pays. Ce glissement d'une crise de liquidité vers une crise de solvabilité a conduit les banques centrales à s'affranchir progressivement du cadre conventionnel.

2. Les politiques monétaires non conventionnelles et le QE

Alors que les banques centrales avaient progressivement abandonné toute forme de monétisation directe de la dette depuis les années 1970, la crise de 2008 a révélé l'insuffisance des outils monétaires traditionnels. Confrontées à un effondrement du crédit, elles ont mis en œuvre une nouvelle génération d'interventions : les politiques monétaires non conventionnelles. Parmi elles, le *Quantitative Easing* (QE) s'est imposé comme l'outil central. Cette partie revient sur les conditions de leur apparition, leurs formes principales, et leur impact macroéconomique.

2.1. L'incapacité de réponse à la crise financière de 2008 avec les instruments conventionnels

Malgré une baisse rapide et généralisée des taux directeurs dès 2008, le crédit bancaire ne redémarre pas ; les banques privilégient la prudence et conservent leurs liquidités. La transmission monétaire est grippée, entraînant un gel du crédit et une contraction de l'activité. Par prudence, les banques ont préféré conserver leurs liquidités, laissant place à une période de « crédit crunch[76]4 ». En effet, selon Ivashina et Scharfstein (2010), le volume des prêts syndiqués aux entreprises américaines a chuté de 47 % au quatrième trimestre 2008, illustrant l'ampleur du gel du crédit. En 2009, les économies avancées ont connu une forte contraction de leur PIB respectif. Dans ce contexte de récession généralisée, les banques centrales ont eu recours, dès 2008, à des instruments destinés, dans un premier temps, à restaurer la confiance et à éviter une crise d'illiquidité dans le secteur bancaire, puis, dans un second temps, à financer indirectement des États devant renflouer leur système bancaire.

[76] Le *crédit crunch*, ou resserrement du crédit, désigne une situation se traduisant par une contraction de l'activité de prêts, en raison d'une montée des risques, d'un manque de liquidités ou d'un choc financier. Ce phénomène s'est amplifié lors de la crise financière de 2008, provoquant une baisse brutale du crédit aux ménages et aux entreprises.

À partir de 2009, la nécessité pour plusieurs États de sauver leur système bancaire a déclenché une nouvelle phase : celle de la crise de la dette souveraine. Les pays dits « périphériques » de la zone euro (Portugal, Irlande, Italie, Grèce et Espagne, parfois désignés par l'acronyme PIIGS) ont vu leur dette publique s'envoler sous l'effet des plans de sauvetage, conjugués à la chute des recettes fiscales. Le cas grec, déjà évoqué au chapitre 4[77], illustre le basculement d'une crise bancaire vers une crise de dette souveraine.

La flambée des *spreads*[78], alimentée par les dégradations successives de la note de crédit de plusieurs États membres, a rapidement rendu leur dette insoutenable. Déjà présentés dans le chapitre 4, les fonds d'urgence européens, le FESF et le MES, ont permis de limiter le recours aux marchés financiers, dont les conditions étaient devenues prohibitives pour les pays concernés.

Figure 1. Rendements obligataires réels à long terme dans les pays dits « PIIGS » et à Chypre (2005-2015)

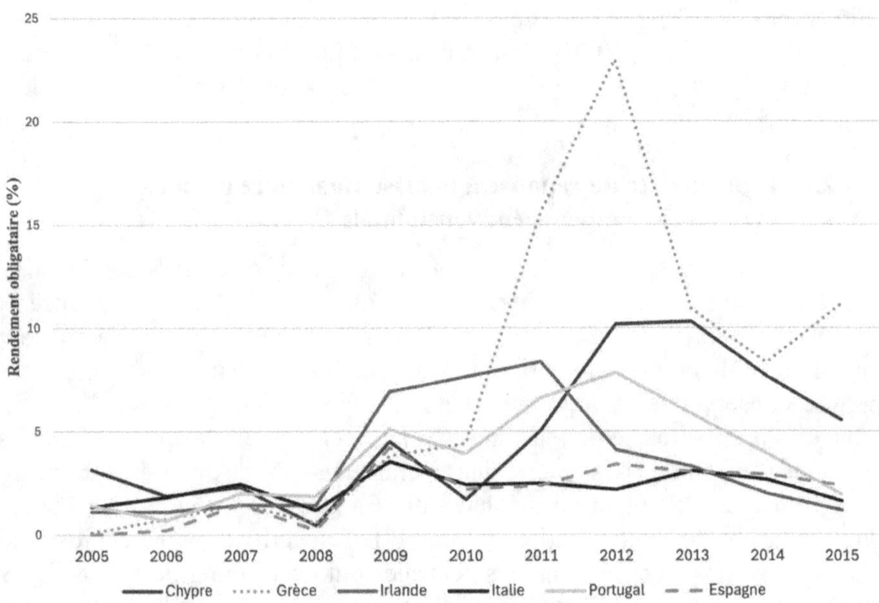

Source : FMI

[77] La Grèce avait notamment dissimulé l'ampleur de son déficit à l'aide de montages comptables en lien avec certaines banques d'investissement, ce qui a amplifié la crise de confiance une fois les chiffres réels révélés.

[78] Le *spread* souverain désigne l'écart entre le taux d'intérêt d'un emprunt d'État donné et celui d'un emprunt de référence considéré comme sans risque (généralement le Bund allemand pour la zone euro). Il reflète la prime de risque exigée par les investisseurs.

Malgré cela, entre 2010 et 2012, les rendements obligataires ont fortement augmenté pour la Grèce, l'Irlande, l'Espagne et Chypre. Cette envolée des *spreads* illustre la perte de confiance des marchés envers les dettes souveraines périphériques, rendant indispensable une réponse collective à l'échelle européenne.

Il est apparu dès 2012 que la capacité de prêt combinée du FESF et du MES, bien que proche de 1 000 milliards d'euros, serait insuffisante. À titre d'exemple, la seule dette combinée de l'Espagne et du Portugal dépassait déjà 1 100 milliards d'euros en 2012. L'écart croissant entre les fondamentaux économiques et les conditions de financement a rendu nécessaire une réponse plus radicale. C'est dans ce contexte qu'a émergé l'idée, d'abord taboue, d'une monétisation indirecte de la dette. En juillet 2012, Mario Draghi, président de la BCE, déclare : « *Within our mandate, the ECB is ready to do whatever it takes to preserve the euro. And believe me, it will be enough*[79]. » Ce tournant a ouvert la voie à l'utilisation d'instruments non conventionnels, déjà expérimentés par la Fed dès 2009, et a profondément redéfini le rôle des banques centrales.

2.2. Les principaux instruments non conventionnels

Selon la Banque de France, les instruments non conventionnels visent à améliorer les conditions de financement de l'économie lorsque les instruments habituels deviennent inopérants. On distingue plusieurs outils non conventionnels utilisés par les banques centrales :

- Le ***Quantitative Easing* (QE)** est l'instrument le plus utilisé. Il consiste pour la banque centrale à acheter massivement des actifs financiers, principalement des titres de dette publique, sur le marché secondaire. Nous reviendrons ultérieurement sur sa mécanique et sur ses effets économiques.
- Ce programme a été complété par un **assouplissement des critères de qualité des actifs éligibles** aux opérations des banques centrales. Alors qu'elles n'étaient autorisées, dans le cadre traditionnel, qu'à acheter ou à escompter des titres présentant une notation de crédit élevée, elles ont progressivement élargi leur champ d'intervention. En réponse à l'augmentation des besoins de refinancement des États, elles ont abaissé leurs exigences, acceptant des titres de qualité inférieure, une évolution qui traduit une prise de risque accrue, mais jugée nécessaire pour préserver la stabilité financière.
- Un autre levier a été l'adoption de **taux d'intérêt directeurs négatifs**, avec pour objectif d'une part de décourager l'épargne et d'autre

[79] Draghi M. (2012). *Speech at the Global Investment Conference, London.* Banque centrale européenne. https://www.ecb.europa.eu/press/key/date/2012/html/sp120726.en.html.

part de permettre le financement de l'État à bas coût. Bien qu'étudiée par Krippner (2015), cette approche suscite de nombreuses critiques quant à son efficacité. En effet, Borio *et al.* (2017) soulignent que la persistance de taux négatifs peut détériorer la rentabilité des banques et des compagnies d'assurance, affectant leur capacité à financer l'économie.

- Enfin, les **opérations de refinancement à long terme (LTRO)** permettent aux banques de se financer auprès de la banque centrale sur des périodes prolongées, à des conditions favorables[80].

Parmi ces instruments, le QE reste l'outil non conventionnel le plus mobilisé par les banques centrales (Fed et BCE notamment) durant la période post-2008 jusqu'à 2022[81].

2.3. Le Quantitative Easing (QE) : principes et pratiques

Le *Quantitative Easing* (QE) consiste, pour une banque centrale, à acheter massivement des titres de dette, principalement des obligations souveraines émises par l'État, sur le marché secondaire. Cette politique rompt avec le principe de non-financement monétaire des déficits publics qui prévalait depuis la fin des années 1970. Ce type d'intervention a pour effet de faire baisser les rendements obligataires, réduisant ainsi le coût du financement pour les États, même en cas de forte augmentation de la dette publique.

Selon Bernanke (2012), le QE permet de stabiliser les marchés financiers en période d'instabilité et d'éviter l'effondrement du système bancaire. Selon Draghi (2015), le QE crée un environnement favorable à la consommation et à l'investissement, permettant de contrer les risques d'une spirale déflationniste, contribuant ainsi à une augmentation contrôlée du niveau de l'inflation.

Les interventions des banques centrales des économies avancées ont varié en fonction des périodes, des montants engagés et des contextes économiques. Le tableau ci-dessous synthétise les principales initiatives de QE menées par la Réserve fédérale (Fed), la Banque centrale européenne (BCE), la Banque du Japon (BoJ), la Banque d'Angleterre (BoE) et la Banque du Canada (BdC).

---

80 Traditionnellement, les opérations de refinancement de la BCE s'effectuaient sur une maturité d'une semaine. À partir de 2008, la Banque centrale a progressivement allongé ces maturités : d'abord à plusieurs mois, puis jusqu'à trois ans en 2011 (LTRO) et même quatre ans en 2014 avec les opérations TLTRO ciblées.

81 « Le Conseil des gouverneurs a décidé de mettre un terme aux achats nets dans le cadre de son programme d'achats d'actifs (*asset purchase programme*, APP) à compter du 1er juillet 2022. » Communiqué de presse - Décisions de politique monétaire - 9 juin 2022 - Banque centrale européenne-eurosystème.

Tableau 1. Programmes de QE des grandes banques centrales depuis 2008

Banque centrale	Programme QE	Période	Montant engagé
Fed	QE1	2008-2010	1 725 milliards $
	QE2	2010 -2011	600 milliards $
	QE3	2012-2014	85 milliards $/mois
	QE4 (COVID-19)	2020-2021	Montant illimité
BCE	APP (QE1)	2015-2018	2 600 milliards €
	PEPP (COVID-19)[82]	2020-2022	1 850 milliards €
BoJ	QE1	2001-2006	Augmentation des réserves bancaires
	QQE (Abenomics)[83]	2013-2020	80 000 milliards ¥/an
BoE	QE1	2009-2012	375 milliards £
	QE2 (COVID-19)	2020-2021	Montant non spécifié
BdC	QE (COVID-19)	2020-2021	600 milliards $ CAD
	Fin QE (resserrement)	2022-aujourd'hui	Réduction progressive des actifs

Sources : Fed, BCE, BoJ, BoE, BdC (y compris Gouvernement du Canada, Aperçu du plan d'intervention économique), FMI (2021)

Sur la période 2008-2022, les programmes de QE ont donc constitué une réponse monétaire majeure face aux crises successives. Qu'il s'agisse de financer les États, de stabiliser les marchés financiers (Fed), de lutter contre la déflation (BCE, BoJ), de soutenir la reprise économique (BoE) ou même de répondre à la crise de la Covid-19 (Fed, BCE, BoJ, BoE, BdC), ces interventions ont été massives. Les montants d'achats d'actifs ont atteint environ 4 500 milliards de dollars pour la Fed et 4 450 milliards d'euros pour la BCE, les deux principales banques centrales concernées. Les bilans de ces institutions ont ainsi fortement augmenté, entraînant des transformations

[82] PEPP : *Pandemic Emergency Purchase Programme*, programme exceptionnel d'achats d'actifs lancé par la BCE en réponse à la crise sanitaire.

[83] QQE : *Quantitative and Qualitative Monetary Easing*, politique monétaire non conventionnelle lancée par la BoJ dans le cadre des Abenomics, un ensemble de réformes économiques impulsées par le Premier ministre Shinzo Abe à partir de 2013.

profondes sur les marchés financiers et monétaires. Cette expansion monétaire a exercé une influence à la fois directe et indirecte, qu'il s'agisse des prix des biens à la consommation, des actifs financiers et immobiliers, ainsi que des matières premières[84].

3. Transmission du QE aux prix : consommation, actifs financiers, immobilier et matières premières

Les QE ont eu des répercussions majeures sur les prix dans les économies avancées. Si leur objectif initial, affiché par les autorités monétaires, était de relancer la croissance et de prévenir la déflation, ils ont eu pour effet de modifier la valorisation des actifs, le comportement des agents économiques et, plus récemment, la dynamique des prix à la consommation.

3.1. Expansion monétaire et bilans des banques centrales

Le recours au QE a engendré une expansion massive du bilan des banques centrales, marquée par une très forte hausse de leurs actifs (notamment les obligations souveraines) et une augmentation parallèle de leurs passifs, principalement sous forme de réserves bancaires.

---

[84] Les matières premières sont majoritairement libellées en dollars. Lorsqu'une banque centrale comme la Fed adopte une politique monétaire très expansionniste, la dépréciation relative du dollar qui en résulte peut entraîner une hausse mécanique des prix des matières premières à l'échelle mondiale. Inversement, un resserrement monétaire tend à faire pression à la baisse sur leur cours, toutes choses égales par ailleurs.

Figure 2. Évolution des bilans de la Fed et de la BCE (2009-2024)

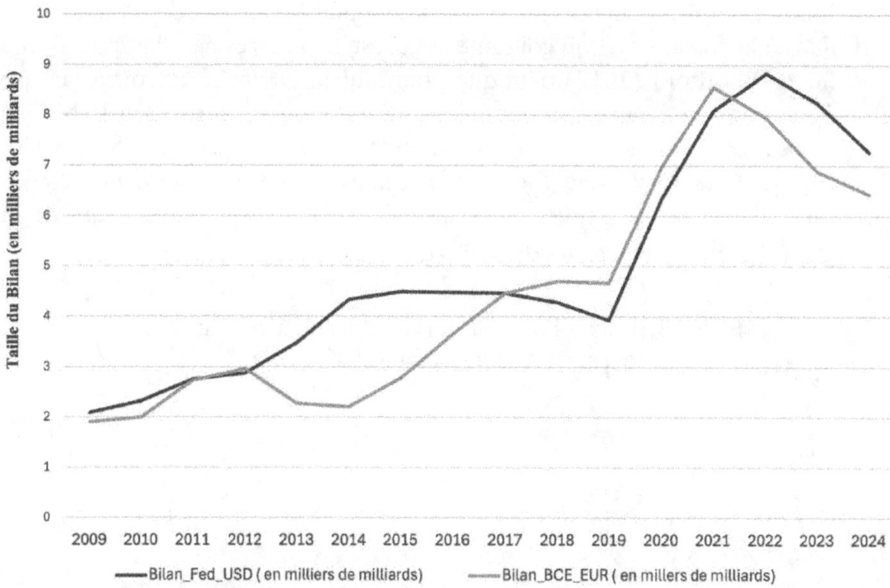

Source : FRED (Federal Reserve), BCE

Globalement, les politiques de QE ont conduit au quasi-quadruplement des bilans de la Fed et de la BCE entre 2009 et 2022, sous l'effet d'achats massifs d'actifs, principalement de titres publics. Les bilans de la Fed et de la BCE sont respectivement passés d'environ 2 000 milliards de dollars à plus de 8 500 milliards et de 1 900 milliards d'euros à plus de 7 000 milliards. Des trajectoires comparables ont été observées pour les autres grandes banques centrales ayant engagé ce type de politiques, telles que la BoE, la BoJ et la BdC. Depuis 2022, la tendance s'est inversée avec la mise en place des *Quantitative Tightening* (QT)[85].

L'augmentation de la base monétaire s'est d'abord traduite par une hausse marquée des prix des actifs financiers, de l'immobilier et des matières premières. Ce n'est que dans un second temps qu'une inflation plus traditionnelle, c'est-à-dire une hausse généralisée des prix à la consommation, a émergé. Ces dynamiques seront illustrées dans les sections suivantes.

[85] Le *Quantitative Tightening* (QT) désigne une politique monétaire restrictive par laquelle une banque centrale réduit la taille de son bilan, notamment en cessant de réinvestir les titres arrivant à échéance ou en revendant des actifs, à l'inverse des achats massifs réalisés dans le cadre du QE.

3.2. Inflation différée des biens de consommation

Malgré l'ampleur des politiques accommodantes menées dès 2008, les prix des biens à la consommation courante sont restés modérés pendant plus d'une décennie. Woodford (2012) explique pourquoi le QE peut accroître la base monétaire sans pour autant générer de l'inflation à court terme, en l'absence de transmission *via* le crédit et la demande. En effet, entre 2008 et 2020, l'inflation est restée inférieure aux cibles fixées par les banques centrales des économies avancées. Ce n'est que dans le sillage de la crise sanitaire de la Covid-19 de 2020 que l'inflation a émergé.

Figure 3. Taux d'inflation dans cinq économies avancées ayant eu recours au QE (2009-2024)

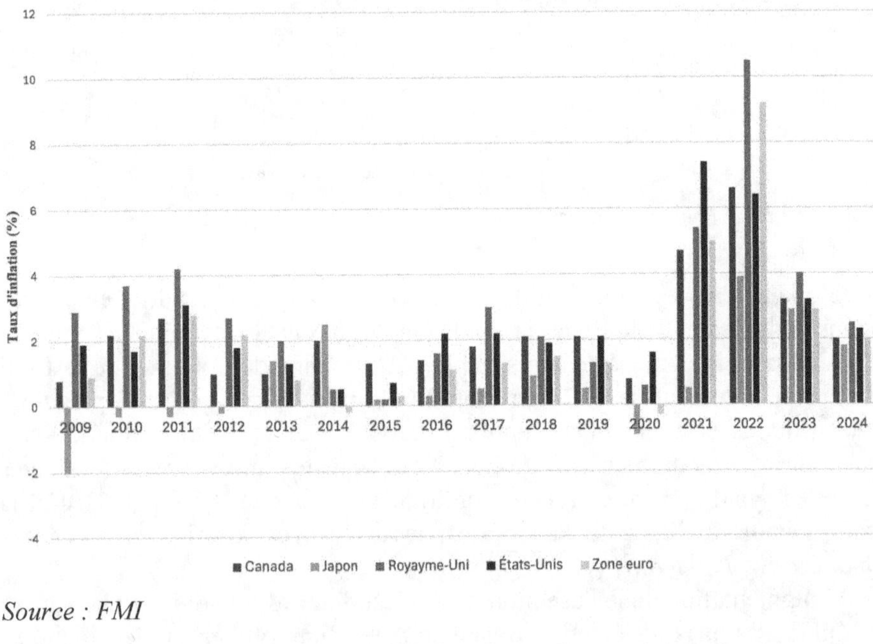

Source : FMI

Face à la pandémie, les gouvernements ont adopté des politiques budgétaires expansionnistes (transferts directs, aides d'urgence), tandis que les chaînes logistiques mondiales subissaient de fortes perturbations. À partir de 2021, la hausse progressive des prix de l'énergie est venue s'ajouter à ces déséquilibres, avant de s'accélérer avec le déclenchement de la guerre en Ukraine, et de jouer le rôle de catalyseur du retour de l'inflation globale. Blanchard (2021) souligne que le couplage de l'expansion monétaire à la politique budgétaire marque un changement de paradigme économique, dans lequel les tensions inflationnistes peuvent resurgir à moyen terme.

3.3. L'impact des QE sur les prix des actifs financiers

Les achats massifs de titres sur le marché secondaire par les banques centrales ont réduit l'offre de titres de qualité de crédit élevée, poussant les investisseurs à s'orienter vers des classes d'actifs plus risqués. En définitive, les QE se sont traduits par une réallocation des actifs sur les marchés au profit d'actifs risqués, favorisant la hausse des valorisations. D'autre part, ce dernier a agi comme un signal fort d'engagement durable des banques centrales à prolonger des taux bas dans la durée. Cet effet de signalisation, analysé par Woodford (2012), a réduit l'incertitude, encouragé la prise de risque, et en définitive, renforcé la confiance des marchés. Ainsi, l'idée d'un environnement monétaire durablement accommodant, a soutenu les prix des actifs, indépendamment des fondamentaux économiques. Depuis 2009, malgré des corrections ponctuelles sur les marchés – notamment au moment du début de la crise de la Covid-19 ou du déclenchement de la guerre en Ukraine –, les principaux indices boursiers ont atteint des niveaux record.

Aux États-Unis, le Nasdaq Composite, principal indice de la place technologique américaine, est passé de 1 632 points à plus de 17 300 points, sur la période de janvier 2009 à mars 2025, soit une multiplication de la valeur de l'indice par 10,6 au cours de la période. En Europe, bien que la dynamique ait été plus modérée, le CAC 40 a été multiplié par environ 3 au cours de la même période, et le FTSE 100, l'indice de référence britannique, par environ 2,2. Ces écarts traduisent un effet de richesse boursier plus marqué aux États-Unis, où la détention d'actions est plus répandue. Ainsi, les QE ont d'abord nourri une revalorisation spectaculaire des actifs risqués, avant de s'étendre progressivement à d'autres segments du patrimoine, notamment l'immobilier résidentiel, qui fait l'objet de la section suivante.

3.4. Les effets des QE sur l'immobilier résidentiel

Cette section s'attache à analyser l'impact des politiques d'assouplissement monétaire sur les prix de l'immobilier résidentiel depuis 2009, et à mettre en évidence les écarts de transmission observés. Le graphique ci-après retrace l'évolution des prix réels des logements dans plusieurs économies avancées. Il met en lumière les écarts de dynamique depuis 2009, sur une base 100 en 2015.

Figure 4. Évolution des prix réels des logements
dans plusieurs économies avancées (2009-2024)

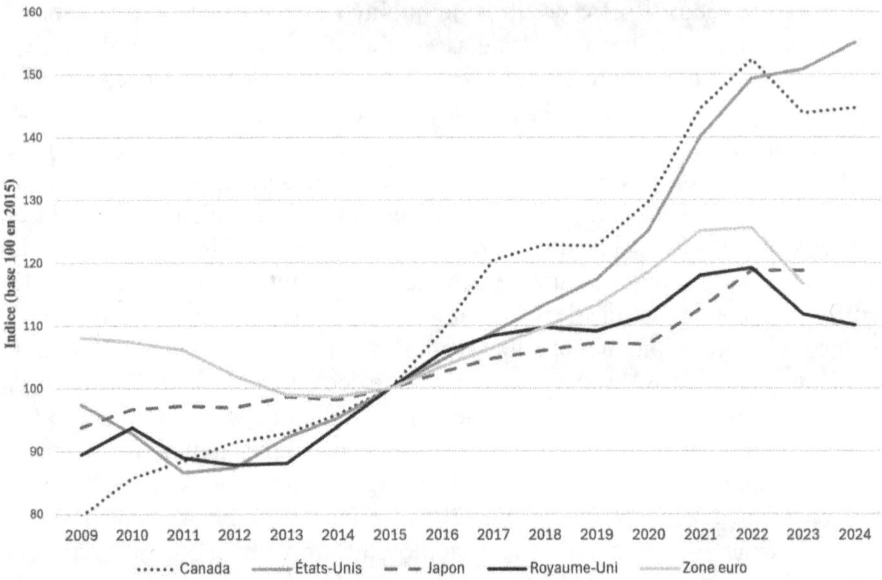

Note : les données pour l'année 2024 ne sont pas encore disponibles pour la zone euro et le Japon au moment de la rédaction.
Source : OCDE, Indicateurs des prix des logements (2024)

Aux États-Unis ainsi qu'au Canada, la transmission du QE a été particulièrement forte, alimentant une forte hausse des prix de l'immobilier à partir de 2015. La zone euro, quant à elle, affiche une dynamique plus modérée, tandis que le Japon constitue un cas à part, avec une hausse limitée des prix en dépit d'une politique monétaire fortement accommodante. L'effet de richesse immobilier, bien que global, reste donc très hétérogène.

3.5. Les effets du QE sur les prix des matières premières

Les QE ont également eu un impact significatif sur les cours des matières premières ; dans un contexte de liquidité abondante et de rendements obligataires réduits, l'excès de liquidité a incité les investisseurs à se repositionner sur des actifs tangibles, notamment l'énergie, les denrées alimentaires et les métaux précieux - en particulier l'or. L'évolution comparée des prix des denrées alimentaires et de l'énergie permet d'illustrer les dynamiques inflationnistes différenciées à l'œuvre depuis la mise en place des politiques de QE.

Figure 5. Évolution des indices des prix des denrées alimentaires et de l'énergie (PNRG[86]), base 100 en 2016

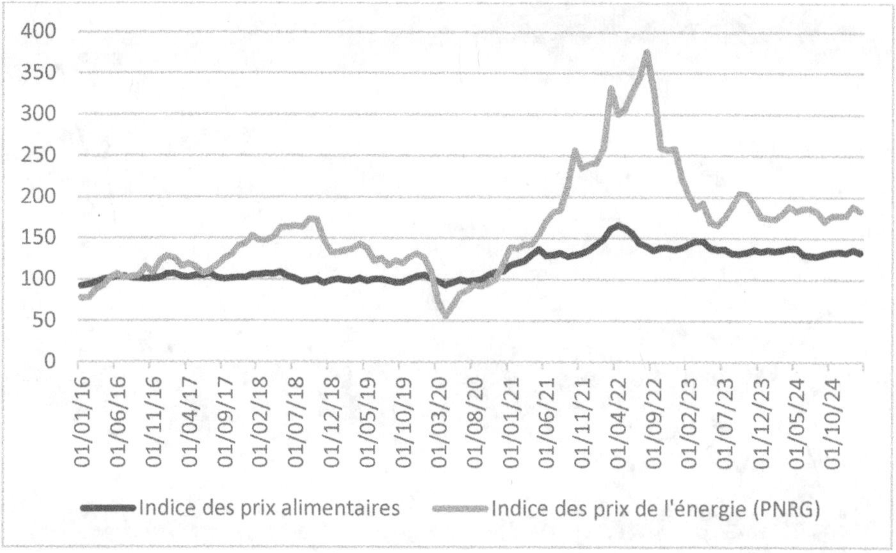

Source : FMI

Entre 2016 et début 2025, l'indice des prix de l'énergie (PNRG) du FMI est passé de 100 à 183, traduisant une envolée des principales matières énergétiques ; cette hausse ayant été catalysée par les tensions géopolitiques. Les denrées alimentaires ont quant à elles vu l'indice FMI passer de 100 à 133 sur la même période, en partie sous l'effet combiné des aléas climatiques et géopolitiques.

Quant à l'or, valeur refuge traditionnelle, il a connu une ascension vertigineuse, voyant son cours passer de 1 150$ l'once fin 2015 à plus de 3 400$ en avril 2025 selon les données du FMI.

[86] PNRG (Price - Energy) : indice agrégé des prix de l'énergie (pétrole, brut gaz naturel, charbon, propane) publié par le FMI dans sa base de données sur les matières premières.

Figure 6. Évolution du cours de l'or ($/oz), janvier 2016 janvier 2025

Source : FMI

Cette progression traduit une perte de confiance dans les monnaies fiduciaires et les effets inflationnistes induits par les politiques monétaires non conventionnelles. L'évolution du cours de l'or au cours de la période met en lumière son rôle de valeur refuge dans un contexte d'instabilité accrue.

Finalement, les effets du QE sur les prix témoignent d'un mécanisme de transmission à la fois progressif, inégal et désormais durable.

4. Les limites de la monétisation

Si la monétisation de la dette publique a permis d'éviter un défaut de paiement sur la dette souveraine dans les économies avancées, elle n'en demeure pas moins porteuse de fragilités profondes. D'abord présentée comme une réponse temporaire à des circonstances exceptionnelles, elle s'est progressivement institutionnalisée, modifiant durablement les équilibres économiques et politiques. Cette section met en lumière les principaux risques liés à cette évolution : relâchement de la discipline budgétaire, affaiblissement de l'indépendance des banques centrales, et remise en cause du statut des grandes monnaies de réserve. Autant de signaux d'alerte qui dessinent les contours d'une contrainte nouvelle : celle de l'inflation.

4.1. Aléa moral et retour de la contrainte budgétaire

L'aléa moral désigne la modification du comportement d'un agent économique lorsqu'il est protégé, totalement ou partiellement, contre les conséquences négatives de ses décisions, ce qui peut l'inciter à prendre davantage de risques. Rogoff (2011) souligne que l'on est en présence d'un aléa moral dès lors que les gouvernements relâchent leur discipline budgétaire en pariant sur un soutien implicite des banques centrales ou des institutions internationales. C'est exactement ce que l'on a pu observer depuis 2008 : les politiques monétaires non conventionnelles, en particulier les programmes de QE, ont été déployées massivement, initialement à titre temporaire, mais se sont progressivement installées dans la durée, aboutissant à une monétisation indirecte mais quasi permanente des déficits publics. Ce soutien prolongé a faussé le prix du risque souverain. Moins exposés aux tensions de marché, les États ont intégré l'idée d'un filet de sécurité monétaire dans leurs stratégies de financement. Les signaux d'alerte envoyés habituellement par les marchés ont été neutralisés, affaiblissant les mécanismes disciplinaires traditionnels.

Wyplosz (2013) souligne d'ailleurs que l'action de la BCE a significativement réduit la pression des marchés sur les États, renforçant leur dépendance à ces politiques accommodantes. La France en offre une illustration récente : malgré une dette publique supérieure à 113 % du PIB, le projet de loi de finances pour 2025 prévoit encore un déficit de 5,4 % du PIB. L'impasse institutionnelle observée fin 2024, illustrée par les difficultés à faire adopter le budget au Parlement, a révélé le retour d'une contrainte budgétaire désormais tangible, à la fois économique et politique[87].

En définitive, la première limite de la monétisation réside dans l'anesthésie des signaux de marché : en repoussant les ajustements nécessaires, elle installe une dépendance budgétaire durable et ne fait que différer un coût inévitable. Mais au-delà de cet effet sur les finances publiques, la monétisation prolongée a également fragilisé les fondements institutionnels des banques centrales.

4.2. Une indépendance fragilisée des banques centrales

La monétisation prolongée de la dette publique a fragilisé l'indépendance des banques centrales. Celle-ci recouvre à la fois une autonomie de moyens (indépendance monétaire) et une autonomie de finalité (indépendance politique), censées garantir la stabilité des prix à l'écart des cycles électoraux. Conçues dans cette logique dans les années 1980, les banques centrales sont devenues, depuis 2008, des acheteurs structurels de dettes publiques. Ce brouillage des frontières entre politique monétaire et budgétaire a installé une forme de dépendance croisée : les États ont besoin de taux bas, et les banques centrales se retrouvent comptables, de fait, des équilibres budgétaires.

---

87 Ministère de l'Économie et des Finances, *Projet de loi de finances pour 2025*, www.budget.gouv.fr.

Même si leur statut formel reste inchangé, leur marge de manœuvre s'est réduite. Normaliser la politique monétaire devient périlleux lorsque le bilan est massivement exposé aux titres publics. Le risque est alors de maintenir trop longtemps des conditions accommodantes, au détriment de leur crédibilité. Ce dilemme s'est accentué avec le retour de l'inflation ; en retardant les hausses de taux, certaines banques centrales ont été perçues comme trop conciliantes avec les exigences budgétaires. Or, une perte de crédibilité n'est pas anodine ; elle touche l'institution qui constitue le cœur du système économique. Et si ce cœur vacille, c'est toute la stabilité macroéconomique qui est menacée. Comme le rappelle Eichengreen (2011), la confiance dans une banque centrale repose moins sur ses statuts que sur sa capacité à agir librement face aux chocs.

C'est précisément ce capital de confiance qui permet aux grandes devises de fonctionner comme monnaies de réserve. Or ce privilège, qui a longtemps protégé certaines économies des effets classiques de la monétisation, apparaît lui aussi de plus en plus contesté.

4.3. Monnaie de réserve : un privilège en sursis ?!

Une monnaie de réserve est une devise fortement utilisée dans le commerce international, la fixation des prix des matières premières, l'émission de dette internationale, mais aussi dans la constitution de réserves au sein des banques centrales ; le dollar américain jouant ce rôle dominant, d'ailleurs souvent qualifié de « privilège exorbitant » par Valéry Giscard d'Estaing dès 1965 (Eichengreen, 2011). L'euro, quant à lui, bien que secondaire, joue également une place importante dans certaines régions du monde (notamment en Europe, en Afrique du Nord et en Afrique de l'Ouest).

Le statut de monnaie de réserve a permis aux grandes économies d'amortir les chocs en menant des politiques monétaires non conventionnelles sans risque immédiat de change ou de défiance. Leurs titres souverains ont continué d'attirer les capitaux mondiaux, maintenant des taux bas et facilitant le financement des déficits (Farhi et Maggiori, 2018). Mais ce privilège repose sur une confiance fragile, aujourd'hui érodée par la fragmentation géopolitique, les déséquilibres budgétaires et la perte de crédibilité économique. La part du dollar dans les réserves mondiales est tombée de 70 % à 57 % entre la fin des années 1990 et 2024. Cette décrue s'est accentuée au cours de la dernière décennie, notamment sous l'impulsion de la Chine, longtemps premier créancier étranger des États-Unis, qui a réduit ses avoirs en bons du Trésor américain de 1 317 milliards de dollars en 2013 à environ 784 milliards début 2025[88]. Autrefois facteur d'expansion, ce privilège devient une contrainte ; dans les économies avancées, la monétisation

[88] U.S. Department of the Treasury (2025), *Major Foreign Holders of Treasury Securities*, données publiées en mars 2025. https://home.treasury.gov/data/treasury-international-capital/tic-data-reports.

prolongée a alimenté le retour de l'inflation, transformant un soutien budgétaire en enjeu politique. Contenir cette inflation sans compromettre la stabilité financière ni la reprise constitue désormais un défi majeur pour les banques centrales.

4.4. Monétisation, inflation et érosion de l'épargne

Lorsqu'elle s'inscrit dans la durée, la monétisation de la dette tend à entretenir un niveau d'inflation supérieur aux taux d'intérêt servis sur l'épargne réglementée. Ce décalage réduit le rendement réel des placements à capital garanti et conduit, à terme, à une diminution de la valeur économique de l'épargne accumulée. Les retraités sont particulièrement concernés, dans la mesure où leurs revenus proviennent souvent de supports à rendement fixe, comme les contrats d'assurance-vie en fonds euros, les rentes viagères ou les livrets défiscalisés.

Ce phénomène a été théorisé par Keynes sous l'expression d'« euthanasie du rentier », pour désigner la situation dans laquelle la rémunération du capital devient insuffisante pour compenser la hausse générale des prix. À partir du moment où les taux réels deviennent négatifs, l'érosion du pouvoir d'achat de l'épargne s'opère de manière progressive, sans qu'il y ait modification nominale des avoirs. Cette logique est analysée par Blanchard *et al.* (2010), qui soulignent que, dans un contexte d'inflation durablement supérieure aux taux d'intérêt, la valeur réelle des actifs liquides détenus par les ménages diminue, ce qui revient à une forme d'imposition implicite de l'épargne.

L'histoire économique française fournit un précédent. Dans les années 1930, la dépréciation monétaire a fortement affecté la rente publique, qui constituait une forme d'épargne de précaution pour de nombreux ménages. Cette période a coïncidé avec un basculement progressif du système de retraite par capitalisation vers un régime de répartition, institutionnalisé après la Libération. Ce changement s'explique en partie par la fragilisation des instruments de capitalisation dans un contexte d'inflation.

Depuis la crise sanitaire, un environnement de taux réels négatifs s'est à nouveau installé dans les principales économies avancées. Il s'est accompagné d'une baisse marquée des rendements de l'épargne sécurisée, affectant directement la capacité de certains ménages à maintenir un revenu complémentaire stable. Ce type d'environnement soulève des questions économiques spécifiques en matière de structure du patrimoine, d'équilibre des régimes de retraite, et de transmission de la politique monétaire dans un contexte de vieillissement démographique.

Conclusion

La monétisation constitue la solution la plus courante pour résoudre les situations de surendettement des États. Elle permet d'éviter un défaut de paiement et ses conséquences désastreuses sur l'accès au marché financier, mais l'inflation qui est sa conséquence induit une ruine, lente mais réelle, des épargnants. La monétisation ne peut cependant s'appliquer que lorsque la dette est contractée en monnaie locale, ce qui exclut une grande partie des PVD.

La monétisation peut prendre plusieurs formes, de l'adjonction de plomb dans les pièces d'or au *quantitative easing*, sa forme la plus sophistiquée. À partir de la fin des années 1970, la monétisation a été proscrite par les pays avancés, soucieux de protéger leurs épargnants. La crise de 2008 a marqué une rupture majeure avec ces principes. Face aux besoins en financement des États, les banques centrales des économies avancées ont recouru massivement à la création monétaire *via* des instruments monétaires longtemps proscrits, appelés pudiquement « non conventionnels ». Ce retour à une monétisation indirecte a transformé leur rôle, faisant d'elles des créancières à part entière des États. Si cette stratégie a été mise en œuvre dans un contexte de faible inflation, elle a contribué à une augmentation d'une ampleur inédite du prix des actifs financiers et immobiliers ainsi que des métaux précieux. En outre, elle a accentué la dépendance des États au soutien monétaire.

Ce basculement appelle une nouvelle analyse des mutations à l'œuvre sur les marchés de la dette publique. Le chapitre suivant s'intéresse à la dynamique de cette évolution, en examinant la répartition entre créanciers publics et privés, domestiques et étrangers, ainsi que les transformations des marchés de titres de dette observées dans les économies avancées et émergentes.

Chapitre 7
Les créanciers de l'État

Les créanciers de l'État sont de nature diverse, allant des investisseurs institutionnels privés aux acteurs publics. Un État peut ainsi s'endetter auprès de créanciers privés, tels que les banques, les compagnies d'assurance ou les détenteurs d'obligations, ou bien auprès de créanciers officiels, parmi lesquels figurent les autres États dans le cadre de dettes bilatérales, les institutions financières internationales ou encore les banques centrales. Cette distinction n'est pas anodine, car les motivations de ces prêteurs diffèrent sensiblement, notamment face à un risque de défaut. Alors que les créanciers privés adoptent une logique strictement financière, les créanciers bilatéraux ou multilatéraux prennent également en compte des considérations diplomatiques, stratégiques ou géopolitiques, ce qui les rend généralement plus enclins à accorder des rééchelonnements de dette.

Depuis la crise financière de 2008, puis plus encore à la suite de la pandémie, les banques centrales des économies avancées ont retrouvé le rôle clé dans le financement des États qu'elles occupaient dans l'après-guerre. Comme analysé dans le chapitre précédent, cette évolution marque un tournant historique dans les relations entre politiques monétaires et budgétaires.

Ce chapitre propose d'éclairer la recomposition du financement de la dette publique. Il s'ouvre par un panorama des instruments de la dette publique et des principaux créanciers, avant de revenir sur l'évolution historique des marchés de la dette depuis 1945. Il s'attache ensuite à analyser les logiques propres aux créanciers publics, qu'il s'agisse des banques centrales, des institutions multilatérales ou des créanciers bilatéraux, avant d'examiner le rôle croissant, parfois instable, des créanciers privés.

1. Panorama des créanciers de l'État

Comprendre la structure de la dette publique suppose d'identifier les instruments mobilisés par les États et la nature des entités qui les détiennent. Cette première partie propose un double éclairage : elle s'intéresse d'abord aux catégories d'instruments utilisés pour lever des fonds, puis à la typologie des créanciers selon leur nature (publique ou privée) et leur origine géographique (résidente ou étrangère).

1.1. Les instruments de dette publique

Le FMI distingue six grandes catégories d'instruments utilisés par les États pour se financer. Figurent notamment les titres négociables émis sur les marchés financiers, les emprunts bancaires contractés auprès d'institutions financières, ainsi que les dépôts bancaires détenus par certaines administrations publiques, généralement de faible ampleur et partiellement neutralisés dans les comptes consolidés.

À ces instruments de dette financière s'ajoutent les droits de tirage spéciaux (DTS), qui feront l'objet d'un développement ultérieur dans ce chapitre, les dettes commerciales ou fournisseurs, ainsi que les engagements de retraite et les garanties publiques. Ces dernières formes relèvent davantage de dettes contingentes et sont, pour cette raison, présentées séparément dans les statistiques officielles (cf. chapitre 2).

Dans les pays avancés, la dette de l'administration centrale repose très largement sur des titres négociables, émis sur des marchés régulés. Les emprunts bancaires sont plus fréquemment mobilisés par les collectivités locales ou les organismes sociaux. À l'inverse, dans les PVD, et tout particulièrement dans les économies les plus fragiles au sein de ce groupe, les emprunts bancaires, notamment auprès des bailleurs de fonds publics bilatéraux ou multilatéraux, occupent une place plus importante dans le financement de l'État. Ce recours s'explique par un accès plus restreint aux marchés financiers, une notation souveraine incertaine, voire absente, et une dépendance plus marquée aux financements bonifiés (ou concessionnels).

Chaque État compose avec ces instruments selon sa stratégie d'endettement, arbitrant entre maîtrise des coûts, diversification des investisseurs, et signal envoyé aux marchés. Le choix dépend aussi du niveau de développement du marché domestique : cette configuration reflète les inégalités structurelles d'accès au financement entre pays dotés de marchés profonds et ceux dépendants de bailleurs publics.

Tableau 1. Typologie des instruments de dette publique selon le FMI

Instrument de dette	Usage dominant	Pays principalement concernés
Titres négociables	Instrument principal	Économies avancées et grands émergents
Emprunts bancaires	Complément ou substitution	PVD à accès limité aux marchés
Dépôts bancaires publics	Résiduel	Tous pays (ampleur marginale)
DTS	Instrument exceptionnel	Pays membres du FMI
Dettes commerciales / fournisseurs	Complément temporaire	Pays à faible revenu ou confrontés à une crise de liquidités
Dettes contingentes / retraites	Hors bilan	Tous pays (particulièrement économies avancées)

Sources : FMI et auteurs

1.2. Répartition selon la nature des créanciers

La dette publique peut aussi être analysée à travers la distinction entre créanciers domestiques et étrangers, d'une part, et celle entre créanciers publics et privés, d'autre part.

Dans les économies avancées, elle est majoritairement détenue par des investisseurs privés nationaux (banques, assureurs, fonds de pension), grâce à l'existence de marchés profonds et liquides. Des acteurs non-résidents, dont des banques centrales étrangères, y participent également, surtout lorsque la dette est libellée en devise de réserve (dollar, euro).

Fin 2023, en France, plus de la moitié des titres de dette négociable étaient détenus par des investisseurs domestiques, principalement *via* les compagnies d'assurance et les OPCVM, avec un rôle central joué par l'assurance-vie en fonds euros. À cela s'ajoute une part désormais importante détenue par la Banque de France dans le cadre des programmes d'achat de la BCE, ce qui internalise une partie du financement tout en consolidant la liquidité du marché secondaire. Cette configuration illustre la place singulière des économies avancées dotées d'une monnaie de réserve (cf. chapitres 6 et 10).

Figure 1. Répartition estimée des créanciers de la dette publique française par type et origine (fin 2023)

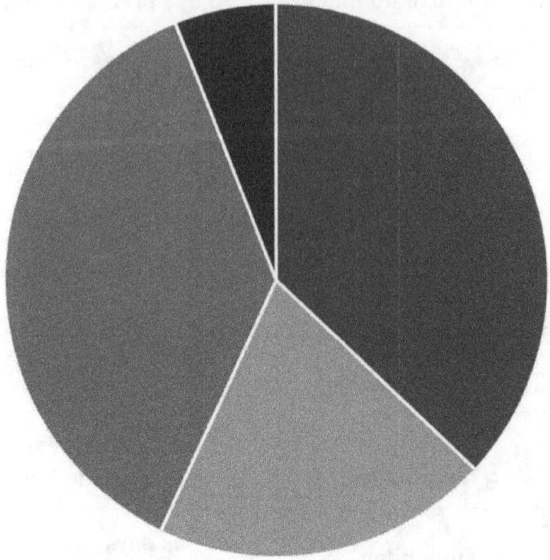

Source : Banque de France (Stat Info – Titres de créance négociables détenus par les non-résidents, 2023) ; Agence France Trésor (Rapport annuel 2023) ; BCE (Statistiques PSPP/PEPP par pays, 2023) ; calculs et estimations des auteurs

Dans les PVD, la structure des créanciers est plus fragmentée. Les bailleurs officiels étrangers – bilatéraux ou multilatéraux – y occupent une place centrale, en particulier dans les pays à faible revenu, peu présents sur les marchés. Lorsqu'ils y accèdent, c'est souvent par des émissions obligataires destinées à des investisseurs privés étrangers, *via* les marchés internationaux (eurobonds[89]). Cette diversité accroît la complexité de la gestion de la dette.

Ces différences de répartition des créanciers ne sont pas uniquement d'ordre quantitatif : elles révèlent des asymétries structurelles profondes entre pays avancés et PVD. Les premiers bénéficient d'un large socle de créanciers domestiques privés, tels que les banques, les compagnies d'assurance ou les fonds de pension, et peuvent s'appuyer, en cas de tensions, sur le soutien actif de leur banque centrale. Les seconds, en revanche, restent dépendants de bailleurs extérieurs, souvent volatils et sensibles aux arbitrages de notation, de devise ou de gouvernance. Ces contrastes seront analysés dans les sections suivantes, notamment à travers le rôle différencié des créanciers publics et privés dans le financement souverain.

[89] Une présentation plus complète des eurobonds est proposée plus loin dans le chapitre.

Tableau 2. Typologie des créanciers selon leur nature et origine géographique

Types de créanciers	**Créanciers domestiques**	**Créanciers étrangers**
Publics	Banque centrale nationale, organismes publics	États partenaires, créanciers bilatéraux, institutions multilatérales
Privés	Banques, compagnies d'assurance, fonds de pension nationaux	Gestionnaires d'actifs internationaux, fonds d'investissement, *hedge funds*, etc.

Source : Synthèse des auteurs à partir des classifications du FMI et de la Banque mondiale

Cette typologie croisée des créanciers permet de mieux cerner les lignes de fracture entre pays selon leur niveau de développement. En pratique, la répartition des détenteurs de dette varie fortement selon le revenu national, traduisant des contraintes d'accès différenciées aux financements. Le tableau suivant synthétise, à partir des données de la Banque mondiale, la part moyenne de la dette publique extérieure détenue par les principaux types de créanciers, en distinguant les pays selon leur revenu conformément à la classification internationale.

Tableau 3. Répartition moyenne de la dette publique extérieure des PVD selon les types de créanciers (2023)

Catégorie pays	**Bilatéraux**	**Multilatéraux**	**Privés**
Pays à faible revenu	35 %	53 %	12 %
Pays à revenu intermédiaire inférieur	26 %	39 %	35 %
Pays à revenu intermédiaire supérieur	7 %	19 %	74 %

Source : calculs des auteurs à partir des données Banque mondiale (International Debt Statistics, 2023)

Ce tableau met en évidence une hiérarchie claire entre les catégories de pays. Les pays à faible revenu restent largement dépendants des créanciers publics, qu'ils soient multilatéraux ou bilatéraux, en raison de leur accès limité aux marchés. À l'inverse, les pays à revenu intermédiaire financent majoritairement leur dette par l'émission de titres sur les marchés privés.

Bien qu'elles ne figurent pas dans ce tableau, les économies avancées présentent un profil encore différent. Leur dette publique est, dans une très large majorité des cas, financée par des créanciers privés, qu'ils soient nationaux ou internationaux.

2. Historique des marchés de la dette et de leurs créanciers (1945-2024)

Depuis 1945, les marchés de la dette publique ont connu des mutations profondes. D'un modèle administré, dominé par des créanciers nationaux dans un cadre monétaire encadré, ils ont évolué vers un système ouvert, financiarisé et globalisé. Cette partie retrace les grandes étapes de cette transformation, en mettant en lumière les ruptures historiques et la montée en puissance des créanciers privés, jusqu'au retour récent des banques centrales dans le financement public.

2.1. 1945-1980 : l'âge d'or du financement domestique et la mise en place d'un ordre monétaire encadré

À l'issue de la Seconde Guerre mondiale, les grandes puissances économiques privilégient la reconstruction et la stabilité monétaire. En 1944, la Conférence de Bretton Woods établit un cadre international propice à cette stratégie, dans lequel les économies avancées conservent un contrôle strict sur les flux de capitaux et les politiques économiques nationales. Dans les économies avancées, les marchés de la dette restent embryonnaires, souvent administrés et largement domestiques dans leur détention. La dette publique se finance principalement auprès d'acteurs nationaux : banques centrales, Trésors, institutions financières publiques, parfois au prix d'un cloisonnement des marchés et d'un fléchage de l'épargne. La gestion de la dette n'apparaît pas encore comme un enjeu de marché, mais comme un prolongement des politiques économiques nationales.

Cet ordre monétaire, stable en apparence, se fragilise au tournant des années 1970 sous l'effet de l'inflation américaine et de la montée des déficits extérieurs (cf. chapitres 1 et 4). En 1971, le découplage du dollar et de l'or, décidé unilatéralement par le président Nixon, permet aux États-Unis d'augmenter le déficit extérieur courant quasiment sans limite[90], et d'entamer

[90] Jusqu'en 1971, tout détenteur d'avoir en dollars pouvait demander sa conversion en or. La hausse du déficit courant américain, entrainant une augmentation de la dette extérieure libellée

une phase d'endettement auprès de l'étranger, et notamment des banques centrales, qui perdure encore.

Cette rupture inaugure une période de forte inflation, les déficits américains étant financés par la création de monnaie. Dans les années 1970, l'inflation devient structurellement élevée, souvent à deux chiffres, alors que les banques centrales, encore dépendantes des gouvernements, monétisent largement les déficits hérités des guerres et des chocs pétroliers. En conséquence, les taux d'intérêt réels deviennent faibles aux États-Unis, très faibles en France avec des passages récurrents en territoire négatif, et quasi systématiquement négatifs au Royaume-Uni durant l'ensemble de la décennie.

Figure 2. Taux réels des obligations souveraines (États-Unis, France, Royaume-Uni) – 1970 à 1980

Source : Bloomberg, calculs des auteurs

Dans ce contexte, le marché obligataire reste peu développé. Les investisseurs se détournent des titres à long terme, par crainte de voir l'inflation grignoter leur rendement, et privilégient les instruments à court terme tels que les bons du Trésor à un an. Pour pallier la faible demande pour les obligations classiques, certains États ont émis des titres indexés, tels que l'emprunt « Giscard » de 1973 en France, adossé à l'or. Mais cette stratégie

en dollars, pouvait provoquer un épuisement des réserves d'or américaines. Libérés de cette contrainte, les États-Unis pouvaient monétiser leurs déficits (cf. chapitre 6).

s'avère risquée pour l'émetteur : la flambée de l'or renchérit considérablement le coût du remboursement pour l'État français.

Dans le même temps, la prolifération des eurodollars, c'est-à-dire des dépôts en dollars hors du territoire américain échappant à la régulation fédérale, donne naissance à une finance *offshore* en pleine expansion, souvent domiciliée à Londres[91]. À partir de 1973, l'afflux de pétrodollars consécutif à la flambée des prix du pétrole amplifie le phénomène. Recyclés *via* les banques internationales, ces capitaux alimentent les marchés obligataires naissants et posent les bases d'une financiarisation croissante des flux d'endettement. Bien que la logique de marché commence à s'imposer progressivement, les créanciers publics nationaux dominent encore largement la structure de la dette publique jusqu'à la fin des années 1970.

En France, la dette publique reste majoritairement détenue par des acteurs nationaux, notamment les banques contrôlées par l'État et la Banque de France, dans le prolongement d'un modèle de financement administré. Aux États-Unis, la gestion de la dette publique s'inscrit dans un cadre institutionnel où les autorités budgétaires et monétaires agissent de manière coordonnée, dans un environnement caractérisé par un encadrement étroit des marchés financiers (Eichengreen, 2008). Les États conservent une maîtrise directe ou indirecte sur le financement de leur dette, à travers des mécanismes de régulation, des restrictions à la mobilité des capitaux et une orientation contrainte de l'épargne nationale. Dans l'ensemble des économies avancées, ce modèle repose sur une forme de répression financière, où la logique de marché demeure secondaire face aux objectifs de politique économique.

2.2. 1980-2007 : libéralisation, financiarisation et montée en puissance des créanciers privés

À partir des années 1970, les banques centrales des principaux pays avancés amorcent un retrait progressif du financement direct des États (cf. chapitre 6). Ce mouvement s'inscrit dans un double objectif : contenir l'inflation, perçue comme une menace pour la stabilité économique et l'épargne, et renforcer l'indépendance des banques centrales vis-à-vis du pouvoir politique. Inspirées par les travaux de l'école monétariste, ces réformes remettent en cause la légitimité d'un financement monétaire des déficits publics.

En France, la loi du 3 janvier 1973[92] ne met pas un terme immédiat aux avances de la Banque de France au Trésor, mais encadre strictement ce

---

[91] Le marché des eurodollars, apparu dans les années 1950, s'étend rapidement à partir de la fin des années 1960, en permettant la circulation de dollars hors du contrôle direct de la Fed.

[92] Loi n° 73-7 du 3 janvier 1973 relative au statut de la Banque de France, Journal officiel de la République française, 4 janvier 1973. L'article 19 encadrait les conditions dans lesquelles la Banque de France pouvait consentir des avances au Trésor. Ce dispositif a été abrogé par la loi n° 93-980 du 4 août 1993, en préparation du traité de Maastricht.

mécanisme. Selon son article 19, « les conditions dans lesquelles l'État peut obtenir de la Banque des avances et des prêts sont fixées par des conventions passées entre le ministre de l'Économie et des Finances et le gouverneur, autorisé par délibération du conseil général. Ces conventions doivent être approuvées par le Parlement ». Ce texte amorce un tournant : il ouvre la voie au financement du Trésor sur les marchés financiers, avant que le financement direct par la Banque de France ne soit définitivement interdit en 1994, avec l'entrée en vigueur du traité de Maastricht.

Le véritable basculement s'opère au début des années 1980, sous l'effet combiné de plusieurs dynamiques : la mise en œuvre de politiques monétaristes aux États-Unis et au Royaume-Uni, le démantèlement progressif des contrôles de capitaux, et la remontée brutale des taux d'intérêt nominaux dans un contexte de désinflation. Ces évolutions renforcent l'attractivité des obligations souveraines à taux fixe, qui deviennent des produits recherchés par les investisseurs à la recherche de sécurité et de rendement.

Les marchés obligataires, portés par une épargne abondante dans les pays avancés, prennent alors le relais des circuits bancaires dans le financement public. L'État, confronté à des déficits persistants et désormais privé du soutien monétaire des banques centrales, trouve dans l'émission de titres une solution pérenne pour couvrir ses besoins de financement. C'est à ce moment que la dette publique opère une transformation majeure : elle cesse d'être un instrument de politique économique soumis à la souveraineté nationale pour devenir un actif financier liquide, coté, noté, et intégré aux portefeuilles des investisseurs.

Ce repositionnement de la dette dans l'univers des actifs financiers favorise la montée en puissance des créanciers privés (cf. graphique 4), dont les décisions d'allocation obéissent désormais à des critères de rendement, de liquidité et de notation de crédit, plus qu'à des logiques économiques nationales. La désintermédiation financière qui en découle voit les fonds d'investissement, les banques et les gestionnaires d'actifs internationaux devenir les principaux détenteurs de dette publique, accentuant la transnationalisation du financement souverain. Selon Streeck (2014), cette financiarisation de la dette modifie en profondeur le rapport entre les États et les marchés. Elle installe les gouvernements dans une logique permanente de crédibilité budgétaire, de notation financière (cf. chapitres 9 et 10), et de confiance des créanciers privés, soumettant la décision publique à une forme de discipline externe.

Ainsi, à la veille de la crise financière de 2008, la cartographie mondiale des marchés de la dette connaît une transformation profonde. Dans les économies avancées, les banques centrales occupent une place secondaire, cantonnée à leurs interventions de politique monétaire. Cette financiarisation renforce la liquidité des marchés obligataires, mais accroît également leur volatilité, en soumettant les États aux attentes des marchés à chaque émission ou opération de refinancement. Comme le notent Monnet et Pagliari (2019), les banques centrales des économies avancées s'abstiennent alors de toute détention structurelle de dette publique, afin de préserver leur indépendance et d'éviter toute confusion entre politique monétaire et financement des déficits.

2.3. 2008-2024 : le retour des banques centrales comme créanciers de la dette publique

La crise financière de 2008 ne marque pas seulement un tournant conjoncturel : elle reconfigure en profondeur les rapports de force sur les marchés de la dette. Ce basculement est illustré par l'ampleur des achats de titres publics opérés par les grandes banques centrales des pays avancés (cf. chapitre 6).

Figure 3. Évolution de la détention obligataire par la BCE et la Fed (2008-2024)

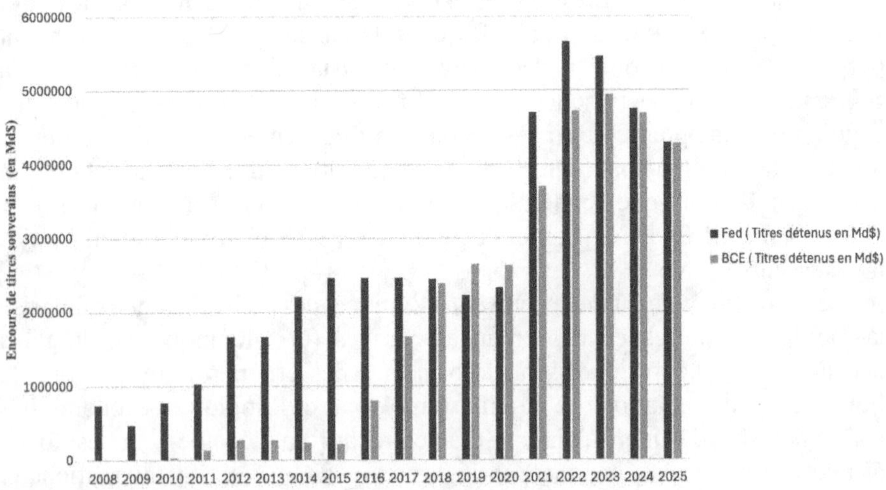

Sources : BCE, Federal Reserve (FRED) ; calculs des auteurs

Conçue initialement comme une réponse à une crise de liquidité, puis à une crise de solvabilité, la réintervention des banques centrales a compensé le retrait brutal des investisseurs privés et réorienté la structure des détenteurs de dette. Là où les banques centrales s'étaient effacées au nom de leur indépendance depuis les années 1970, elles redeviennent des créanciers internes majeurs, un mouvement amplifié par la crise de la Covid-19.

Ce tournant s'accompagne d'un rééquilibrage géographique dans la composition des créanciers. Dans les économies avancées, les banques centrales, les banques nationales, les assureurs et les fonds de pension deviennent les principaux détenteurs de titres souverains, restaurant une forme d'internalisation du financement public. En parallèle, la place des créanciers non-résidents recule, notamment dans les pays de la zone euro, où la BCE devient un acteur majeur. En zone euro, cette recomposition est consolidée par un changement discret mais structurant : la reconnaissance réglementaire de la dette publique comme actif sans risque. Les réformes prudentielles adoptées après la crise (Bâle III pour les banques, Solvabilité II pour les assureurs) ont accordé à la dette souveraine libellée en monnaie nationale un coefficient de risque nul. Ce statut particulier, réservé aux pays disposant d'un haut niveau de crédibilité financière[93], a contribué à faire de la dette publique un actif refuge, encouragé par les exigences de fonds propres. La détention de dette publique par des institutions financières domestiques est désormais rendue obligatoire par la réglementation. Cela a pour effet d'inciter l'État à continuer d'émettre de la dette, puisque celle-ci est assurée de trouver preneur.

À l'inverse, dans les PVD, les dettes restent en grande partie détenues par des créanciers extérieurs, qu'ils soient bilatéraux, multilatéraux ou privés, à l'exception de la Chine et d'autres pays asiatiques (cf. chapitre 1). Incapables de mobiliser leur banque centrale comme acheteur de dernier ressort sans déclencher une crise de change ou une poussée inflationniste, ces États conservent une vulnérabilité structurelle. Cette dépendance est accentuée par la prédominance du dollar dans les émissions obligataires, par le recours aux marchés internationaux (eurobonds), et par la fragmentation des profils de créanciers. L'architecture financière de ces pays repose souvent sur un endettement en devises, dans des juridictions étrangères, et à des conditions dictées par les investisseurs internationaux. En l'absence d'un cadre prudentiel aussi protecteur que dans les économies avancées, la gestion de la dette y reste plus exposée aux aléas de liquidité et aux retournements des flux mondiaux.

L'évolution des marchés de la dette depuis 1945 a profondément modifié la structure des créanciers, entraînant une recomposition à la fois quantitative et qualitative des détenteurs de dette publique. Cette transformation a donné naissance à une architecture duale, marquée par la coexistence de créanciers publics aux logiques stabilisatrices et de créanciers privés souvent plus volatils.

3. Créanciers publics et financements souverains

Tandis que les économies avancées ont vu la part des créanciers internes s'accroître considérablement, avec les banques centrales redevenues des

[93] En pratique, ce traitement prudentiel favorable (risque pondéré nul dans les bilans bancaires) s'applique à la majorité des dettes souveraines émises dans la monnaie nationale du pays émetteur, y compris pour des émetteurs faiblement notés. Toutefois, les assureurs, soumis à Solvabilité II, voient leurs exigences de capital varier en fonction de la notation et de la duration des titres. Le statut de « risque nul » repose ainsi sur une convention réglementaire, plus que sur une évaluation de marché.

acteurs majeurs du financement public, de nombreux PVD continuent de s'appuyer principalement sur des créanciers extérieurs publics.

Ce sont les pays à revenu faible et à revenu intermédiaire faible - les plus fragiles en matière d'accès aux marchés - qui concentrent l'essentiel des engagements des créanciers publics, multilatéraux comme bilatéraux. Cette dépendance reflète moins un choix stratégique qu'une contrainte liée à l'absence de signature souveraine crédible.

3.1. Banques centrales : créanciers internes et pouvoir monétaire

Depuis 2008, les banques centrales des économies avancées sont revenues au premier plan comme créanciers majeurs de la dette publique (cf. chapitre 6).

Tableau 4. Part des titres publics détenus par les banques centrales dans la dette souveraine de quatre grands pays et de la zone euro (2024)

Pays / Zone	Dette publique 2024 (Md $)	Titres BC 2024 (Md $)	Ratio 2024 (%)
Zone euro	16 137	3 932	24,4
Japon	8 840	4 125	46,7
Royaume-Uni	3 456	825	23,9
Canada	2 482	245	9,9
États-Unis	36 220	5 000	13,8
Total (4 pays + zone euro)	**67 135**	**14 127**	**21**

Sources : Données officielles BCE, Fed, BoJ, BoE, BdC ; calculs des auteurs à partir des rapports 2024 et bases FMI

Cette internalisation des créanciers modifie en profondeur les équilibres de marché, en restaurant une forme de financement domestique étatique, appuyé sur la crédibilité des banques centrales. Selon la Banque des règlements internationaux (2021), ces achats ont contribué à contenir les primes de risque et à assurer la liquidité des marchés secondaires dans un contexte d'incertitude accrue. Pour Tooze (2021), cette évolution pourrait s'apparenter à un nouveau régime de capitalisme de la dette, dans lequel les déficits publics sont durablement portés par les banques centrales, sans pour autant générer d'instabilité monétaire immédiate.

Avec près de 50 % de la dette publique nationale détenue dans son portefeuille d'actifs, la BoJ est devenue le principal détenteur de titres souverains, dans un contexte d'inflation quasi-nulle. Ito et Hoshi (2022) soulignent que ces rachats massifs ont placé la banque centrale au cœur du financement souverain, dans un environnement marqué par une stabilité prolongée des prix. De manière moins extrême mais tout aussi significative, la Banque centrale européenne (BCE) est également devenue un acteur clé du financement public dans la zone euro. En janvier 2025, l'Eurosystème détenait environ 30 % de la dette publique des États membres, contre 0 % en 2008. Ces titres sont majoritairement portés par les banques centrales nationales (BCN) dans le cadre des programmes d'achats d'actifs coordonnés par la BCE. Cette évolution traduit une transformation structurelle du rôle des banques centrales dans les économies avancées, désormais engagées dans un soutien durable aux finances publiques.

Tandis que les banques centrales ont consolidé leur rôle de créanciers internes dans les économies avancées, le financement souverain reste, dans de nombreux pays à faible revenu et à revenu intermédiaire inférieur, largement dépendant des créanciers publics extérieurs. Institutions multilatérales (FMI, Banque mondiale, banques régionales de développement) et prêteurs bilatéraux (membres du Club de Paris, Chine, etc.) assurent l'essentiel des flux financiers, dans un contexte où l'accès aux marchés privés demeure restreint ou prohibitif.

3.2. Créanciers multilatéraux : FMI et banques multilatérales de développement (BMD)

Dans de nombreux pays à faible revenu et à revenu intermédiaire inférieur, les créanciers multilatéraux jouent un rôle central dans le financement extérieur. On distingue deux grandes catégories d'institutions : d'une part, le FMI, qui intervient principalement en situation de crise pour fournir des liquidités à court terme dans le cadre de programmes d'ajustement macroéconomique ; d'autre part, les banques multilatérales de développement (BMD), qui financent des projets de long terme dans les secteurs sociaux et les infrastructures.

Le FMI agit comme créancier international de dernier ressort, en soutenant les États confrontés à des déséquilibres de balance des paiements ou à une perte de confiance des marchés (cf. chapitre 1). Son intervention vise avant tout à stabiliser les économies fragilisées, en conditionnant ses prêts à des programmes d'ajustement macroéconomique. Si son rôle reste essentiel dans les pays à faible revenu ou intermédiaire, son poids relatif demeure limité face aux marchés obligataires et aux grands créanciers bilatéraux.

En 2023, le PIB cumulé des pays à revenu faible et à revenu intermédiaire inférieur s'élevait à environ 8 100 milliards de dollars, (Banque mondiale, 2024). Leur dette publique représentait en moyenne 53 % du PIB pour les pays à revenu faible et 57 % pour les pays à revenu intermédiaire inférieur, soit près de 4 600 milliards de dollars (FMI, *Global Debt Monitor*, 2024), cumulés pour ces deux groupes. Ce profil de financement explique leur dépendance persistante aux bailleurs officiels, multilatéraux comme bilatéraux.

Les BMD remplissent une mission complémentaire à celle du FMI. Il s'agit notamment de la Banque mondiale, qui opère par l'intermédiaire de la BIRD[94] pour les pays à revenu intermédiaire et de l'ADI[95] pour les pays à revenu faible, ainsi que des principales banques régionales de développement telles que la Banque africaine de développement (AfDB), la Banque asiatique de développement (ADB), la Banque interaméricaine de développement (BID), la Banque asiatique d'investissement dans les infrastructures (AIIB) et la Banque européenne pour la reconstruction et le développement (BERD). Ces institutions financent des projets de long terme dans les secteurs sociaux et les infrastructures, et accompagnent souvent leurs prêts d'une assistance technique.

Tableau 5. Encours de prêts des principales BMD (2023)

Institution	*Portefeuille de prêts (Md USD)*	*Zone principale d'intervention*
Banque mondiale (BIRD + IDA)	220	Monde entier
AfDB	30	Afrique
ADB	110	Asie-Pacifique
BID	90	Amérique latine
AIIB	25	Asie
BERD	45	Europe de l'Est et Méditerranée

Sources : Rapports annuels 2023 des institutions multilatérales (Banque mondiale, AfDB, ADB, BID, AIIB, BERD) ; données consolidées par l'OCDE (2024), Multilateral Development Finance Report

Comme le rappellent Reinhart *et al.* (2003), la dépendance des PVD à ces créanciers institutionnels reflète leur difficulté à accéder durablement aux

[94] BIRD : Banque internationale pour la reconstruction et le développement. Il s'agit de la branche de la Banque mondiale qui accorde des prêts à conditions de marché ou bonifiées aux pays à revenu intermédiaire jugés solvables.

[95] ADI : Association internationale de développement. C'est le guichet concessionnel de la Banque mondiale, qui fournit des prêts très bonifiés ou des dons aux pays les plus pauvres, selon leur niveau de revenu et leur capacité d'endettement.

marchés privés de capitaux. Le recours aux institutions multilatérales s'est ainsi renforcé lors des épisodes de tension financière mondiale.

3.3. Créanciers bilatéraux : Club de Paris vs Chine

À côté de ces institutions multilatérales, certains États jouent aujourd'hui un rôle croissant en tant que créanciers bilatéraux. Les membres du Club de Paris[96], comme la France, les États-Unis, le Japon ou encore l'Allemagne, forment le noyau des créanciers publics traditionnels. Leur action est coordonnée au sein de cette enceinte informelle, selon des principes communs de traitement de la dette, notamment en cas de restructuration. Ce cadre vise à assurer une approche équitable entre créanciers et à garantir la comparabilité des efforts consentis.

En 2023, les membres du Club de Paris détenaient environ 334 milliards de dollars de créances bilatérales sur 101 pays, tandis que la Chine représentait à elle seule près de 26 % de la dette bilatérale publique due par les pays à faible et moyen revenu. Le Japon, la France, l'Allemagne et les États-Unis suivent à distance, avec des parts plus modestes.

Tableau 6. Répartition estimée des créanciers bilatéraux dans la dette publique bilatérale des PVD (2022-2023)

Créancier bilatéral	**Part estimée (%)**
Chine	26
Japon	9
France	4
Allemagne	3
États-Unis	2
Autres membres Club de Paris	16
Autres créanciers bilatéraux hors Club de Paris	40

Sources : Banque mondiale (IDS), FMI, CARI (China Africa Research Initiative), données consolidées 2023

[96] Le Club de Paris est un groupe informel de créanciers publics fondé en 1956 à l'initiative de la France, lors de la renégociation de la dette de l'Argentine. Il réunit les pays créanciers occidentaux pour coordonner le traitement des dettes souveraines, selon des principes de solidarité, de consensus et de comparabilité de traitement.

Mais ce modèle est aujourd'hui concurrencé par l'émergence de nouveaux créanciers bilatéraux opérant en dehors du Club. C'est notamment le cas de la Chine, dont les institutions financières publiques, au premier rang desquelles l'Exim Bank[97] et la China Development Bank, sont devenues des acteurs majeurs du financement des PVD, notamment en Afrique, en Asie centrale et en Amérique latine. Ces financements, souvent adossés à des projets d'infrastructure dans le cadre de l'initiative des nouvelles routes de la soie, s'inscrivent dans une logique mêlant stratégie d'influence, recherche d'accès aux ressources naturelles et sécurisation d'alliances diplomatiques.

L'essor rapide de Pékin en tant que créancier bilatéral bouleverse les mécanismes classiques de coordination. Contrairement aux membres du Club de Paris, la Chine privilégie une approche bilatérale non transparente, en dehors des enceintes collectives de négociation.

Figure 4. Part de la Chine et du Club de Paris
dans la dette bilatérale extérieure de cinq PVD (2023)

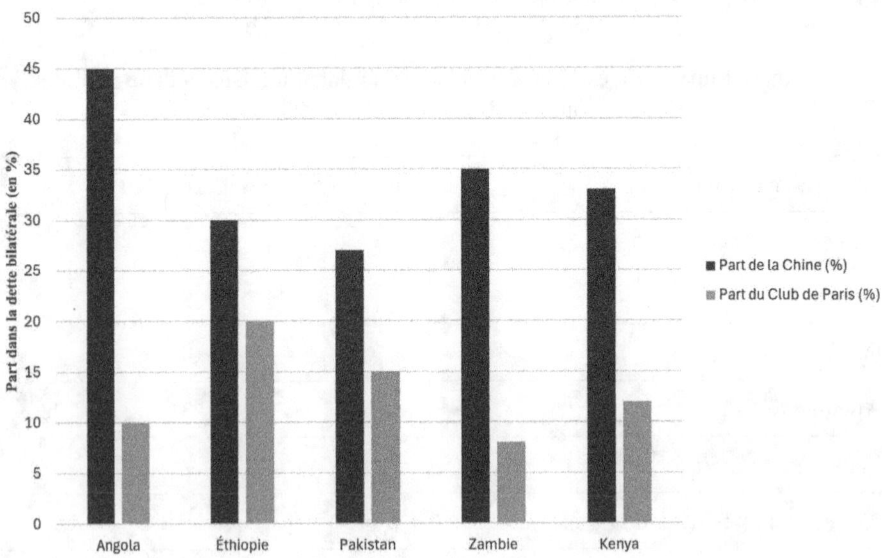

Sources : FMI, Banque mondiale (IDS), CARI (2023), estimations croisées

Dans ce contexte, la diversification des profils de créanciers publics contribue à recomposer progressivement les équilibres traditionnels en matière de financement bilatéral. Les modalités d'engagement varient d'un acteur à l'autre, tant en ce qui concerne les conditions financières que les

97 L'Exim Bank of China, créée en 1994, est l'un des principaux outils de financement de la politique d'expansion économique chinoise. Elle accorde des prêts concessionnels, souvent adossés à des garanties en ressources naturelles ou à des contrats de travaux publics.

mécanismes de suivi. Cette évolution, bien que progressive, soulève des enjeux en matière de lisibilité globale des flux de dette publique, notamment pour les pays débiteurs disposant d'un accès élargi à des sources extérieures de financement.

4. Les créanciers privés

La montée en puissance des créanciers privés a profondément transformé le financement des États. Là où les financeurs étaient autrefois principalement publics - banques centrales, créanciers bilatéraux, institutions multilatérales - , les marchés financiers sont devenus dominants à partir des années 1980 dans les économies avancées. Ce basculement s'inscrit dans un mouvement d'ouverture des marchés de capitaux et de diffusion d'une logique de marché dans les politiques budgétaires.

Dans les économies avancées, le rôle des banques centrales a certes été renforcé depuis 2008, mais sans remettre en cause le poids prépondérant des marchés financiers. Les PVD ont accès au marché obligataire international à travers les émissions d'eurobonds ; cependant, ces instruments sont émis essentiellement en dollars, ce qui induit une exposition au risque de change (cf. chapitres 5 et 8) et augmente le risque de défaut. Nombre de PVD ont développé leur propre marché financier en devise locale.

4.1. Une présence dominante dans les économies avancées

Depuis les années 1980, la montée en puissance des créanciers privés a profondément transformé la structure du financement des États. Les marchés financiers se sont progressivement substitués aux financeurs publics traditionnels, notamment les banques centrales, les créanciers bilatéraux et les institutions multilatérales. Ce basculement s'inscrit dans un contexte de déréglementation croissante et d'ouverture des marchés de capitaux, qui a favorisé l'émergence d'une logique de marché dans la gestion budgétaire et l'allocation de la dette publique.

Figure 5. Part croissante des créanciers privés dans la dette publique mondiale (1980-2024)

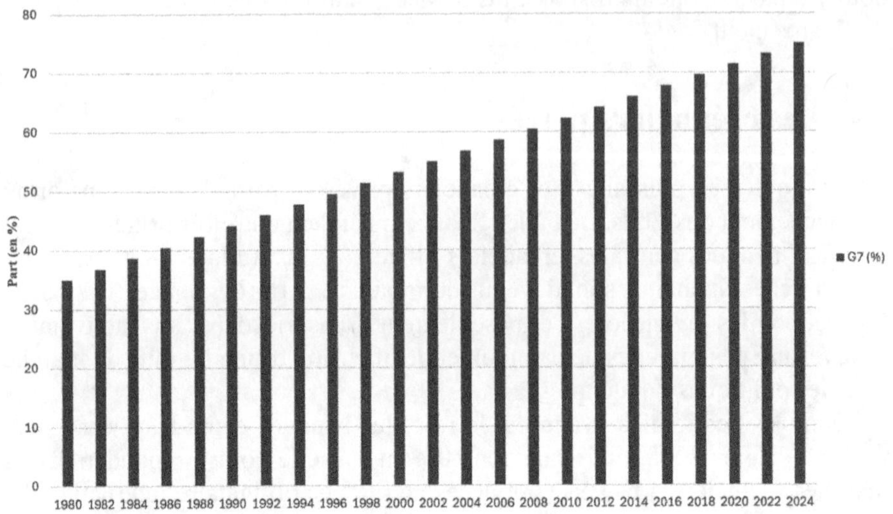

Sources : données reconstituées à partir du FMI (Global Debt Database), BIS et Banque mondiale

Dans ce nouvel environnement, la dette souveraine ne relève plus seulement d'un outil de politique économique nationale. Elle est désormais traitée comme un actif financier à part entière, coté, noté et négocié, et s'intègre dans les portefeuilles d'investisseurs de plus en plus diversifiés. À l'échelle mondiale, le marché obligataire souverain, qui rassemble l'ensemble des titres de dette négociés sur les marchés secondaires, est aujourd'hui estimé à près de 75 000 milliards de dollars, soit plus de 70 % de la dette publique souveraine mondiale, selon plusieurs sources fiables. Ce chiffre recoupe largement l'encours total de la dette publique mondiale et illustre le degré de financiarisation atteint par les budgets étatiques, phénomène qui s'est accéléré au rythme de l'endettement croissant des États depuis les années 2000.

Figure 6. Encours du marché obligataire souverain mondial
(en milliers de milliards USD)

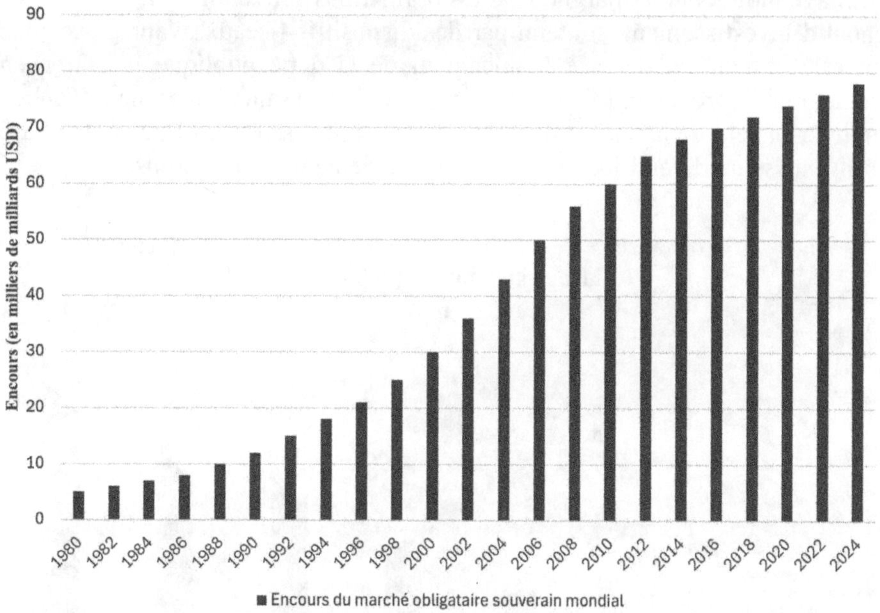

Sources : Données issues de l'IIF, de l'OCDE, de la SIFMA et des estimations du FMI ; reconstitution des auteurs à partir des statistiques disponibles

Cette évolution s'appuie notamment sur l'intermédiation croissante de l'épargne à travers de grands acteurs institutionnels. Dans les pays anglo-saxons, la dynamique a été accélérée par l'essor des systèmes de retraite par capitalisation, qui orientent une part significative des contributions salariales vers les marchés obligataires. Des fonds de pension publics tels que CalPERS ou Teachers assurent une demande stable et de long terme pour les titres souverains, participant activement au financement des États. À une tout autre échelle, des gestionnaires d'actifs comme BlackRock ou Vanguard, dont les encours se comptent en plusieurs milliers de milliards de dollars, occupent une place déterminante sur le marché obligataire mondial. Leur présence structure les flux, influence la formation des prix et contribue à la liquidité des titres publics sur les marchés secondaires. Le développement de ces acteurs s'inscrit dans une architecture financière où la dette publique est désormais pleinement intégrée dans les portefeuilles institutionnels globaux. Comme le souligne Braun (2016), ces investisseurs jouent un rôle central dans la configuration d'un « capitalisme fondé sur la dette », en influençant les normes de détention et les stratégies d'émission des États.

Cette financiarisation du financement public s'accompagne d'un ancrage profond dans les portefeuilles d'épargne longue. En Europe continentale, où les régimes de retraite reposent majoritairement sur un fonctionnement par répartition, c'est l'essor de l'assurance-vie en fonds euros qui a permis un fléchage indirect de l'épargne vers les obligations souveraines. En France, ce canal d'investissement, soutenu par des dispositifs fiscaux avantageux, joue un rôle structurant dans le financement de la dette publique. L'entrée en vigueur de l'euro a amplifié ce phénomène en instaurant un marché intégré de la dette au sein de la zone monétaire, élargissant l'accès des États à une base d'investisseurs diversifiée, dans un cadre réglementaire harmonisé.

Figure 7. Croissance de l'assurance-vie en France : un canal structurant de financement public (2000-2023)

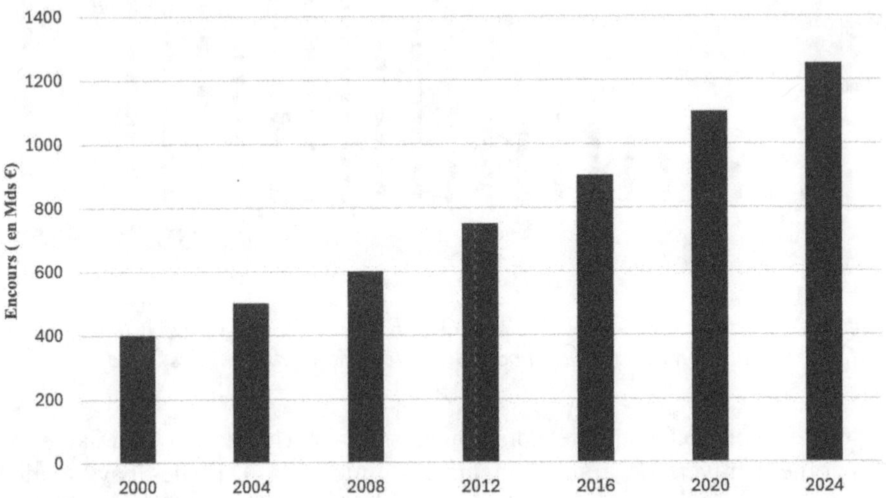

Sources : Banque de France, France Assureurs. Données 2000-2023, retraitement auteurs

Au sein de cette architecture, certaines institutions financières occupent une place stratégique. Il s'agit des « *primary dealers* », appelés spécialistes en valeurs du Trésor (SVT) dans le cas français. Agréés par l'État, ces établissements sont chargés de souscrire aux émissions de dette publique sur le marché primaire. Plus précisément, c'est l'agence de la dette publique, comme l'Agence France Trésor (AFT)[98] en France, qui organise les adjudications, c'est-à-dire les mises aux enchères des titres souverains. Les *primary dealers* y participent activement en soumettant des offres d'achat, garantissant à l'État une base stable de souscripteurs pour chaque émission. Ils assurent également la diffusion des titres sur le marché secondaire, en

[98] L'Agence France Trésor (AFT) a été créée par arrêté ministériel le 8 février 2001. Elle est chargée de la gestion de la dette et de la trésorerie de l'État français.

facilitant leur revente à d'autres investisseurs, et jouent un rôle clé dans la formation des prix et la liquidité du marché.

Ce dispositif repose sur un équilibre institutionnel spécifique. L'État conserve la maîtrise de sa stratégie d'endettement à travers son agence dédiée, tandis que les *primary dealers* assurent une interface permanente avec les marchés financiers. Cette organisation, commune à la plupart des pays développés, combine les mécanismes d'un marché concurrentiel avec un encadrement institutionnel fort. Même dans un contexte marqué par l'intervention accrue des banques centrales, ces intermédiaires privés restent indispensables au bon fonctionnement des marchés souverains. Leur présence contribue à la stabilité de la demande, à la transparence des prix et à l'efficacité des placements.

Dans ce nouvel environnement, les plus grands gestionnaires d'actifs comptent désormais parmi les premiers détenteurs de titres souverains. Leur taille, parfois comparable à celle des banques centrales, leur confère une influence directe sur les taux, les *spreads* et les calendriers d'émission. Le financement de l'État s'inscrit ainsi dans une logique mondialisée, où les attentes des marchés peuvent peser fortement sur les choix budgétaires nationaux, modifiant en profondeur le rapport de force entre émetteurs et créanciers.

À cette architecture déjà dense s'ajoutent les marchés de produits dérivés liés à la dette souveraine. Initialement conçus pour couvrir les risques de taux ou de crédit, des instruments comme les *swaps*, les contrats à terme ou les CDS permettent aujourd'hui de s'exposer à la dette publique sans en détenir les titres. En prolongeant la financiarisation de la dette, ces instruments accentuent la sensibilité des titres souverains aux mouvements de marché.

4.2. Développement des financements privés dans les PVD

Dans les PVD, l'accès aux financements privés est un phénomène plus récent et plus sélectif que dans les économies avancées. Le recours aux marchés obligataires était marginal, réservé à quelques grands émergents disposant d'une notation favorable.

Ce paysage commence à évoluer dans les années 2000, sous l'effet combiné de la recherche de rendement des investisseurs internationaux, de la baisse des taux dans les économies développées et de l'amélioration temporaire de certains fondamentaux macroéconomiques dans les PVD. L'essor progressif des émissions d'eurobonds, libellés en devises fortes, a ouvert un canal d'accès direct aux marchés financiers pour plusieurs pays à revenu intermédiaire. Ce développement reste cependant circonscrit à une vingtaine d'émetteurs réguliers, souvent concentrés en Afrique subsaharienne anglophone, en Amérique latine et en Asie du Sud.

L'encours total de ces émissions reste modeste à l'échelle du marché obligataire souverain mondial, dominé par les titres des économies avancées, mais leur importance relative est considérable pour les pays concernés. Les eurobonds représentent parfois plus de la moitié de la dette extérieure publique dans certains États africains ou latino-américains. L'accès aux marchés est toutefois fortement dépendant des conditions financières mondiales, de la notation souveraine et des anticipations de change, ce qui limite la régularité des émissions et accroît leur coût. Ce canal de financement ne constitue donc ni une garantie de stabilité, ni un substitut aux financements multilatéraux de long terme.

Figure 8. Encours d'eurobonds émis par les PVD (2000-2024)

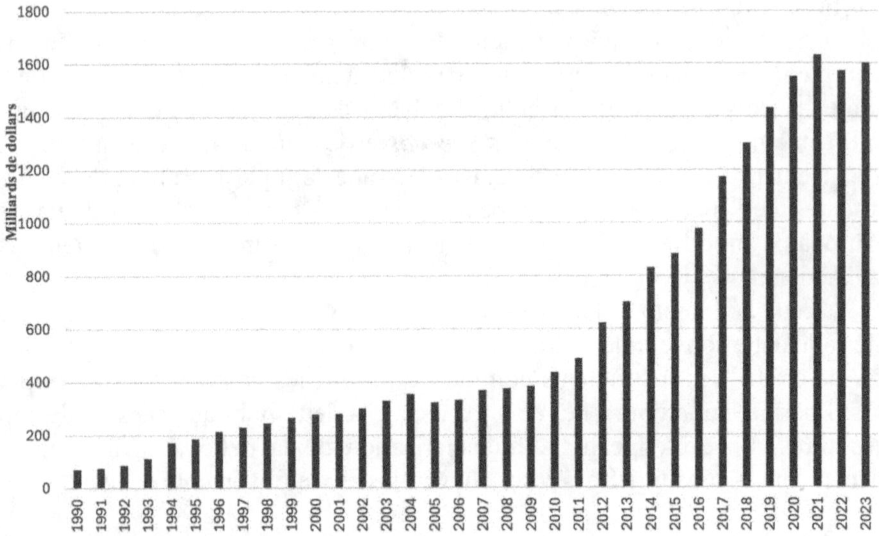

Sources : Banque mondiale, FMI, calculs des auteurs

Si cette évolution traduit un élargissement des sources de financement, elle reste modeste au regard de la taille du marché obligataire mondial. La concentration des émetteurs, la rareté des émissions et la forte exposition aux devises étrangères soulignent les fragilités de ce canal. Dans la majorité des cas, il s'agit d'un accès ponctuel, conditionné par des fenêtres favorables sur les marchés internationaux.

Si l'accès aux marchés obligataires a permis à certains États de lever des fonds significatifs, il s'est aussi accompagné d'une vulnérabilité accrue : dépendance au dollar, volatilité des *spreads*, profondeur limitée des marchés, exposition aux chocs de liquidité. Dans ce contexte, les créanciers privés ne jouent aucun rôle de stabilisation. Bien au contraire, ils tendent à amplifier les cycles, accentuant la fragilité des équilibres macroéconomiques dans les pays les plus dépendants de leur financement.

Cette dépendance au dollar constitue une vulnérabilité structurelle majeure. Comme l'illustre le graphique ci-dessous, la part de la dette extérieure des PVD libellée en dollars demeure très élevée depuis les années 1990, exposant ces pays à des risques accrus en cas de retournement des flux ou de resserrement monétaire américain.

Figure 9. Part du dollar dans la dette extérieure publique des PVD (1990-2023)

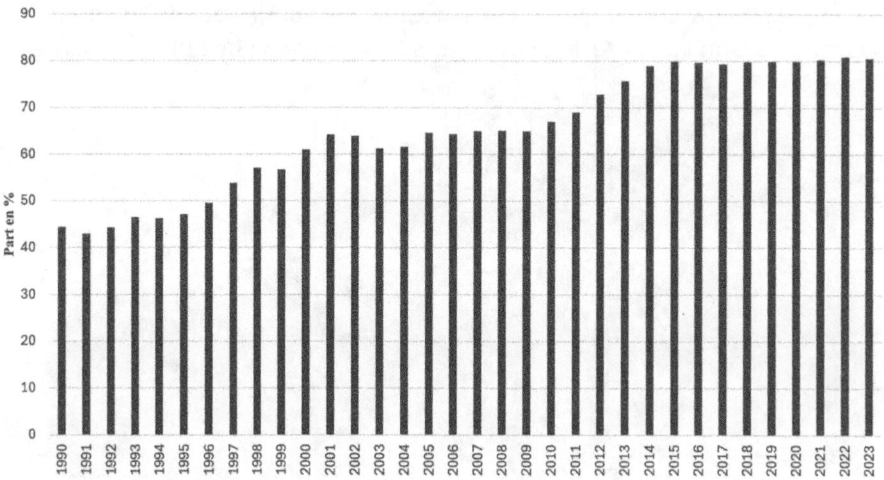

Source : Banque mondiale, International Debt Statistics, traitement des auteurs

Conclusion

Depuis 2008, la structure des créanciers souverains s'est profondément recomposée, révélant une fracture croissante entre économies avancées et PVD. Dans les premières, le retour des banques centrales parmi les principaux acheteurs de titres publics a permis d'absorber des volumes massifs de dette, de contenir les tensions de marché et de préserver la crédibilité budgétaire. Adossée à des cadres prudentiels renforcés et à des politiques monétaires expansionnistes, cette évolution a consacré la monétisation comme levier central de stabilisation.

À l'inverse, la majorité des pays à faible revenu ou à revenu intermédiaire inférieur demeurent largement dépendants de bailleurs extérieurs. Faute de marchés domestiques profonds et de banques centrales crédibles, ils restent exposés à la volatilité des flux financiers, à la fragmentation des créanciers et à la contrainte du dollar. Leur accès aux marchés internationaux, plus fréquent depuis les années 2000, ne garantit qu'une stabilité précaire, tandis que les créanciers privés n'assurent aucune fonction de stabilisation systémique, accentuant les vulnérabilités.

Dans ce contexte, le développement rapide des marchés obligataires souverains masque des fragilités structurelles persistantes. Si les économies avancées ont renforcé leurs marges d'intervention en internalisant une part croissante de leurs créanciers, la plupart des PVD restent exposés à un environnement incertain, où les déséquilibres externes, les notations souveraines et la volatilité des financements peuvent précipiter des crises de liquidité. Ces déséquilibres appellent une réflexion renouvelée sur les mécanismes de traitement du surendettement. Le chapitre suivant portera ainsi sur la géographie contemporaine des défauts souverains et sur les modalités de restructuration aujourd'hui envisagées face à cette vulnérabilité croissante.

Chapitre 8
Défauts et restructurations de la dette publique

Après avoir mis en évidence l'essor des marchés de dette contemporains, nous abordons les situations où les États surendettés ne sont plus en mesure d'honorer leurs engagements. Ils doivent alors renégocier avec leurs créanciers afin de restructurer leur dette, ce qui entraîne un défaut sur le paiement de celle-ci. Dans les deux cas, cela implique une perte pour le créancier. Loin d'être un simple accident comptable, le défaut ou la restructuration de dette est un fait total : juridique, parce qu'il met en jeu des contrats et des immunités ; financier, parce qu'il redistribue brutalement les risques entre créanciers ; politique enfin, parce qu'il révèle la hiérarchie implicite des priorités budgétaires d'un État.

Comprendre ces ruptures est indispensable pour trois raisons : (1) elles jalonnent l'histoire de la dette autant que les phases d'accumulation ;

(2) elles façonnent la gouvernance mondiale de la finance publique, de la « troïka » européenne au G20 ; (3) elles redéfinissent *ex-post* la frontière entre soutenabilité et insolvabilité, thème qui irrigue les chapitres suivants sur la notation et le *pricing* du risque (chapitres 9 et 10).

Le présent chapitre propose donc un quadruple parcours : définir les concepts clés ; reconstituer les grandes séquences de défauts avec leurs instruments de résolution ; cartographier l'incidence réelle des arriérés par pays, par créancier et dans le temps ; enfin étudier les conséquences des défauts et des restructurations de la dette publique.

1. Définitions, typologies et cadre d'analyse

Le défaut souverain matérialise un manquement contractuel du débiteur qui déclenche à la fois des procédures juridiques, des réévaluations de risque par les marchés et des arbitrages macro-budgétaires nationaux. Selon les institutions, le seuil de reconnaissance du défaut diffère.

- Pour le FMI (2013), l'apparition d'arriérés ou toute restructuration impliquant une perte nette pour les créanciers suffit à qualifier le défaut. La Banque mondiale (2021) retient un retard de paiement supérieur à 90 jours dans sa base *International Debt Statistics*, critère directement lié aux dispositifs d'allègement (PPTE[99], IADM[100]).

- Les *agences de notation* adoptent une logique de marché : Standard & Poor's classe un instrument en « *default* » dès le premier coupon manqué ou lors d'un échange coercitif (S&P, 2024), tandis que Fitch introduit la catégorie « *Restricted Default* » pour un défaut partiel (Fitch, 2023).
- Dans la sphère prudentielle, le *Comité de Bâle* impose aux banques de provisionner toute exposition présentant plus de 90 jours d'arriérés ou jugée « improbable d'être remboursée » (BIS, 2006). Enfin, les marchés intègrent une anticipation probabiliste : l'élargissement des *spreads* ou la hausse des CDS peut signaler un défaut perçu avant même qu'il ne soit officiellement reconnu (Panizza, Sturzenegger et Zettelmeyer, 2009).

La restructuration consiste à réaménager les termes initiaux du contrat de dette, par un rééchelonnement, une réduction du principal ou des intérêts, dans le but de restaurer la soutenabilité. Dans le cas des obligations, cela implique généralement l'émission d'un nouvel instrument en échange de l'ancien, ce qui peut prendre la forme d'un échange forcé. Certains créanciers peuvent refuser l'offre de restructuration (*hold-outs*), d'où l'introduction progressive de Clauses d'Action Collective (CAC)[101] pour faciliter l'adhésion majoritaire.

Le FMI définit comme restructuration tout échange impliquant une perte nette pour les créanciers. Lorsqu'il s'agit de créanciers officiels, la restructuration intervient généralement à titre préventif. Le processus, encadré par des dispositifs institutionnels (Club de Paris, Cadre commun du G20) ou contractuels (CAC), repose sur une coordination entre créanciers publics et privés. Il s'inscrit dans une logique de partage du fardeau, souvent sous l'égide d'un programme macroéconomique, et conditionne l'accès futur aux financements internationaux.

Pour lever cette ambiguïté, nous adoptons une double grille de lecture :

- La nature des créanciers : privés (obligataires, banques), bilatéraux, multilatéraux.
- La localisation juridique de la dette : extérieure (loi/ devise étrangères, créanciers non-résidents) *versus* domestique (loi nationale, créanciers résidents).

[99] Pays pauvres très endettés.

[100] Initiative d'annulation de la dette multilatérale.

[101] Une CAC permet à une majorité qualifiée des détenteurs d'une émission obligataire d'accepter une restructuration de la dette qui sera juridiquement contraignante pour l'ensemble des détenteurs.

1.1. Typologie selon la nature des créanciers

Les défauts concernent généralement les dettes obligataires et bancaires, dont les termes sont définis contractuellement avec des créanciers privés, pour qui les pertes induites par un défaut peuvent entraîner des difficultés financières. Les dettes bilatérales dues auprès de créanciers officiels, non soumis à des exigences de rendement, peuvent plus facilement être renégociées en amont, dès que le débiteur signale ses difficultés à honorer ses engagements. De nouveaux termes (échéancier, taux d'intérêt, période de grâce) sont alors définis afin de rendre la dette soutenable et éviter un défaut de paiement formel.

1.1.1. Les créanciers privés

Comme nous l'avons montré au chapitre 7, les créanciers privés sont aujourd'hui les plus exposés aux défauts. Le retard de paiement du débiteur entraîne un défaut, qu'il convient ensuite de résoudre. La difficulté est de coordonner l'action de l'ensemble des créanciers.

- Pour la dette obligataire, les créanciers ont demandé à inclure, depuis la crise mexicaine de 1994, des CAC dans les contrats d'émission. Cette clause doit être stipulée dans le prospectus d'émission de l'obligation. Les CAC permettent potentiellement aux deux parties contractantes d'éviter qu'une situation se dégrade davantage, et aux investisseurs de s'organiser et de se coordonner plus facilement. La majorité à atteindre pour valider une CAC peut varier d'un émetteur, voire d'une émission à l'autre, mais se situe généralement entre 66 % et 85 %.
- Pour les prêts bancaires commerciaux, la coordination entre les créanciers concernés passe par des accords de type *standstill*[102] puis *roll-in/roll-out*[103]. Rieffel (2003) rappelle que le Club de Londres[104] négocie collectivement la restructuration du principal et des intérêts

[102] Accord temporaire par lequel l'ensemble des banques créancières s'engagent à suspendre les appels, l'exigibilité et les poursuites de paiement sur le principal et les intérêts pendant la phase de négociation. Il offre au débiteur un « gel » de service de la dette afin d'éviter le déclenchement en chaîne de clauses de défaut croisé et de préserver la valeur des actifs durant les pourparlers.

[103] Mécanisme de restructuration bancaire couplant (i) un *roll-in*, c'est-à-dire l'apport de nouveaux financements proportionnels sous forme de prêts « *fresh money* », et (ii) un *roll-out*, à savoir l'allongement simultané des échéances et/ou la ré-étalement du stock existant. Le principe « *new money against old money* » vise à répartir équitablement l'effort entre créanciers tout en maintenant la liquidité minimale du débiteur.

[104] Groupement informel, réuni au cas par cas depuis 1976, où les grandes banques commerciales négocient collectivement avec un État en défaut le rééchelonnement ou la restructuration de leurs prêts syndiqués ; il ne possède ni secrétariat permanent ni liste fixe de membres, mais sert de pendant privé au Club de Paris pour la dette bancaire.

mais n'a aucun pouvoir légal ; la discipline repose donc sur la menace de perte d'accès aux futures lignes de crédit.

Les conséquences d'un défaut sur un créancier privé sont immédiates : suspension de l'accès aux marchés obligataires (émetteurs exclus trois à sept ans en médiane selon Sturzenegger et Zettelmeyer, 2006), contentieux coûteux dans les places de droit anglo-saxon, et besoin d'un schéma de régularisation.

Les agences de notation intègrent l'historique de défaut dans leurs critères. En somme, la combinaison des CAC et de la coordination bancaire reste le cœur institutionnel de la gestion des défauts privés, mais l'efficacité dépend toujours d'un équilibre fragile entre menace judiciaire et incitation à la réintégration sur les marchés.

1.1.2.Restructuration de la dette vis-à-vis des créanciers bilatéraux

Lorsqu'ils restructurent la dette d'un État, les créanciers bilatéraux sont traditionnellement réunis dans le Club de Paris (cf. *infra*). Son action repose sur trois piliers : (i) l'adossement à un programme FMI, garantissant la viabilité post-traitement ; (ii) le principe de comparabilité de traitement, qui oblige le débiteur à obtenir d'autres créanciers un effort équivalent (Sommer, 2016) ; (iii) des « termes-types[105] » évolutifs. Les *Termes classiques* (1956-1989) se limitaient au rééchelonnement du principal ; les *Termes de Houston* (1990) ont introduit des périodes de grâce ; les *Termes de Naples* (1994) puis *Cologne* (1999) ont permis l'annulation jusqu'à 67 % puis 90 % du stock pour les pays PPTE, réduisant la valeur actualisée par le biais de taux concessionnels ou de remises de principal (Birdsall et Williamson, 2002).

Les instruments mobilisables sont variés : report d'échéances, capitalisation des arriérés d'intérêts, abaissement du taux nominal, moratoires temporaires et, dans certains cas, annulation partielle ou *buy-back* financé par l'aide (Nigeria 2005 : 30 milliards USD annulés ; Callaghy et Lancaster, 2011). Chaque accord-cadre multilatéral est suivi de conventions bilatérales détaillant le profil de flux révisé. Depuis les années 2000, la montée rapide de créanciers hors-Club de Paris (Chine, Arabie saoudite, Inde, etc.) a motivé la création du Cadre commun du G20 (2020), destiné à harmoniser les restructurations avec les créanciers du Club de Paris.

---

[105] Cadres standardisés que le Club de Paris applique à chaque restructuration selon la période et le profil du pays.

1.2. Typologie selon la localisation, la juridiction et la devise de la dette

1.2.1. Défauts sur la dette extérieure

Le risque de défaut souverain est fortement conditionné par la structure juridique et financière de la dette publique. Deux dimensions s'avèrent particulièrement déterminantes : la juridiction du contrat de dette et la devise d'émission.

Les PVD concentrent la majorité des défauts historiques, en raison de leur dépendance à l'endettement externe, souvent en monnaie de réserve (USD, EUR, etc.). Toute dépréciation de leur monnaie nationale accroît mécaniquement le poids de leur dette extérieure et, de ce fait, le risque de défaut. La juridiction du contrat amplifie ce risque. En cas de défaut, les créanciers disposent de recours juridiques puissants pour bloquer ou contester la restructuration de la dette. À l'inverse, une dette locale, émise en monnaie nationale sous droit domestique, peut être restructurée plus aisément.

1.2.2. Défauts sur la dette domestique

Bien que la majorité des montants restructurés porte sur des obligations en devise étrangère, de nombreuses crises impliquent également la dette émise en devise locale. Reinhart et Rogoff (2011) estiment qu'environ 45 % des épisodes recensés depuis 1800 incluent un défaut partiel sur la dette domestique, tandis que Jeanneret et Souissi (2016) montrent que la part de titres en monnaie nationale n'est pas à l'abri d'un traitement coercitif lorsqu'un État fait face à un choc de liquidité externe.

La dette domestique regroupe les titres libellés en monnaie nationale et détenus par des banques commerciales, fonds de pension, investisseurs de détail ou, *via* opérations de marché ouvert, par la banque centrale. Dans un contexte de stress, le gouvernement dispose d'outils spécifiques :

- Conversions forcées de titres courts en obligations longues ou indexées (Ghana 2023 ; Russie 1998).
- Allongement unilatéral des échéances ou *roll-over* automatique (Uruguay 2003).
- Taxation exceptionnelle des coupons ou des gains en capital (Jamaïque 2010).

Ces ajustements internes contiennent la crise de trésorerie mais déplacent le choc vers le système financier national. Broner, Martin et Ventura (2010) détaillent la mécanique : la décote appliquée aux portefeuilles publics fragilise les banques, provoque une fuite vers la devise étrangère et déclenche souvent une dollarisation partielle des dépôts. À terme, la perte de confiance dans la monnaie locale alimente l'inflation et accroît la prime de risque sur toute nouvelle émission domestique, forçant l'État à revenir vers le financement externe ou à opter pour un ancrage dur (Équateur 2000, Zimbabwe 2009).

Si la dette en devise concentre l'essentiel des restructurations en valeur, la dette locale demeure un canal privilégié d'ajustement quand la marge fiscale est épuisée : elle permet un transfert discret des pertes vers les résidents, mais au prix d'une fragilisation durable du système financier et du contrat social.

Comme discuté dans le chapitre 6, la monétisation demeure le procédé le plus fréquent pour absorber un excès de dette libellée en monnaie nationale. Techniquement, il n'y a pas défaut : les titres sont intégralement servis, mais en unités monétaires dépréciées.

2. Grands épisodes de défaut et dynamiques de résolution depuis les indépendances

Depuis la fin de la Seconde Guerre mondiale, la quasi-totalité des défauts et restructurations de dette ont concerné les PVD (qui comprennent, dans notre définition, les pays émergents d'Europe de l'Est). Le seul pays avancé à avoir fait défaut est la Grèce (cf. chapitre 4). Depuis les indépendances, les défauts souverains se sont imposés comme une composante récurrente des trajectoires financières des PVD. Certains défauts ont marqué l'histoire contemporaine par leur ampleur, leur complexité ou leurs répercussions sur l'architecture financière internationale. Cette section revient sur les principaux cas de défaut et de restructuration de dette ; elle s'intéresse également aux institutions impliquées dans les processus de résolution, en analysant leurs rôles, leurs doctrines et leurs limites.

2.1. Panorama historique des défauts majeurs

2.1.1. Amérique latine : crises récurrentes et diversité des restructurations

Depuis le début des années 1980, l'Amérique latine a concentré une part importante des défauts souverains mondiaux, tant par leur fréquence que par leur ampleur. Le graphique 1 illustre les principaux épisodes de défaut de la région.

Trois grandes vagues de défauts structurent l'histoire de la région.

La première est survenue à la suite du resserrement monétaire initié par la banque centrale américaine en 1979. La hausse des taux d'intérêt mondiaux a rendu insoutenable la dette extérieure à taux variable contractée massivement durant les années 1970. Le Brésil (qui a fait défaut sur sa dette extérieure en 1983 ; le montant en défaut atteint 147 milliards USD en 1990) et le Mexique (en défaut de 1982 à 1990 pour un montant qui a atteint 53 milliards USD) sont au cœur de cette crise. Leurs défauts ont porté essentiellement sur des prêts bancaires en devise étrangère, complétés pour le Mexique par des dettes bilatérales envers le Club de Paris. Ces épisodes ont abouti au Plan Brady, qui a inauguré un traitement innovant des créances dues à des prêteurs privés par la conversion de prêts en obligations garanties par le Trésor américain, ce qui réduit considérablement le risque de défaut.

La deuxième vague, au début des années 2000, a été marquée par des crises monétaires et sociales. L'Argentine, entre 2001 et 2005, a fait défaut sur 115,1 milliards USD, dont près des trois quarts en obligations souveraines en devise étrangère. La restructuration opérée en 2005 s'est effectuée de manière unilatérale, avec une décote d'environ 70 %, excluant une partie des créanciers privés. Ce défaut a été suivi d'un second épisode en 2014 (55,9 milliards USD), incluant des obligations internationales, des créances bilatérales et une faible part de dette domestique, a donné lieu à un contentieux juridique durable avec les fonds spéculatifs. À l'inverse, l'Uruguay (2003) a restructuré préventivement 6,7 milliards USD d'obligations sans défaut de paiement, à travers une opération volontaire saluée comme un modèle ordonné.

Cette période est également marquée par l'extension de l'initiative PPTE (cf. section 2.2.), qui, bien que visant prioritairement les pays à faible revenu d'Afrique, inclut quatre pays latino-américains : la Bolivie, le Honduras, le Nicaragua et le Surinam.

La troisième vague débute à partir des années 2010. Elle combine fac-teurs structurels (dépendance aux ressources naturelles, déficit de gouvernance) et conjoncturels (effondrement des prix des matières premières, isolement diplomatique, sanctions). La dette du Venezuela, en situation de défaut depuis 2016, atteint un pic de 92,3 milliards USD en 2023, principalement en obligations externes (eurobonds et titres émis par la société nationale exploitant le pétrole) ; on n'entrevoit pas de perspective de restructuration, du fait du blocage institutionnel et des sanctions internationales. Cuba, en défaut depuis 1983, présente une configuration singulière ; ses arriérés résultent principalement de créances bilatérales (Russie, Chine et Club de Paris), partiellement annulées sans stratégie globale de résolution.

Plus récemment, la pandémie de la Covid-19 a suscité une réponse internationale temporaire sous forme de moratoires sur la dette, *via* l'Initiative de Suspension du Service de la Dette (ISSD) lancée par le G20 en 2020. Si peu de pays d'Amérique latine ont pleinement recouru à cette initiative, en raison de leur statut de revenu intermédiaire, elle a néanmoins permis à certains États d'Amérique centrale et des Caraïbes (notamment le Honduras et Haïti) de bénéficier d'un allègement temporaire du fardeau de la dette bilatérale. Ce dispositif transitoire illustre les limites des cadres d'allègement dans une région où l'endettement privé et obligataire domine désormais.

D'autres cas illustrent des stratégies de rupture ou de gestion proactive. L'Équateur, en 2009, suspend le paiement de certains eurobonds, estimés illégitimes, et les rachète ensuite avec une forte décote. Le Pérou, après un défaut de grande ampleur en 1990, parvient à reprofiler sa dette et à réintégrer progressivement les marchés.

Ce panorama met en évidence des caractéristiques récurrentes :

- La prédominance de la dette commerciale externe dans les défauts récents, en particulier sous forme d'obligations en devise étrangère ;
- Le rôle central du Club de Paris dans la gestion des dettes bilatérales, notamment durant les années 1980 et 1990, mais aussi dans le cadre des initiatives PPTE et IADM ;
- L'évolution des mécanismes de traitement, passant de plans coordonnés (Brady, Club de Paris, PPTE/IADM) à des restructurations juridiquement complexes ou géopolitiquement bloquées, parfois limitées à des moratoires temporaires.

L'Amérique latine a ainsi joué un rôle de laboratoire pour les instruments de résolution de crise : elle a vu naître les Brady Bonds, expérimenté les échanges forcés, et posé les bases des débats actuels sur les clauses contractuelles, les juridictions et le traitement équitable des créanciers.

Figure 1. Principaux défauts souverains en Amérique latine (en milliards USD)

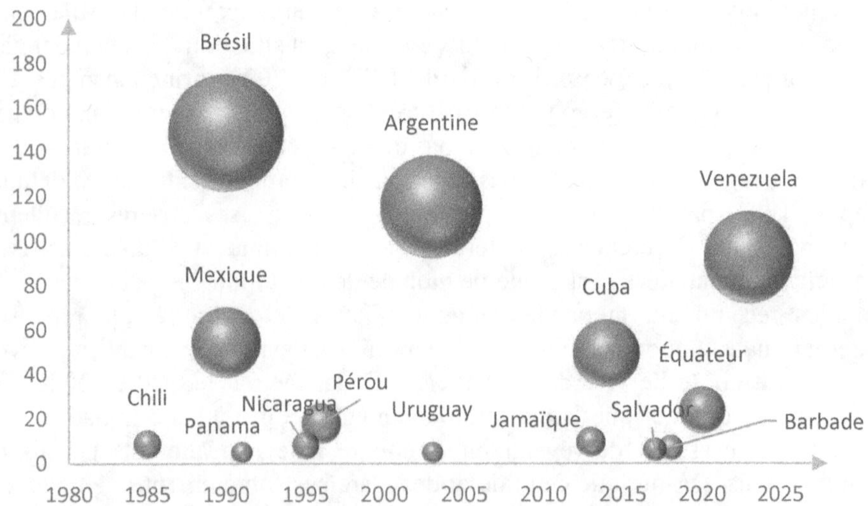

Source : Beers et Mavalwalla (2023) et auteurs

2.1.2. Afrique : arriérés persistants et mécanismes d'allègement multilatéraux

Les défauts souverains en Afrique reflètent l'enchaînement de vulnérabilités économiques, politiques et structurelles.

Le premier épisode significatif intervient en 1986 avec l'Afrique du Sud (16,9 milliards USD), dont le moratoire sur la dette extérieure résulte du retrait des financements occidentaux en raison du régime d'apartheid. La dette en cause était principalement composée de prêts bancaires en devises étrangères.

Dans les années 1990, plusieurs défauts notables émergent : Égypte (1991, 23,5 milliards USD), Algérie (1995, 10,5 milliards USD) et Côte d'Ivoire (1997, 9,1 milliards USD). Ces défauts ont en commun une forte exposition à la dette bilatérale, restructurée *via* le Club de Paris. Pour l'Égypte, l'accord est soutenu par des considérations géopolitiques. L'Algérie et la Côte d'Ivoire, quant à elles, subissent des chocs internes majeurs. Il est à noter que dans le cas ivoirien, le défaut porte en réalité sur des crédits bancaires en devises étrangères, révélant une dépendance accrue à la dette commerciale en devise étrangère.

Au début des années 2000, la République démocratique du Congo (RDC, 2002, 10,9 milliards USD) illustre le basculement vers des mécanismes multilatéraux. Engagée dans les initiatives PPTE et IADM, la RDC bénéficie d'une remise significative de sa dette, principalement bilatérale et multilatérale, en contrepartie de réformes macroéconomiques et de gouvernance.

Le cas du Nigeria (2005, 30,1 milliards USD) marque un tournant. Ce défaut sur une dette essentiellement bilatérale donne lieu à un accord inédit avec le Club de Paris, impliquant une annulation de dette massive hors cadre PPTE, traduisant une approche différenciée selon la capacité de négociation du débiteur.

La période récente (2020-2023), marquée par la pandémie de la Covid-19 et un resserrement monétaire mondial, voit surgir des défauts massifs.

- Le Soudan (2020, 23,5 milliards USD).
- Le Ghana (2023, 39,2 milliards USD).
- La Zambie (2023, 15,8 milliards USD) et le Zimbabwe (2023, 12,8 milliards USD).

Ces épisodes ont conduit à l'activation du Cadre commun du G20 pour le traitement de la dette (2020). Néanmoins, son efficacité s'est révélée inégale, du fait notamment de l'hétérogénéité des créanciers (États, banques, marchés, Chine), de leur faible coordination, et de l'absence d'un mécanisme contraignant.

Figure 2. Principaux défauts souverains des pays africains (en milliards USD)

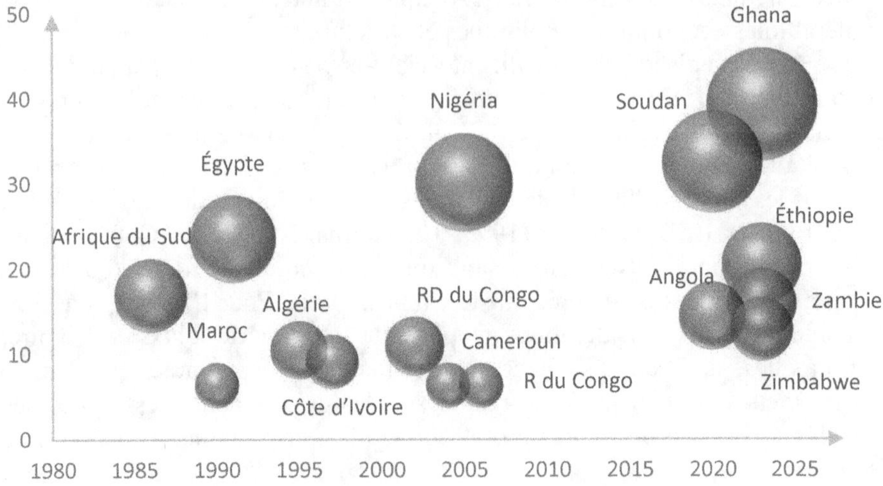

Source : Beers et Mavalwalla (2023) et auteurs

2.1.3. Proche-Orient et pays en conflit : instabilité politique et défauts prolongés

Depuis les années 1980, plusieurs pays du Proche-Orient ont connu des épisodes de défaut souverain marqués par une combinaison de vulnérabilités structurelles, de conflits armés et de dépendance extérieure accrue.

L'Iraq constitue l'un des cas les plus emblématiques de la région, avec un défaut massif en 2005 atteignant 111,2 milliards USD vis-à-vis des créanciers officiels en majorité. Cette dette, contractée en grande partie auprès de banques internationales dans les années 1980 pour financer l'effort de guerre contre l'Iran, s'est ensuite accumulée auprès de créanciers bilatéraux hors Club de Paris, notamment des pays du Golfe et de l'ex-URSS. Cette situation s'explique par les conséquences de la guerre de 2003 et le renversement du régime de Saddam Hussein. Selon le FMI (2004), l'annulation d'une grande partie de la dette irakienne par le Club de Paris en 2004 (environ 80 % de 37 milliards USD) visait à réintégrer le pays dans le système financier international tout en reconnaissant l'impossibilité de remboursement dans un contexte de reconstruction post-conflit.

Le Liban, longtemps perçu comme une exception régionale pour son accès aux marchés internationaux, a officiellement fait défaut en 2020, en manquant le paiement d'eurobonds de 33,4 milliards USD. Ce défaut marque un tournant car il concerne une dette obligataire en devise étrangère, détenue par des investisseurs privés internationaux. Contrairement à l'Iraq, le Liban n'a pas enclenché de négociation formelle *via* le Club de Londres ou d'autres comités *ad hoc*, en raison de l'absence de consensus politique interne et de l'effondrement simultané du système bancaire national.

D'autres pays, comme la Syrie ou le Yémen ont accumulé des arriérés prolongés sur des dettes multilatérales et bilatérales, sans processus de résolution structuré, du fait de l'état de guerre civile. Dans ces cas, les montants en défaut sont moindres mais chroniques, et les perspectives de restructuration demeurent gelées en l'absence d'État fonctionnel reconnu à l'international.

Sur le plan des mécanismes de résolution, les réponses multilatérales sont restées limitées dans la région. Le Club de Paris n'a été mobilisé que partiellement (Iraq, Libye), tandis que les initiatives PPTE et IADM n'ont concerné aucun pays du Proche-Orient, ces derniers étant majoritairement des pays à revenu intermédiaire. Le recours à des comités *ad hoc* de créanciers privés, comme ceux du Club de Londres, est demeuré rare. La fragmentation des créanciers, avec la montée en puissance de la Chine, du Golfe ou de créanciers commerciaux non régulés, rend les restructurations plus complexes et plus longues.

2.1.4. Europe : chocs aux frontières du continent

Depuis la fin de la Seconde Guerre mondiale, la dette publique des pays d'Europe de l'Ouest, qui ne comprend que des pays avancés, n'a fait l'objet d'aucun défaut ou restructuration jusqu'à la crise de la zone euro, qui a débuté en 2009. Le cas le plus emblématique reste celui de la Grèce, dont le défaut s'élève, selon les données de la Banque du Canada, à 312,4 milliards USD en 2012 sur les obligations en devises étrangères. L'État grec, à la suite d'une manipulation des comptes publics révélée en 2009, a dû procéder à la plus importante restructuration de dette souveraine jamais réalisée en valeur nominale (cf. chapitre 4).

De même que la Grèce, le Portugal et Chypre ont dû demander des prêts d'urgence du FESF et du MES, ce qui constitue une forme de restructuration de dette (cf. chapitre 4). Le MES a également accordé un prêt d'urgence au système bancaire espagnol.

En Europe de l'Est, les épisodes de défaut ont été plus fréquents. L'Ukraine a connu plusieurs défauts depuis son indépendance, notamment en 1995, 1999, 2000, puis à nouveau en 2015-2017 et enfin 2022-2023. Ces défauts concernent essentiellement sa dette obligataire en devise étrangère, menée avec des créanciers privés tels que Franklin Templeton[106], impliquant une décote du nominal, un allongement des échéances et des coupons

---

[106] Un gestionnaire d'actifs américain coté au NYSE. Après l'acquisition de Legg Mason en 2020, le groupe administre plus de 1 600 milliards USD d'encours (fonds obligataires, actions, alternatifs). Ses fonds « Templeton Global Bond » et « Templeton Emerging Markets Bond » ont figuré parmi les premiers détenteurs privés d'euro-obligations ukrainiennes, ce qui l'a placé au cœur des négociations sur la restructuration de 2015.

conditionnels liés à la croissance future du PIB. La dette en défaut incluait également des créances bilatérales vis-à-vis de la Russie.

La Russie, de son côté, a fait défaut en 1998 sur sa dette domestique en roubles (GKO) pour environ 36,3 milliards USD et, plus récemment, un défaut technique en 2022 de 44,4 milliards USD et en 2023 de 47,1 milliards USD sur sa dette externe libellée en USD et en EUR. Ce dernier cas est particulier dans la mesure où l'État russe disposait des liquidités nécessaires pour honorer ses engagements, mais les sanctions occidentales l'ont empêché d'effectuer les paiements *via* les canaux financiers internationaux. Il s'agit donc d'un défaut non pas de solvabilité, mais de convertibilité et de transfert provoqué par les créanciers pour des motifs politiques, ce qui est une situation rare.

2.2. Les grandes initiatives d'allègement et d'apurement de dette

2.2.1.Initiative PPTE (1996)

Lancée en 1996 par le FMI et la Banque mondiale, l'Initiative PPTE constitue une réponse des créanciers officiels à l'insoutenabilité de la dette de nombreux pays à faible revenu, notamment en Afrique subsaharienne. Comme indiqué au chapitre 5, cette initiative vise à ramener le stock de dette extérieure à un niveau compatible avec une trajectoire de croissance stable, après l'échec des mécanismes bilatéraux classiques.

L'éligibilité repose sur des critères précis : appartenance à l'Association internationale de développement (IDA) et à la Facilité pour la Réduction de la Pauvreté et la Croissance (FRPC), et un niveau d'endettement tel qu'aucune stratégie d'ajustement réaliste ne permettrait un retour à la soutenabilité sans réduction du stock. Un ratio dette/exportations supérieur à 150 % après traitement bilatéral est notamment requis (Cohen, 2000). Le processus comprend deux étapes : le point de décision, qui ouvre la voie à un allègement provisoire, et le point d'achèvement, qui rend l'allègement irrévocable une fois les réformes menées à bien.

Selon le FMI et l'IDA (2023), 37 pays ont atteint le point d'achèvement pour un montant d'allègement cumulé de 99 milliards USD en valeur nominale, ou 76 milliards USD en valeur actualisée. Le FMI et la Banque mondiale ont joué un rôle central dans l'évaluation des seuils de soutenabilité et le financement des annulations *via* des fonds dédiés.

Malgré son ampleur, l'initiative a été critiquée pour la lenteur de sa mise en œuvre, la rigidité des conditionnalités, et un impact parfois limité sur la croissance à long terme (Cassimon et Van Campenhout, 2007).

2.2.2.Initiative d'ADM (2005)

Lancée en 2005 dans le prolongement de l'Initiative PPTE, l'Initiative d'Annulation de la Dette Multilatérale (IADM) vise à offrir un allègement intégral et immédiat aux pays les plus pauvres ayant atteint le point d'achèvement du processus PPTE. Elle prévoit l'annulation à 100 % des créances résiduelles détenues par l'IDA (Banque mondiale), le FMI et la Banque africaine de développement (BAfD), afin de garantir un retour durable à la soutenabilité (IMF, 2017).

Au total, 37 pays (dont 29 en Afrique subsaharienne) bénéficient de l'IADM, pour un montant cumulé dépassant 76 milliards USD. L'effet budgétaire est immédiat ; les économies réalisées sur le service de la dette permettent d'accroître significativement les dépenses sociales, notamment en santé et en éducation (Cassimon et Van Campenhout, 2007).

Cependant, l'IADM n'échappe pas aux critiques. Elle maintient une forte conditionnalité macroéconomique. Les bénéficiaires doivent adopter des politiques budgétaires dites « saines », renforcer la gouvernance et garantir la transparence fiscale (Clements *et al.*, 2005). Certains auteurs dénoncent un effet d'attente (Kraay et Nehru, 2006), incitant à l'endettement excessif dans l'espoir de futurs allègements.

La figure 3 présente les pays ayant bénéficié de cette double séquence PPTE-IADM, marquant le cycle d'allègement multilatéral le plus ambitieux jamais engagé.

Figure 3. Pays qualifiés pour l'allègement de la dette dans le cadre de l'initiative PPTE et de l'IADM

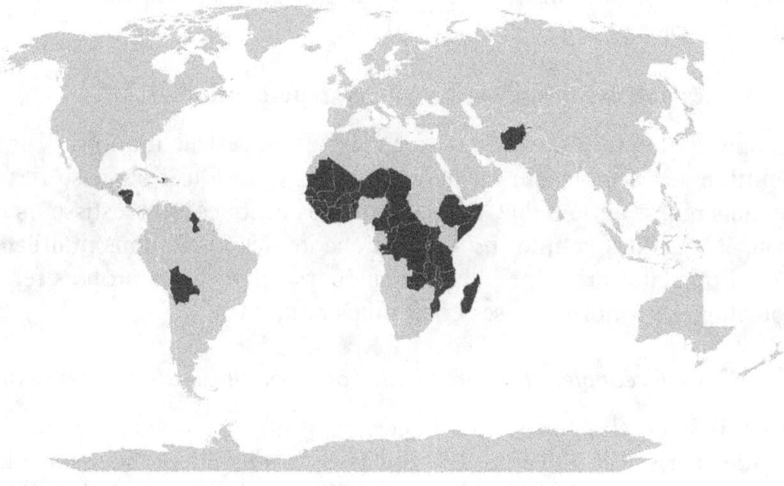

Source : Banque mondiale (2024)

2.2.3. *Moratoires récents (DSSI, Cadre commun)*

Face à la crise liée à la Covid-19, les pays à faible revenu ont bénéficié de mesures exceptionnelles de suspension du service de la dette. L'Initiative de Suspension du Service de la Dette (DSSI), lancée en avril 2020 par le G20 avec le soutien du FMI et de la Banque mondiale, visait à dégager des marges budgétaires immédiates en différant les paiements dus aux créanciers bilatéraux publics. Entre mai 2020 et décembre 2021, 48 pays ont participé à la DSSI, représentant un allègement temporaire de 12,9 milliards USD (Banque mondiale, 2022).

Cependant, la DSSI n'impliquait ni réduction de capital, ni annulation, mais un simple report, créant une accumulation future de remboursements. De plus, l'absence de participation des créanciers privés et de certains créanciers officiels non-membres du Club de Paris, en particulier la Chine, en a limité la portée (Horn *et al.*, 2021).

Pour renforcer la coordination, le G20 a instauré en novembre 2020 le Cadre commun pour le traitement de la dette, destiné à organiser des restructurations sous l'égide du FMI. Pourtant, à mi-2024, seuls quatre pays (Tchad, Zambie, Éthiopie, Ghana) y ont eu recours. Les négociations, longues, ont été freinées par des désaccords entre créanciers bilatéraux, illustrant les fractures croissantes entre les créanciers traditionnels et émergents, notamment la Chine (IMF, 2023).

Malgré son ambition, le Cadre commun peine à s'imposer comme une solution efficace et crédible pour les futures restructurations.

2.3. Les acteurs des processus de restructuration

Avant d'examiner la mécanique concrète des restructurations, il importe d'identifier les acteurs qui en détiennent les clés. Qu'il s'agisse des États créanciers réunis au sein du Club de Paris, des banques et investisseurs privés regroupés dans des comités *ad hoc*, ou encore des institutions multilatérales dotées d'un statut privilégié, chaque catégorie impose ses propres règles de négociation, ses priorités et ses contraintes politiques.

2.3.1. *Créanciers bilatéraux : le rôle structurant du Club de Paris*

Depuis sa création en 1956 à l'occasion d'un accord avec l'Argentine, le Club de Paris est devenu le principal forum intergouvernemental de coordination des créanciers bilatéraux officiels. Il a pour mission d'assurer une restructuration ordonnée et concertée des dettes souveraines, dans un cadre informel mais fondé sur des règles claires.

Le tableau 1 synthétise l'ampleur des actions menées par le Club ; 480 traitements de dette ont été réalisés au bénéfice de 102 pays, pour un montant cumulé de 616 milliards USD. La figure 4 présente les créances du Club de

Paris (et de l'Afrique du Sud) en cours à fin 2023, par pays, hors intérêts de retard.

L'analyse des créances encore dues aux pays membres du Club de Paris à fin 2023 révèle une forte concentration sur un petit nombre de débiteurs. Quatre pays représentent à eux seuls plus d'un tiers du total des créances en cours. La Grèce arrive en tête avec 42,3 milliards USD, soit 13 % du total, suivie par l'Inde (33,4 milliards USD, 10 %), le Bangladesh (21,0 milliards USD, 6 %) et l'Indonésie (16,2 milliards USD, 5 %). Par ailleurs, on observe une concentration importante des créances sur quelques débiteurs majeurs en Afrique, comme la RDC (plus de 9 milliards USD), le Soudan, l'Égypte ou la Côte d'Ivoire. Ces encours reflètent les héritages de dettes bilatérales contractées durant les années 1970-1980, parfois restructurées à plusieurs reprises.

Néanmoins, l'institution est aujourd'hui confrontée à plusieurs limites. Sa composition restreinte (22 membres permanents, sans la Chine), sa procédure parfois longue, et l'exigence d'un programme FMI préalable limitent son universalité. Dans un contexte où les créanciers émergents (Chine, Inde, Arabie saoudite) prennent une part croissante dans les flux bilatéraux, le Club peine à imposer sa doctrine et à assurer une coordination efficace.

Tableau 1. Club de Paris - Chiffres clés

Nombre total des traitements	480
Nombre total des pays ayant signé un accord avec le Club de Paris	102
Montant total de la dette traitée	616 milliards de $

Source : Club de Paris (2025)

Figure 4. Créances du Club de Paris et de l'Afrique du Sud[107] fin 2023
(hors intérêts de retard, en millions USD)

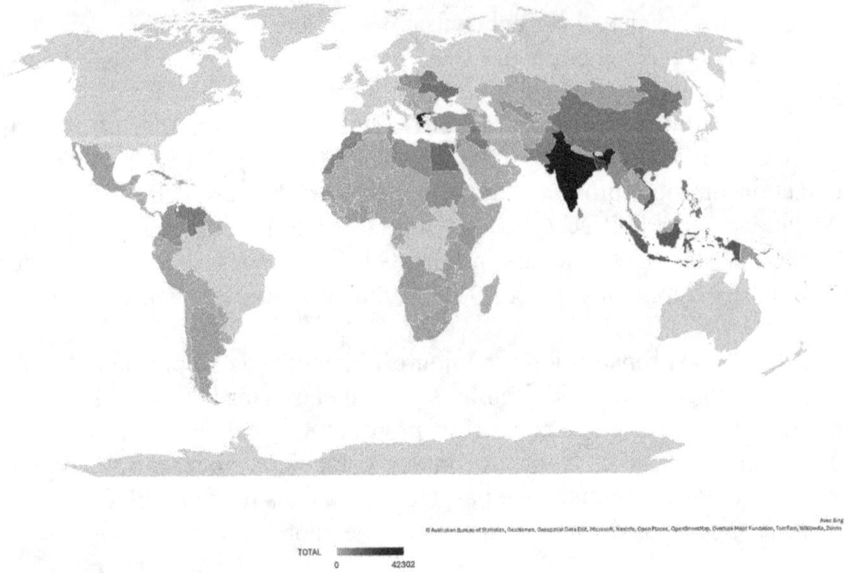

Source : Club de Paris (2023)

Depuis le début des années 2000, le paysage des créanciers souverains s'est profondément transformé avec l'essor des créanciers non-membres du Club de Paris, au premier rang desquels la Chine, mais aussi des acteurs comme l'Arabie saoudite, l'Inde ou les Émirats arabes unis. Cette évolution complique fortement la coordination des restructurations, dans la mesure où ces nouveaux créanciers appliquent des pratiques distinctes, souvent marquées par une faible transparence, l'absence de participation aux forums multilatéraux et des clauses contractuelles confidentielles.

La montée en puissance de ces créanciers bilatéraux hors Club de Paris pose un problème aigu de comparabilité de traitement. Alors que les membres du Club sont tenus par une doctrine collective d'équité entre créanciers, ces nouveaux entrants peuvent choisir d'imposer des conditions différentes, ou retarder leur participation, créant ainsi des risques de passagers clandestins. Cela fragilise l'ensemble de l'architecture de résolution, en particulier lorsqu'un allègement collectif est conditionné à une participation équitable de tous.

Les cas de la Zambie et de l'Éthiopie sont emblématiques de ces tensions. En Zambie, malgré l'engagement dans le Cadre commun du G20, les

[107] L'Afrique du Sud figure ici bien que non membre permanent du Club de Paris, mais participe régulièrement aux traitements, notamment en tant que créancier *ad hoc* ou observateur.

négociations ont été bloquées plusieurs mois en raison de la divergence de position entre créanciers traditionnels et la Chine. En Éthiopie, les discussions de restructuration sont également restées en suspens, illustrant les difficultés à aligner les intérêts d'acteurs aux logiques géopolitiques et contractuelles hétérogènes.

2.3.2. Créanciers privés : du Club de Londres aux comités ad hoc

Depuis la crise latino-américaine des années 1980, les créanciers privés occupent une place croissante dans les crises de dette souveraine. Comme l'ont souligné Panizza, Sturzenegger et Zettelmeyer (2009), cette montée en puissance a profondément transformé les modalités de restructuration, en particulier avec le passage des prêts bancaires à la dette obligataire.

Dans un premier temps, les restructurations ont été traitées dans le cadre du Club de Londres, groupement informel de banques commerciales, mobilisé notamment après le défaut du Zaïre en 1976 puis du Mexique en 1982. Ces restructurations, lentes et bilatérales, ont montré leurs limites en termes d'efficacité et de coordination.

Face à ces impasses, le Plan Brady lancé en 1989 a permis de convertir les dettes bancaires en obligations négociables (les Brady Bonds), adossées à des actifs sûrs comme des bons du Trésor américain. Cette innovation, saluée par Sachs (1990), a permis de restaurer la confiance et de relancer le financement externe, tout en fragmentant davantage le profil des créanciers (Sachs, 1990 ; Banque mondiale, 1993).

La généralisation des émissions obligataires internationales dans les années 1990 et 2000 a ensuite nécessité des mécanismes de coordination plus robustes, comme les CAC.

L'Institute of International Finance (IIF) s'est imposé comme un acteur clé dans ce nouveau paysage, jouant un rôle de coordination entre créanciers privés et institutions internationales. Il est notamment intervenu dans les restructurations de l'Argentine (2005, 2020), de l'Ukraine (2015) et du Liban (2020), en lien avec le FMI (IIF, 2020).

Le graphique 5 illustre trois vagues majeures de défauts vis-à-vis des créanciers privés (1990, 2012, 2022), dans un contexte marqué par une judiciarisation croissante des crises, comme en témoigne l'affaire NML Capital contre l'Argentine, qui souligne les limites des mécanismes de restructuration en l'absence de clauses contractuelles robustes.

Figure 5. Évolution de la dette souveraine en défaut due à des créanciers privés (en milliards USD)

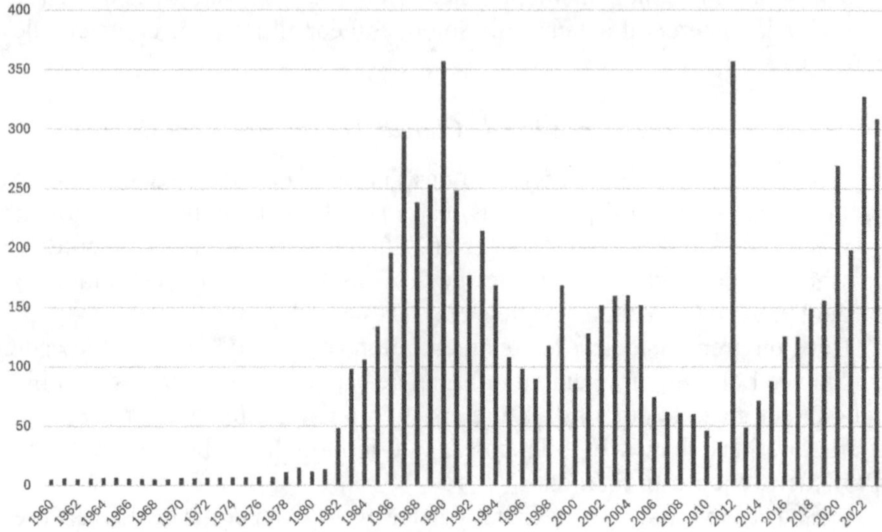

Source : Beers et Mavalwalla (2023) et auteurs

2.3.3. Le FMI et les autres créanciers multilatéraux : statut de privilégié, rôle de catalyseur

Le FMI est l'architecte opérationnel de toute restructuration moderne. Dès qu'un État sollicite son appui, le Fonds établit une analyse de viabilité (*Debt Sustainability Analysis*) et conditionne ses décaissements à la mise en place par l'État d'un programme macroéconomique crédible. Cette « lettre d'intention » signale aux autres bailleurs qu'un partage de pertes est nécessaire et fixe l'ampleur de l'allègement attendu ; sans ce feu vert, ni le Club de Paris ni les créanciers privés n'entrent en négociation (Asonuma et Trebesch, 2016). Le FMI gère ensuite la séquence : gel technique des arriérés, déclenchement d'une revue des assurances de financement, puis reprise des versements une fois les accords scellés. Le FMI agit comme catalyseur de confiance dans les processus de résolution ; il demeure, malgré les critiques, l'arbitre central des crises de dette.

Les BMD bénéficient d'un statut de créancier privilégié (SCP) qui les place, *de facto*, au sommet de la hiérarchie de remboursement. Même lorsqu'un État suspend ses paiements vis-à-vis des créanciers bilatéraux ou privés, il continue en pratique de servir la dette multilatérale. Ce privilège, consolidé par la politique de non-tolérance aux arriérés du FMI et par la clause d'exemption systématique des BMD dans les accords du Club de Paris, se traduit par des probabilités de défaut (PD) et des pertes en cas de défaut (LGD) faibles, et la part des arriérés multilatéraux n'a jamais dépassé 4 % du stock total de dettes en défaut depuis 1960 (voir graphique 6). Concrètement, les BMD ne participent aux restructurations qu'à titre exceptionnel et uniquement lorsqu'elles sont intégralement compensées par des donateurs, comme lors des initiatives PPTE (1996) et IADM (2005). En contrepartie, leur mandat les oblige à prêter à des conditions concessionnelles et à jouer un rôle contracyclique, ce qui justifie aux yeux des marchés un traitement sénior. Ainsi, le SCP protège la capacité d'intervention des BMD tout en limitant la contagion financière lors des crises de dette souveraine.

Figure 6. Évolution de la dette publique en défaut par créancier
(en % de la dette en défaut, 1960-2023)

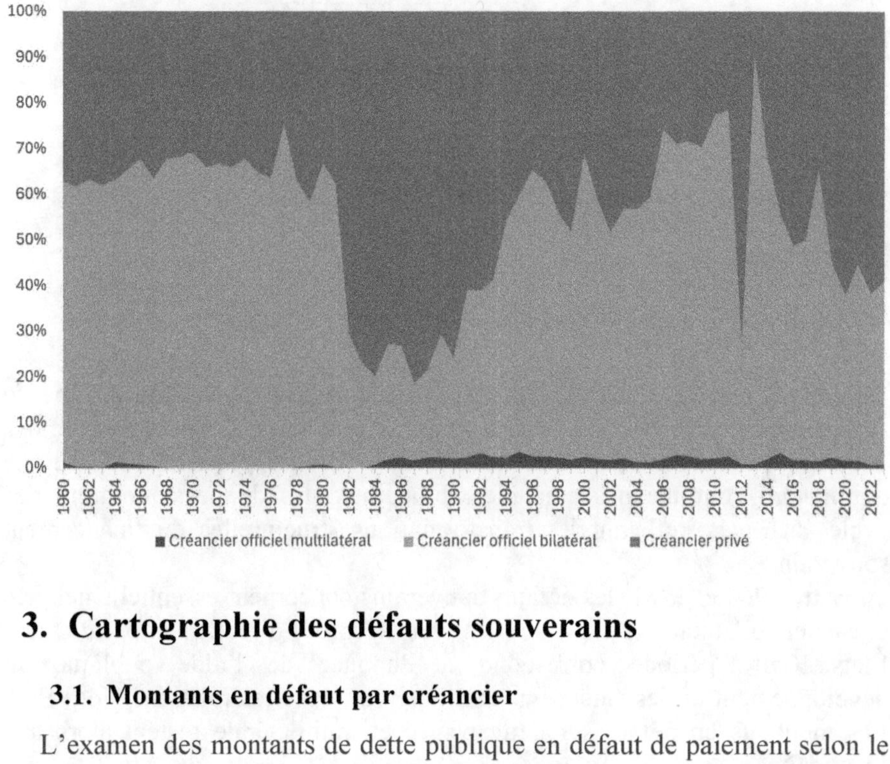

3. Cartographie des défauts souverains

3.1. Montants en défaut par créancier

L'examen des montants de dette publique en défaut de paiement selon le type de créancier fait apparaître une hiérarchie nette et relativement stable sur la période 1960-2023. En moyenne, les créanciers bilatéraux et privés concentrent plus de 98 % des défauts, tandis que les créanciers multilatéraux ne représentent qu'une part marginale des montants en défaut, soulignant leur statut à part dans l'architecture financière internationale (voir le graphique 7).

Figure 7. Répartition moyenne de la dette souveraine en défaut par type de créanciers (1960-2023)

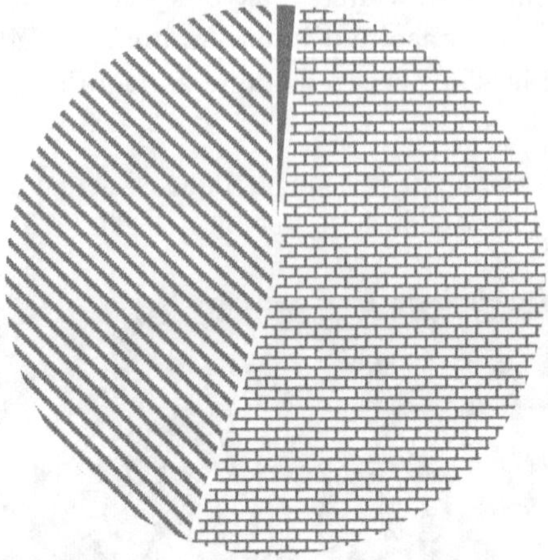

Source : Beers et Mavalwalla (2023) et auteurs

L'évolution des montants de dette publique en défaut selon le type de créanciers entre 1960 et 2023, décrite par le graphique 8, fait apparaître des dynamiques différenciées selon les périodes. Contrairement à l'idée d'une domination continue des créanciers bilatéraux, les données montrent des cycles marqués, reflétant les transformations structurelles du financement souverain.

Entre 1960 et 1981, les défauts souverains concernent essentiellement les créanciers bilatéraux, c'est-à-dire les prêts accordés directement par d'autres États. Cette période correspond à l'apogée de l'aide publique au développement et des financements bilatéraux dans les relations Nord-Sud. Les montants en défaut sur dette privée et multilatérale restent alors très secondaires.

À partir de 1982, un basculement s'opère. De 1982 à 1994, les créanciers privés deviennent la principale catégorie exposée aux défauts. Cette évolution s'inscrit dans le contexte de la crise de la dette des pays en développement, qui touche notamment l'Amérique latine et l'Afrique. Le surendettement lié aux emprunts bancaires commerciaux contractés dans les années 1970, souvent à taux variables, conduit à une vague de défauts sur la dette privée. C'est également durant cette période que se mettent en place les premières initiatives de restructuration concertée avec le secteur privé, comme les Plans Baker et Brady.

Durant la période 1995-2013, on observe une relative convergence entre les montants en défaut sur dette bilatérale et sur dette privée. Aucune des deux catégories ne domine de manière constante. Cette stabilité relative s'explique en partie par la baisse des défauts, la multiplication des initiatives d'allègement de dette (PPTE, IADM) et le retour temporaire de certains États sur les marchés financiers.

À partir de 2014, les créanciers privés reprennent une place dominante dans les montants en défaut. Cette tendance s'accélère avec les défauts de grande ampleur observés au Venezuela, au Liban, ou plus récemment au Ghana. Les restructurations affectent principalement les détenteurs d'obligations internationales, soulignant la dépendance croissante des pays en développement à l'égard des marchés financiers.

Enfin, les créanciers multilatéraux apparaissent, sur l'ensemble de la période, comme très peu exposés aux défauts. Leur part reste marginale et stable, ce qui confirme leur statut de créanciers privilégiés.

Figure 8. Évolution de la dette publique en défaut par créanciers (en milliards USD)

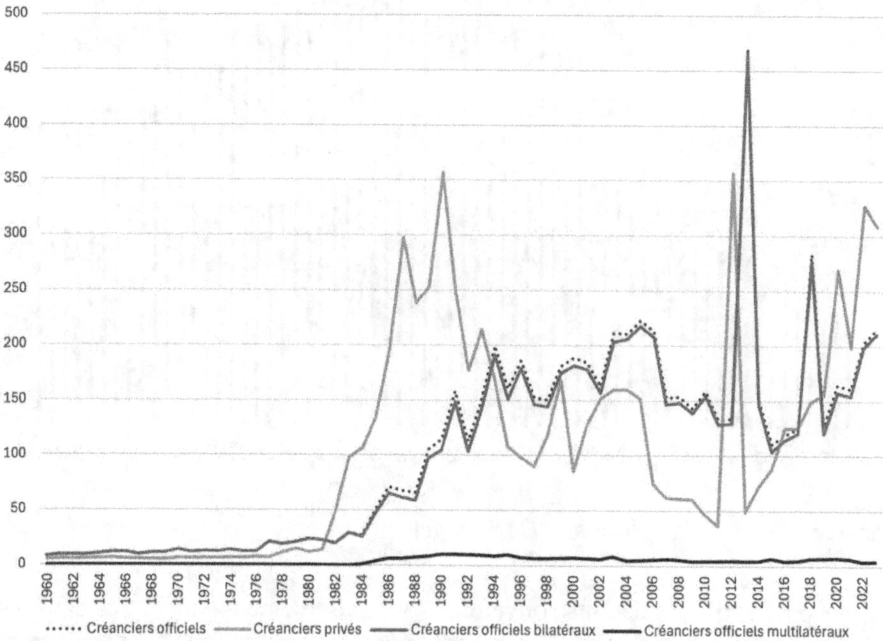

Source : Beers et Mavalwalla (2023) et auteurs

3.2. Fréquence des défauts souverains dans le temps et par zone

Entre 1960 et 2023, en moyenne 41 % des États souverains ont été en situation de défaut chaque année, avec une fréquence structurellement élevée depuis les années 1980. Le graphique 9, qui retrace l'évolution des taux de défaut souverain, met en évidence cette persistance, avec des pics notables au début des années 1990, lors de la crise de la dette latino-américaine, puis à nouveau en 2020 au moment de la pandémie de la Covid-19.

Toutefois, ces épisodes ne représentent qu'environ 0,78 % en moyenne du PIB mondial en défaut sur la période, ce qui révèle que les défauts touchent majoritairement des pays à faible poids économique. L'écart entre les deux indicateurs souligne que la gravité systémique d'une vague de défauts dépend moins de leur fréquence que de la taille économique des pays concernés : un seul défaut d'un grand émetteur peut faire grimper fortement la part du PIB mondial affecté, alors qu'une série de défauts dans des petits États peut rester macroéconomiquement marginale.

Figure 9. Évolution du taux de défaut souverain total, 1960-2023

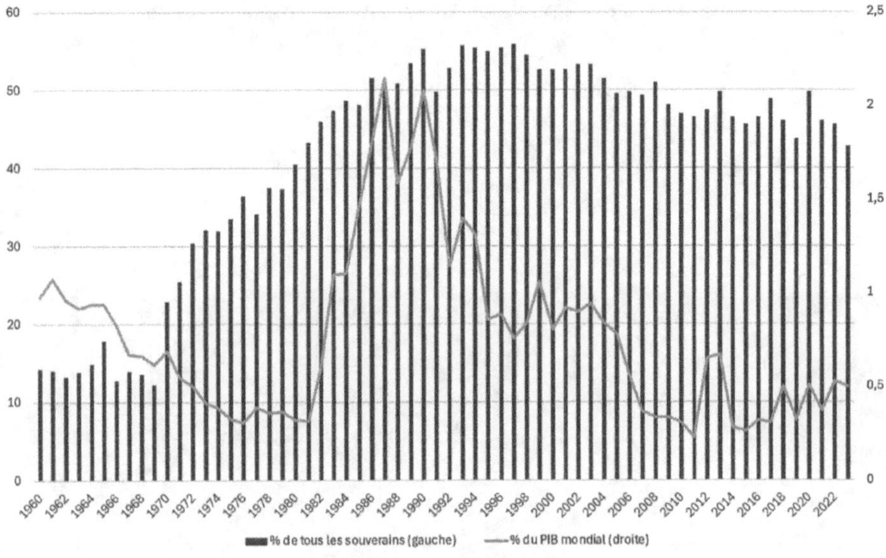

Source : Beers et Mavalwalla (2023) et auteurs

Depuis 1960, les défauts souverains sont massivement concentrés dans les pays en développement, tandis que les économies avancées en sont largement préservées. Le graphique 10, qui cartographie la fréquence des défauts dans le monde, illustre cette dispersion géographique, avec une densité élevée d'arriérés en Afrique, en Amérique latine et dans certaines régions d'Asie. À l'inverse, la plupart des pays avancés ne présentent aucun défaut enregistré sur la période. Une exception apparente est le Royaume-Uni : cette donnée reflète une anomalie historique liée aux arriérés jamais apurés des dettes interalliées de la Première Guerre mondiale, suspendues depuis 1934 mais toujours comptabilisées comme impayées.

Hors de ce cas, seuls la Grèce, le Portugal et l'Irlande signalent des épisodes récents de restructuration. Par ailleurs, les grands pays développés (États-Unis, France, Allemagne, Japon, etc.) ne figurent pas dans la base comme étant en défaut depuis 1960, soulignant leur statut de signature souveraine perçue comme « sans risque de crédit ».

Figure 10. Fréquence des défauts souverains depuis 1960

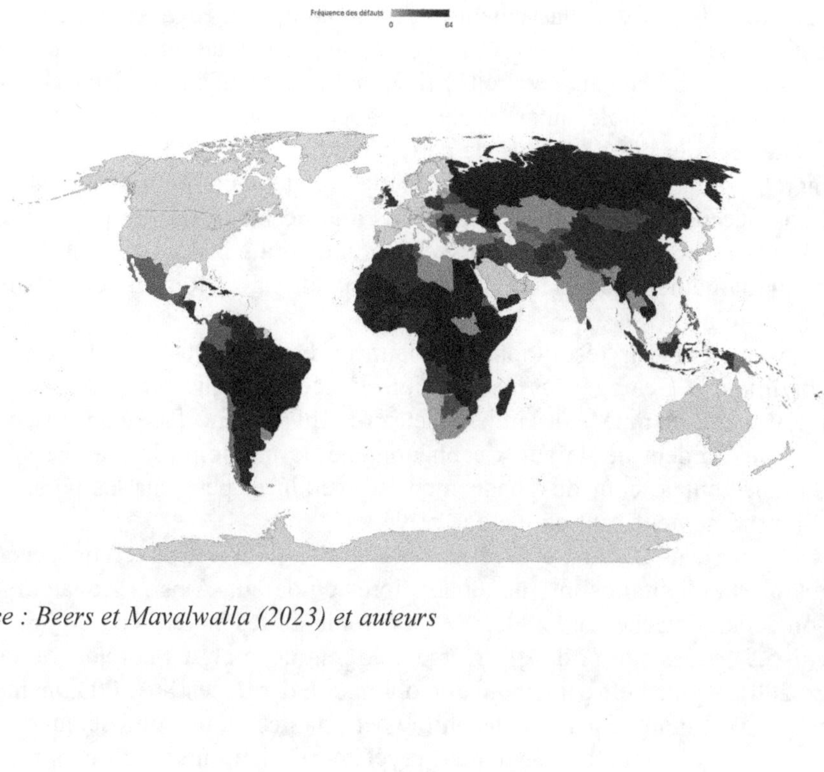

Source : Beers et Mavalwalla (2023) et auteurs

4. Les conséquences des défauts et des restructurations de la dette publique

4.1. Conséquences directes sur l'accès au marché et le coût de financement

4.1.1. Défauts sur la dette obligataire

Lorsqu'un État fait défaut sur ses obligations souveraines, la réaction des marchés est immédiate et sévère. Les agences de notation dégradent sans délai la note souveraine en catégorie spéculative extrême, généralement en RD (*Restricted Default*) ou SD (*Selective Default*) chez Fitch et S&P, ou en C chez Moody's. Ce déclassement traduit le fait qu'un engagement contractuel n'a pas été honoré en temps et en heure, que ce soit sur une obligation échue ou à travers un échange coercitif. Il constitue également un signal de rupture contractuelle durable, aux conséquences réputationnelles profondes.

Le premier effet tangible de cette situation est l'impossibilité d'accès au marché obligataire, sauf à consentir des rendements prohibitifs. Même en l'absence de défaut formel (cas de retards de paiement temporaires ou de défauts techniques), les investisseurs internationaux exigent une prime de risque largement supérieure à 1 000 points de base (soit un coût d'emprunt supérieur à 10 %).

Même après la résolution du défaut, le retour sur les marchés est lent et conditionné. Les agences de notation n'accordent que progressivement les relèvements de note, et les investisseurs restent prudents face à un pays porteur d'un antécédent de défaut. Ce phénomène de mémoire de marché pénalise durablement le coût de financement souverain et pèse sur les perspectives d'investissement, tant public que privé.

Le tableau 2 illustre la durée nécessaire pour retrouver un accès aux marchés obligataires internationaux après un défaut. Ainsi, l'Équateur, après son défaut de décembre 2008, n'a pu revenir sur les marchés qu'en juin 2014, soit 5,5 années plus tard. À l'inverse, l'Argentine, malgré l'ampleur de sa crise de 2001, a pu émettre une nouvelle obligation dès décembre 2003, même si le retour a été marqué par une instabilité persistante et un second défaut en 2014. Le cas de la Grèce est également révélateur ; bien qu'elle ait connu la plus grande restructuration obligataire jamais enregistrée en 2012, elle a pu revenir sur les marchés dès 2014, grâce à l'appui du MES et à une surveillance post-programme stricte.

Tableau 2. Durée de réintégration des marchés obligataires après défaut

Pays	Date du défaut*	1ère émission post-défaut**	Délai post-défaut (années)
Équateur	16/12/2008	17/06/2014	5,50
Suriname	13/07/2020	23/10/2023	3,28
Grèce	09/03/2012	10/04/2014	2,09
Argentine	03/12/2001	31/12/2003	2,08

** La date du défaut retenue est celle pendant laquelle Fitch Ratings a dégradé la note souveraine du pays à la RD/D.*
*** La date de première émission obligataire retenue est celle de l'adjudication (Pricing Date).*

Source : Fitch Ratings et Bloomberg

Ce tableau met en évidence l'existence d'un coût temporel élevé de la perte de confiance. À moyen terme, ce coût alimente une dynamique de fragilité persistante, où la dette, bien que nominalement allégée, reste perçue comme risquée, et donc chère à refinancer.

4.1.2. Défauts sur la dette bancaire

Lorsque, comme l'ont montré Bennett et Zimmerman (1988), un État suspend le service de ses prêts bancaires, les banques doivent immédiatement déclasser ces créances, provisionner les pertes et cesser de comptabiliser les intérêts courus. Cette procédure de non prise en compte des intérêts échus assèche le capital des banques et, dans le même mouvement, ferme pour le souverain le marché du crédit commercial. Ainsi, dès 1983, les encours latino-américains des banques américaines avaient reculé de plus de 20 % (de 56 milliards à 44 milliards USD) et la première ligne syndiquée post-défaut fut consentie avec un *spread* de 225 points de base (pb) au-dessus du LIBOR, contre 100 à 125 pb avant la crise (Rowe, 1983). L'abondante liquidité d'avant-1982 se mue donc en une ressource rare, chère et strictement subordonnée à un accord avec le FMI.

Sturzenegger et Zettelmeyer (2005) rappellent qu'en Russie la restructuration « Club de Londres » d'août 2000 a infligé une décote faciale de 33 % à 37,5 % (soit environ 40 % en valeur actualisée) sur 31,8 milliards USD de prêts soviétiques transformés en euro-obligations, lesquelles ont dû offrir dès l'émission un rendement d'environ 20 %. L'exclusion quasi totale du financement bancaire entre 1998 et 2000 illustre qu'un défaut ferme d'abord le guichet, puis renchérit durablement le prix quand le marché rouvre.

Ainsi, le défaut sur des crédits bancaires impose un double fardeau ; il fragilise immédiatement les banques prêteuses et, pour l'État, il éteint son pouvoir d'emprunt tout en renchérissant le moindre reliquat de financement. Le retour à des conditions « normales » exige systématiquement une restructuration formelle par le Club de Londres, accompagnée d'un accord programmatique avec le FMI et de décotes substantielles, preuve que le coût d'un défaut bancaire pèse bien au-delà du court terme.

4.1.3. Renégociation de dette bilatérale (Club de Paris)

Les défauts sur la dette bilatérale donnent lieu à des négociations coordonnées au sein du Club de Paris, principal forum intergouvernemental pour la restructuration des créances publiques. À la différence des défauts sur dettes obligataires ou bancaires, ces renégociations ne sont pas systématiquement considérées comme un événement de défaut formel par les agences de notation. Ainsi, les États concernés ne sont pas déclassés en catégorie RD/SD ou C, sauf si le traitement implique des instruments échangés ou un moratoire généralisé sur l'ensemble de la dette extérieure, incluant la dette obligataire (Standard & Poor's, 2024 ; Fitch, 2023).

En pratique, une renégociation de dette bilatérale peut affecter la note souveraine. Toutefois, Sommer (2016) précise que ces abaissements de note restent modérés et temporaires si l'accord est adossé à un programme du FMI jugé crédible, comme l'exige la doctrine du Club de Paris. L'accès aux marchés obligataires n'est pas interrompu, mais il devient plus coûteux. Les investisseurs anticipent une augmentation du risque souverain, notamment *via* l'élargissement des *spreads* de crédit, ce qui se traduit par une hausse des taux d'intérêt exigés sur toute nouvelle émission. L'effet budgétaire est double. D'une part, les charges d'intérêt s'alourdissent, notamment sur les segments de dette restés en dehors de la restructuration. D'autre part, le resserrement des conditions de crédit restreint la capacité d'emprunt à court terme. Ces deux éléments peuvent entraîner une dégradation du solde primaire, au moment même où les autorités doivent démontrer leur engagement en faveur de l'assainissement des finances publiques.

Les exemples récents du Ghana et de la Zambie illustrent ce mécanisme. Le Ghana, confronté à une crise de soutenabilité aiguë à partir de 2022, a obtenu en juin 2023 un accord de principe avec les créanciers du Club de Paris, prévoyant un rééchelonnement partiel adossé au programme FMI (IMF, 2023). Si cet accord a évité un déclassement en catégorie de défaut, il n'a pas empêché une hausse marquée du coût de financement à court terme, ni une pression croissante sur les dépenses primaires. La Zambie, de son côté, a entamé dès 2020 des discussions avec le Club de Paris et ses créanciers bilatéraux hors Club, notamment la Chine. Après plus de deux années de négociation, un accord a été trouvé en 2023 sous l'égide du Cadre commun du G20, mais le coût politique et financier de cette attente prolongée a été considérable (FMI, 2023 ; Club de Paris, 2023).

4.1.4. Défaut ou arriérés vis-à-vis des créanciers multilatéraux

Les défauts ou arriérés vis-à-vis des institutions financières multilatérales (BMD et FMI) sont rares mais particulièrement sensibles. En cas de défaut, la première mesure est la suspension automatique des décaissements de prêt. En vertu de leur politique de non-tolérance aux arriérés, les BMD suspendent tout nouveau financement tant que le pays concerné n'a pas régularisé ses arriérés ou conclu un accord de restructuration. Les États en défaut sur la dette multilatérale doivent alors se tourner vers des sources de financement alternatives. Ces financements de substitution sont obtenus à des conditions nettement plus onéreuses, ce qui aggrave le coût moyen de la dette et dégrade la soutenabilité budgétaire.

L'impact n'est pas seulement financier, il est également réputationnel. En accumulant des arriérés vis-à-vis des BMD ou du FMI, un État envoie un signal de fragilité extrême aux investisseurs et aux autres créanciers. Ce signal pèse sur la notation souveraine, renforce les pressions sur la devise et fragilise la capacité du pays à négocier des accords avec d'autres bailleurs. Comme l'observent Birdsall et Humphrey (2002), le défaut vis-à-vis des BMD constitue souvent un point de bascule, marquant une perte de crédibilité internationale et précipitant une restructuration plus large de la dette externe.

Plusieurs cas illustrent ces dynamiques. Le Soudan, jusqu'en 2021, a cumulé plusieurs milliards USD d'arriérés vis-à-vis des BMD, ce qui a conduit à une exclusion durable de tout financement concessionnel, malgré les besoins importants de reconstruction. Ce n'est qu'après l'atteinte du point de décision PPTE et l'engagement de réformes que les flux multilatéraux ont pu reprendre (FMI, 2023). La Côte d'Ivoire, dans les années 2005-2008, a également connu des arriérés prolongés envers la Banque mondiale, la Banque africaine de développement et le FMI, qui ont suspendu leurs opérations de prêt. L'ajustement budgétaire durant cette période s'est fait au prix d'un tarissement de l'investissement public, faute de ressources extérieures (Cassimon et Van Campenhout, 2007).

4.2. Conséquences sur la croissance économique et la soutenabilité de la dette

Dès qu'un État suspend le service de sa dette publique, les coûts réels dépassent le simple transfert de richesse entre créanciers et débiteurs. Les effets macroéconomiques diffèrent selon la devise dans laquelle la dette est libellée. En effet, le coût de financement post-défaut reste durablement plus élevé en devise étrangère qu'en monnaie locale, reflet du risque juridique et du pouvoir de négociation des créanciers externes.

De Paoli *et al.* (2006) montrent, sur un échantillon de 36 crises, qu'une restructuration de la dette en devise étrangère ampute le PIB réel d'environ 7 % sur les deux premières années, soit un choc comparable à une sévère récession bancaire. Plus récemment, Erce *et al.* (2024) mettent en évidence que les défauts « externes » libellés en devise étrangère creusent le déficit courant et déclenchent des sorties nettes de capitaux supérieures à 4 % du PIB, tandis que les défauts en monnaie locale provoquent surtout une contraction du crédit bancaire (1,8 % du PIB) et un recul du PIB réel (2,5 %). L'intensité du choc financier se révèle donc plus marquée pour les créances en devise étrangère, car la fuite des capitaux et la chute de la monnaie renchérissent immédiatement la dette résiduelle.

Par ailleurs, Forni *et al.* (2016) estiment qu'une restructuration assortie d'un *haircut* ou d'une perte en VAN pour les créanciers[108] supérieure à 30 % réduit d'environ 5 points la croissance du PIB. L'étude identifie deux canaux de transmission : la contraction de la demande intérieure (*via* l'ajustement budgétaire imposé) et le resserrement des conditions financières, les banques nationales voyant la valeur de leurs créances souveraines s'éroder. De leur côté, Cruces et Trebesch (2013) montrent qu'un « *haircut* » de 10 % a pour effet d'augmenter le *spread* souverain de 1,5 % dans les cinq années suivantes et retarde de six mois le retour du souverain aux marchés.

De surcroît, Hardouvelis et Vayanos (2023) montrent qu'après le PSI[109] grec de 2012, l'État a dû injecter 38,9 milliards d'euros soit 20 % du PIB pour recapitaliser des banques exsangues après la décote de 53,5 % sur leurs titres publics. Dans le cadre des programmes successifs soutenus par la troïka[110], la Grèce a mis en œuvre l'un des ajustements budgétaires les plus brutaux jamais observés en temps de paix : entre 2009 et 2016, l'excédent primaire est passé d'un déficit de 10,3 % à un excédent de 3,5 %, au prix d'une chute cumulative du PIB de plus de 28 %. En 2024, le PIB réel de la Grèce reste inférieur à son niveau de 2009, malgré un début de reprise amorcé à partir de 2017. Cette séquence illustre la sévérité de la récession que peuvent provoquer les ajustements post-crise, surtout lorsqu'ils sont appliqués dans un environnement de faible croissance externe et de contraintes monétaires rigides.

Dans les PVD, la dette souveraine représente environ 20 % des actifs bancaires, soit 200 % de leur capital (FMI, 2022) : un *haircut* détruit donc instantanément les fonds propres et fait tomber le ratio CET1[111] sous le seuil

---

[108] La décote en valeur actuelle nette, communément appelée en anglais « *haircut* », englobe la baisse du nominal et les pertes liées à la réduction de coupons ou à l'allongement des maturités.

[109] Private Sector Involvement (« participation du secteur privé »), l'appellation officielle de la restructuration de la dette grecque 2011-2012 durant laquelle les créanciers privés (banques, assureurs, fonds) ont échangé leurs obligations contre de nouveaux titres avec décote.

[110] Composée du FMI, de la Commission européenne et de la BCE.

[111] Le ratio CET1 (Common Equity Tier 1) mesure le niveau de fonds propres « durs » d'une banque (capital social, réserves et bénéfices non distribués) rapporté à ses actifs pondérés par

prudentiel. Le phénomène est récurrent ; refinancements équivalant à 9 % du PIB en Russie (1998-2000) et garanties de 14 % du PIB en Uruguay (2002-03) (FMI, 2005). Selon Trebesch et Zettelmeyer (2018), un tiers du gain de valeur actualisée obtenu lors d'une restructuration est reperdu en soutien bancaire dans les trois ans. Le défaut transfère ainsi le risque des créanciers vers les bilans nationaux puis, *via* le filet de sécurité public, revient alourdir la dette, limitant fortement l'effet net d'une décote.

En conclusion, la devise d'émission agit comme accélérateur du cercle vicieux défaut-récession-coût du capital. Plus la dette est libellée en monnaie étrangère, plus la fermeture du marché est immédiate et le redressement macro-financier exigeant. Les autorités qui restructurent en monnaie locale disposent, à court terme, d'un espace monétaire et budgétaire plus large pour amortir le choc, mais restent exposées, à moyen terme, à l'inflation et à la crédibilité de leur cadre institutionnel.

Conclusion

Le défaut souverain n'est ni une exception historique, ni un accident technique. Il est une composante récurrente et structurante de l'histoire des finances publiques, tout comme les phases d'accumulation de dette. Ce chapitre a montré que, loin d'être un simple événement financier, le défaut est aussi un acte politique et juridique ; il redistribue les pertes, redéfinit les hiérarchies entre créanciers, et reflète les arbitrages implicites d'un État face à des contraintes budgétaires insoutenables.

La restructuration, qui accompagne souvent le défaut ou en prévient l'occurrence, obéit à des logiques multiples (bilatérales, multilatérales, ou privées) et mobilise une ingénierie institutionnelle toujours plus complexe. Malgré la diversité des outils (CAC, Club de Paris, Cadre commun, initiatives multilatérales), l'expérience historique rappelle que les restructurations n'apportent des solutions durables que lorsqu'elles s'accompagnent de réformes crédibles et d'un partage équitable de l'effort entre créanciers.

La cartographie présentée dans ce chapitre souligne que les défauts sont massivement concentrés dans les PVD, exposés à la dette en devises étrangères, à des juridictions défavorables, et à une fragmentation croissante des créanciers. En revanche, les grandes économies avancées demeurent épargnées, non en raison d'un niveau d'endettement plus faible, mais grâce à leur crédibilité monétaire, leur accès permanent aux marchés et leur capacité à monétiser en dernier ressort leur dette domestique.

Enfin, ce chapitre a mis en lumière les conséquences systémiques des défauts : exclusion prolongée des marchés, coût de refinancement majoré,

---

les risques (Risk-Weighted Assets). Il indique donc la capacité de la banque à absorber des pertes avant toute aide extérieure ; les normes de Bâle III imposent un seuil minimum de 4,5 %, auquel s'ajoutent divers coussins de conservation et anticrise.

contraction de la croissance, instabilité financière et pressions sociales accrues. Ces dynamiques, loin de s'arrêter au moment de la restructuration, conditionnent les perspectives de soutenabilité à long terme.

À ce titre, comprendre la manière dont le risque de défaut est anticipé, interprété et intégré par les marchés devient essentiel. C'est précisément l'objet du chapitre suivant, qui explorera la notation de crédit et son influence sur les marchés : un maillon crucial entre perception du risque souverain et conditions d'accès au financement.

Chapitre 9
La notation de crédit (ou notation financière)

Le chapitre précédent a mis en lumière que les défauts de paiement des États ne sont ni exceptionnels, ni réservés aux économies les plus vulnérables. Leur apparition résulte de facteurs macroéconomiques, de faiblesses structurelles, mais aussi et surtout de la manière dont les marchés interprètent et anticipent le risque de non-remboursement. Or, cette perception n'émerge pas spontanément : elle est en grande partie façonnée par les notations délivrées par les agences spécialisées. Il est donc essentiel, pour comprendre les dynamiques d'accès des États aux marchés de capitaux, d'examiner de près le rôle joué par la notation de crédit.

Ce rôle s'est imposé progressivement, au fil du développement des marchés obligataires, notamment à partir de la seconde moitié du XXe siècle. À mesure que les taux d'intérêt réels restent durablement positifs et que l'endettement obligataire se mondialise, les investisseurs cherchent des repères clairs pour comparer les risques liés à divers emprunteurs, qu'ils soient publics ou privés. Les agences de notation répondent à ce besoin en fournissant une évaluation standardisée du risque de défaut, traduite en une échelle de notation codifiée. C'est ainsi que se structure le marché de la notation financière, qui se concentre rapidement autour de quelques grands acteurs mondiaux et acquiert un rôle quasi officiel dans le système financier.

Cependant, la notation ne se limite pas à décrire une situation financière : elle en influence activement l'évolution. Une note élevée permet à un État d'emprunter à moindre coût, de séduire un plus large éventail d'investisseurs et de bénéficier d'un accès facilité aux marchés. À l'inverse, une note abaissée peut déclencher des ventes massives, faire grimper les taux d'intérêt et, dans certains cas, couper temporairement l'accès au financement. La notation est ainsi devenue un outil puissant, pesant sur les flux de capitaux, sur les politiques de régulation financière, mais aussi sur les choix budgétaires des gouvernements.

Ce chapitre propose d'explorer le rôle structurant des notations de crédit dans le fonctionnement des marchés. Après une présentation des origines historiques, des principaux acteurs et des différentes typologies de notation (section 1), nous étudierons dans quelle mesure une note est réellement liée à la probabilité de défaut (section 2), avant d'analyser son influence sur les conditions de financement *via* les écarts de taux et les CDS (section 3). Enfin, nous reviendrons sur les critiques formulées à l'encontre des agences, les réformes qu'elles ont engendrées, ainsi que les tentatives récentes visant à diversifier cet oligopole informationnel.

1. La notation de crédit et ses acteurs

La notation de crédit est un outil central du fonctionnement des marchés financiers modernes. En exprimant une opinion sur la capacité d'un émetteur ou d'un instrument à faire face à ses engagements, elle permet aux investisseurs d'évaluer rapidement le risque de défaut. Cette section revient sur les fondements de la notation, ses principaux acteurs et la diversité des notations existantes.

1.1. Origines et émergence de la notation de crédit

La notation de crédit s'est développée en réponse à la nécessité croissante d'évaluer le risque de crédit, notamment dans un contexte de forte expansion des marchés obligataires, comme l'ont montré Sylla (2002) et White (2010). Cette évolution s'inscrit plus largement dans le cadre de la mondialisation financière, de la généralisation des taux d'intérêt positifs, et de l'essor progressif du financement par dette obligataire.

Les premières agences de notation apparaissent aux États-Unis au début du XXe siècle. Moody's est fondée en 1909, bientôt suivie par Standard Statistics (devenue plus tard Standard & Poor's) et Fitch dans les années 1910 et 1920. Comme l'explique Partnoy (1999), ces agences agissent à l'origine comme des éditeurs d'information : elles vendent leurs analyses sous forme de guides annuels à des investisseurs, sans exercer de pouvoir normatif ni bénéficier d'un statut réglementaire. Leur modèle économique repose alors sur l'abonnement, ce qui leur permet de bénéficier officiellement du statut d'organe de presse aux États-Unis pendant plusieurs décennies (Coffee, 2002).

Le rôle des agences s'intensifie dans les années 1950 avec l'essor des investisseurs institutionnels. Cantor et Packer (1995) notent qu'elles contribuent à réduire les asymétries d'information en proposant une lecture synthétique du risque.

Mais c'est à partir de la fin des années 1970 que l'essor des agences s'accélère véritablement, sous l'effet de la montée des taux d'intérêt réels aux États-Unis (voir figure 1). Cette évolution, en partie liée au resserrement monétaire opéré par la Réserve fédérale face à l'inflation, a rendu les titres obligataires nettement plus attractifs pour les investisseurs. La hausse des rendements a stimulé l'offre de titres de dette sur les marchés, augmentant mécaniquement la demande pour des outils d'évaluation du risque, notamment les notations.

C'est en 1975 que leur rôle prend une tournure réglementaire décisive, à la suite du défaut de paiement de la Penn Central Transportation Company sur ses titres à court terme. Cet événement, qui constitue à l'époque le plus grand défaut sur le marché des billets de trésorerie (*commercial papers*) américain, provoque une crise de liquidité. En réponse, la *Securities and Exchange Commission* (SEC) crée cette même année la catégorie des *Nationally Recognized Statistical Rating Organizations* (NRSRO), donnant ainsi aux agences un statut réglementaire (U.S. Senate, 2003). Dès lors, leurs notations prennent une valeur juridique, notamment dans l'évaluation du risque réglementaire par les banques, les assureurs et les fonds d'investissement.

Selon Partnoy (2002), jusqu'au défaut d'Enron en 2001, les agences jouissaient d'une immunité juridique en tant qu'organes de presse : leurs notations étaient considérées comme de simples opinions protégées par le Premier amendement de la Constitution américaine. Cela les mettait à l'abri de poursuites pour négligence, même en cas d'erreur manifeste. L'affaire Enron, où la société a conservé une bonne note jusqu'à peu de temps avant qu'elle se déclare en défaut de paiement sur sa dette, a fortement ébranlé cette immunité et changé la perception des agences, désormais perçues comme des acteurs systémiques plutôt que comme de simples observateurs (White, 2010).

Ainsi, la montée des taux d'intérêt réels au début des années 1980 a favorisé l'expansion des marchés obligataires, renforçant le rôle des agences de notation comme garantes de la transparence et de la hiérarchisation du risque.

L'ascension des agences de notation s'explique donc par une conjonction de facteurs : la croissance des marchés obligataires, le besoin d'évaluations standardisées du risque de crédit, leur reconnaissance croissante par les régulateurs, et enfin, le maintien d'un oligopole informatif largement soutenu par les autorités.

Figure 1. Taux d'intérêt réel aux États-Unis

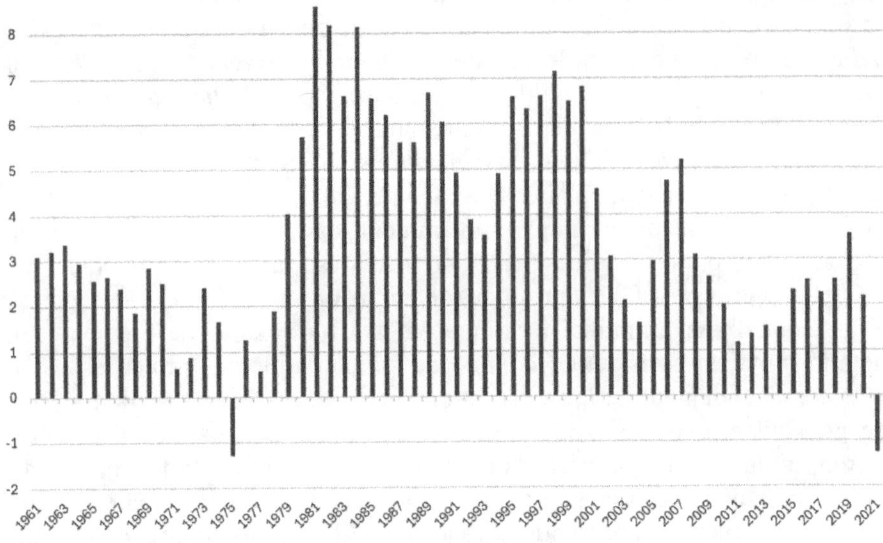

Source : Bloomberg

1.2. Définition : évaluer la probabilité de défaut d'un émetteur ou d'un instrument

La notation de crédit est une opinion formulée par une agence spécialisée sur le risque de défaut d'un émetteur ou d'un instrument de dette. Elle vise à mesurer, de manière synthétique, la probabilité qu'un débiteur ne respecte pas les obligations financières contractées (remboursement du principal ou paiement des intérêts) dans les délais prévus. Cette note est exprimée sur une échelle standardisée (AAA à D, Aaa à C, selon les agences) qui facilite la comparaison entre émetteurs, instruments, secteurs ou pays.

La notation peut porter sur un emprunteur (notation d'émetteur) ou sur une dette spécifique (notation d'émission). Dans ce second cas, elle tient compte des caractéristiques juridiques de l'instrument : rang de subordination, garanties, clauses contractuelles, etc. En cas de défaut, l'agence peut également estimer le taux de recouvrement attendu (*Loss Given Default ou LGD*).

Ce mécanisme de notation joue un rôle clé dans le fonctionnement des marchés financiers. Il permet aux investisseurs de comparer rapidement le niveau de risque associé à différents actifs, d'ajuster leurs décisions d'allocation, et aux régulateurs de fixer des exigences prudentielles différenciées selon le niveau de risque. Les agences de notation ne prodiguent pas de conseil d'investissement ; elles ne se prononcent ni sur la rentabilité d'un actif ni sur sa valeur de marché, mais uniquement sur la capacité de l'émetteur à honorer ses engagements.

Loin d'être un simple indicateur passif, la note influe directement sur les conditions d'accès au financement : plus la note est élevée, plus le coût d'emprunt est faible. À l'inverse, une dégradation peut entraîner une hausse des taux, voire une perte d'accès au marché dans les cas les plus extrêmes. C'est pourquoi la notation est devenue un levier d'influence majeur, à la fois pour les emprunteurs souverains et pour les entités privées. Elle s'inscrit dans un cadre méthodologique précis, mais reste fondamentalement une opinion fondée sur une analyse qualitative et quantitative du risque de crédit.

1.3. Les grandes agences : rôles, modèle économique

Trois agences dominent aujourd'hui l'industrie mondiale de la notation financière : Moody's, Standard & Poor's (S&P) et Fitch Ratings. Ces acteurs dits « globaux » sont reconnus par les régulateurs internationaux et notent des milliers d'émetteurs dans le monde entier : États souverains, entreprises, institutions financières, collectivités locales, et instruments structurés.

Leur rôle central est d'évaluer la qualité de crédit d'un emprunteur ou d'un instrument, en formulant une opinion publique sur sa capacité à rembourser ses dettes. Cette opinion, exprimée sous forme de note, permet aux investisseurs d'estimer le risque de défaut et d'ajuster leur stratégie d'investissement. En tant qu'intermédiaires d'information, les agences contribuent à réduire les asymétries d'information sur les marchés et à renforcer la discipline financière des emprunteurs.

Le modèle économique des agences a évolué au fil du temps. Jusqu'aux années 1970, elles étaient rémunérées par la vente de publications, à la manière des guides Michelin. Depuis, elles sont majoritairement financées selon un modèle émetteur-payeur : ce sont les entités notées qui paient pour obtenir une notation. Ce changement, imposé en partie par les régulateurs (notamment la SEC aux États-Unis), a permis de rendre les notes publiques et accessibles à tous, mais il a aussi soulevé des critiques persistantes sur les conflits d'intérêts potentiels : comment garantir l'indépendance d'une agence qui est rémunérée par l'entité qu'elle évalue ?

Pour préserver leur crédibilité, les grandes agences ont réformé leur gouvernance : séparation stricte entre fonctions commerciales et analytiques, processus collégial de notation, contrôle interne renforcé, et codes de déontologie. Malgré cela, les dérives observées avant la crise de 2008 ont mis en lumière les limites du modèle et ont conduit à un renforcement de la régulation, notamment aux États-Unis et en Europe (cf. section 3).

1.4. Typologie des notations

Les agences de notation attribuent différents types de notes, qui varient selon le cadre géographique, les spécificités sectorielles, la devise d'émission, l'horizon temporel ou encore l'objet de la notation, comme le montre la figure

2. Ces typologies reflètent la complexité croissante des marchés financiers et répondent aux besoins spécifiques des investisseurs et des régulateurs.

Figure 2. Typologie des notations financières

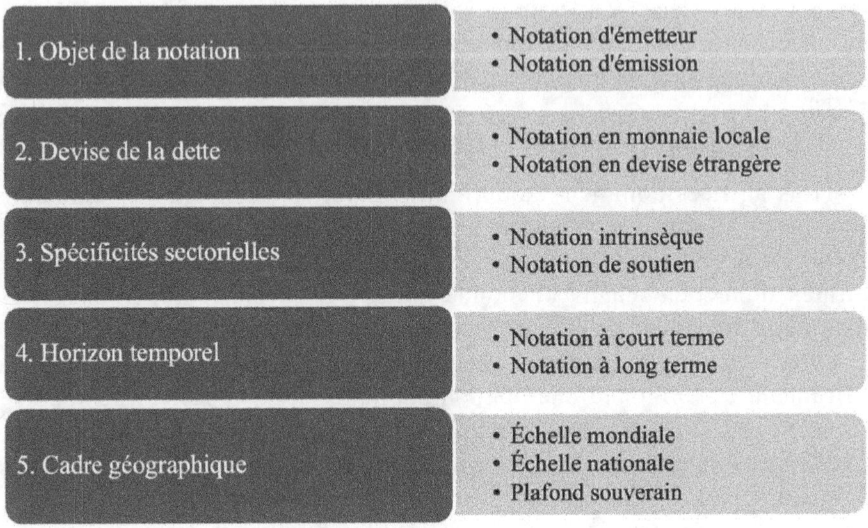

Source : inspiré de S&P Global Ratings (2025)

1.4.1.Notation d'émetteur et notation d'émission

La notation d'émetteur évalue la capacité générale d'un emprunteur (État, entreprise, collectivité) à faire face à l'ensemble de ses engagements financiers. Elle reflète la solvabilité globale de l'entité, indépendamment des caractéristiques spécifiques des instruments de dette.

En revanche, la notation d'émission porte sur un instrument précis (obligation, billet de trésorerie, etc.) et intègre les particularités juridiques de ce dernier : garanties, rang de subordination, clauses contractuelles, etc. Une même entité peut ainsi se voir attribuer différentes notes selon les instruments émis.

La notation d'émission repose sur la même méthodologie que celle d'émetteur, mais elle affine l'analyse du risque en fonction des droits attachés à chaque dette.

1.4.2.Notation en devise étrangère et en monnaie locale

Dans le cas des emprunteurs souverains et des grandes entreprises internationales, les agences distinguent la dette libellée en monnaie locale de celle émise en devise étrangère.

La notation en monnaie locale reflète la capacité d'un État (ou d'une entreprise) à se financer dans sa propre devise, souvent avec le soutien implicite de sa banque centrale. Elle est généralement plus favorable, car l'émetteur maîtrise l'émission monétaire.

À l'inverse, la notation en devise étrangère intègre un risque de transfert : en cas de tension sur les réserves de change ou de contrôle des capitaux, l'accès aux devises nécessaires au remboursement peut être compromis.

Cette distinction est cruciale pour les souverains émergents, dont la dette en devise étrangère est plus risquée.

Les investisseurs internationaux se réfèrent le plus souvent à la notation en devise étrangère, qui conditionne les coûts de financement sur les marchés globaux.

1.4.3.Notation à court terme et à long terme

Les notations à court terme évaluent la capacité d'un émetteur à faire face à ses obligations immédiates, généralement sur un horizon inférieur à un an. Elles mesurent principalement le risque de liquidité.

À l'inverse, les notations à long terme apprécient la solvabilité de l'émetteur sur plusieurs années, en tenant compte de sa structure financière, de ses perspectives économiques et de sa résilience en cas de stress.

Les deux types de notation sont liés, mais non interchangeables : un émetteur peut être noté correctement à court terme tout en présentant une fragilité structurelle à long terme.

Les agences publient généralement des correspondances entre ces deux échelles, utiles aux investisseurs pour évaluer la cohérence globale du profil de risque.

1.4.4.Échelles nationales et plafonds souverains

Dans les pays émergents ou faiblement notés, les agences proposent des échelles nationales où le meilleur emprunteur local (souvent l'État) reçoit la note la plus élevée, comme AAA[br] au Brésil. Cela permet de comparer les risques relatifs entre acteurs locaux, même si leur notation « globale » est faible.

Par ailleurs, les émetteurs privés ne peuvent généralement pas obtenir une note en devise étrangère supérieure à celle de leur pays : c'est la règle du plafond souverain, qui reflète le risque de transfert.

Certaines exceptions existent : les filiales de groupes étrangers, les centres financiers *offshore* ou les entités supranationales peuvent être notés au-delà du plafond, si elles disposent d'un accès autonome aux devises ou d'un soutien externe crédible.

1.4.5. Échelle des notations et seuils d'investissement (investment grade / speculative grade)

Les agences de notation utilisent des échelles alphanumériques standardisées pour exprimer leur opinion sur le risque de défaut des émetteurs ou des instruments de dette. Ces échelles permettent aux investisseurs de comparer les niveaux de risque sur une base homogène. Le tableau 1 présente les correspondances entre les notes attribuées par les trois principales agences internationales : Fitch Ratings, Standard & Poor's (S&P) et Moody's.

L'échelle est structurée autour de deux grandes catégories :

- La catégorie investissement (*investment grade*), qui s'étend de AAA à BBB chez Fitch et S&P, ou de Aaa à Baa3 chez Moody's. Elle regroupe les emprunteurs jugés suffisamment solides pour faire face à leurs engagements financiers, même en période de stress. Ces titres sont éligibles aux portefeuilles réglementés (fonds de pension, banques, assurances).
- La catégorie spéculative (*speculative grade*), aussi appelée *high yield* ou *junk bonds*, commence à BB+ chez Fitch et S&P, et à Ba1 chez Moody's. Elle regroupe les émetteurs présentant une probabilité de défaut significativement plus élevée.

Chaque catégorie est découpée en crans de notation (par exemple, A+, A, A-), permettant une gradation fine du risque. Moody's utilise un système chiffré (Aa1, Aa2, Aa3) tandis que Fitch et S&P utilisent des suffixes + ou -.

Le passage d'un cran à l'autre peut avoir des conséquences immédiates sur le coût de financement d'un emprunteur. Mais la frontière la plus critique est celle entre BBB et BB+, qui marque le basculement d'un titre vers la catégorie spéculative. Ce seuil déclenche souvent des désinvestissements automatiques, en particulier de la part d'investisseurs institutionnels soumis à des contraintes réglementaires. Ce phénomène de dégradation est désigné sous le nom de « *fallen angel* », tandis que les émetteurs rehaussés vers l'investissement grade sont appelés « *rising stars* ».

L'échelle des notations constitue ainsi bien plus qu'un simple outil d'évaluation : elle façonne en profondeur la structure des marchés de capitaux et conditionne l'accès au financement pour de nombreux émetteurs.

Tableau 1. Les échelles de notation
des trois principales agences de notation

	Fitch	S&P	Moody's
Investissement	AAA	AAA	Aaa
	AA+	AA+	Aa1
	AA	AA	Aa2
	AA-	AA-	Aa3
	A+	A+	A1
	A	A	A2
	A-	A-	A3
	BBB+	BBB+	Baa1
	BBB	BBB	Baa2
	BBB-	BBB-	Baa3
Spéculative	BB+	BB+	Ba1
	BB	BB	Ba2
	BB-	BB-	Ba3
	B+	B+	B1
	B	B	B2
	B-	B-	B3
	CCC+	CCC+	Caa1
	CCC	CCC	Caa2
	CCC-	CCC-	Caa3
	CC	CC	Ca
	C	C	C
Défaut	RD	SD	
	D	D	

2. Notation et probabilité de défaut : une relation empirique ?

Les agences de notation se positionnent comme des repères essentiels pour l'évaluation du risque de crédit. Leur crédibilité repose sur la validité empirique du lien entre la note attribuée et la probabilité effective de défaut. Cette relation peut être étudiée de manière quantitative, à partir des statistiques historiques de défaut publiées par Moody's, Fitch ou Standard & Poor's, mais aussi au travers des évolutions de notation et de leur impact sur les marchés financiers.

2.1. Données historiques sur les taux de défaut par tranche de notation

L'un des fondements empiriques de la crédibilité des agences de notation repose sur la validité statistique de la relation entre la note attribuée à un émetteur souverain et sa probabilité de défaut observée. Les données historiques rassemblées par S&P (2025) confirment sans ambiguïté cette relation hiérarchique : plus la note est basse, plus la fréquence cumulée des défauts augmente, sur toutes les maturités.

La figure 3, qui s'appuie sur les défauts observés entre 1975 et 2024, présente les taux de défaut cumulés[112] sur quinze ans des dettes souveraines libellées en devise étrangère. Les États notés AAA ou AA n'ont enregistré aucun défaut sur cette période. À l'inverse, les émetteurs classés B affichent un taux de défaut cumulé à quinze ans de 42 %, tandis que ceux notés CCC/CC culminent à près de 65 %. En moyenne, la catégorie spéculative grade atteint 30,3 %, contre seulement 3,5 % pour les émetteurs *investment grade*.

[112] Le taux de défaut cumulé sur quinze ans est obtenu en dénombrant le nombre de souverains ayant fait défaut dans une période de quinze ans suivant la première observation de note, rapporté au nombre de souverains notés au début de cette période.

Figure 3. Taux de défaut cumulés sur quinze ans
des emprunts souverains 1975-2024, en %

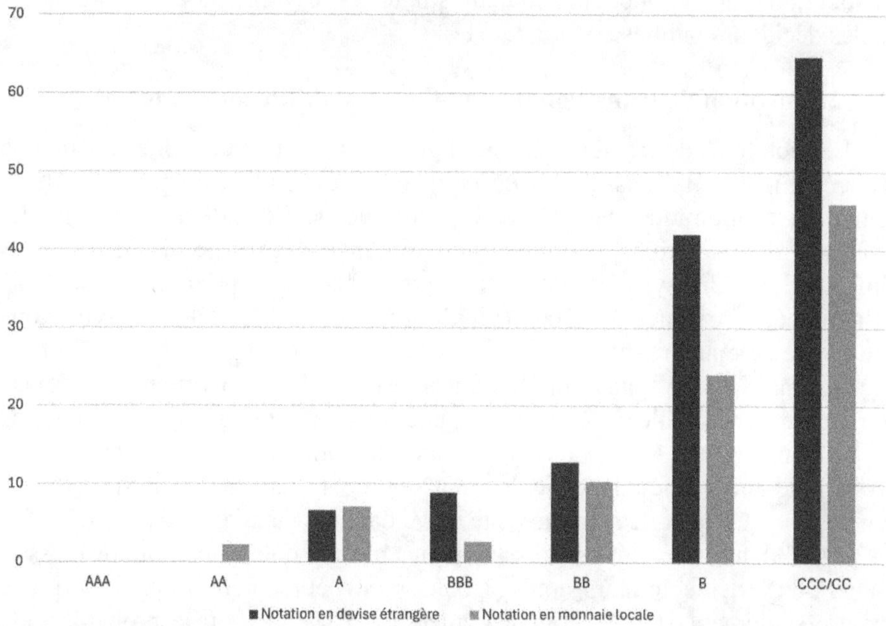

Source : S&P 2025 et auteurs

Mais cette hiérarchie du risque se révèle encore plus instructive lorsque l'on distingue les notes en devise étrangère des notes en monnaie locale. Le graphique montre que pour un même niveau de note, les taux de défaut sur les emprunts souverains en monnaie locale sont sensiblement inférieurs à ceux en devise étrangère. Par exemple : pour la note B, le taux de défaut à quinze ans est de 24 % en monnaie locale, contre 42 % en devise étrangère. En catégorie BB, on observe 10,3 % de défauts en monnaie locale, contre 12,8 % en devise étrangère.

Cette différence reflète la contrainte additionnelle que représente l'endettement en devise étrangère pour un État : celui-ci ne peut pas créer librement la monnaie nécessaire au service de cette dette et doit donc s'appuyer sur ses réserves de change ou sa capacité à lever des devises sur les marchés. En cas de choc externe ou de tension sur le solde du compte courant, ce risque d'insuffisance de devises devient critique. À l'inverse, la dette en monnaie locale bénéficie généralement d'un filet de sécurité monétaire, même si celui-ci ne peut pas être activé automatiquement dans les unions monétaires comme la zone euro.

Ainsi, les données historiques confirment la pertinence des notations souveraines comme indicateur synthétique de risque de défaut, mais elles montrent également que la devise d'émission est un facteur structurel de différenciation du risque, pleinement pris en compte par les agences à travers la distinction entre notation en devise étrangère et en monnaie locale. Cette distinction a des implications majeures pour les investisseurs, les régulateurs et les décideurs publics.

2.2. Notion de transition de notation et stabilité moyenne

Les notations de crédit ne sont pas figées : elles peuvent évoluer à la hausse (*upgrade*) ou à la baisse (*downgrade*) au fil du temps, en fonction de la situation économique, budgétaire et politique de l'émetteur souverain. La stabilité des notations est donc une dimension centrale de leur valeur informative. Un système de notation crédible doit permettre à la fois d'anticiper les risques de défaut (cf. section 2.1.) et de refléter les évolutions du risque de manière mesurée.

Les matrices de transition à cinq ans des notations souveraines en devise étrangère (voir tableau 2) révèlent une forte inertie dans les catégories supérieures. Ainsi, 85,3 % des émetteurs initialement notés AAA conservent cette note après cinq ans, et seuls 0,85 % tombent dans la catégorie BBB ou en dessous. Ce taux de stabilité reste élevé dans les catégories AA (73,7 %) et A (59,4 %), mais décroît progressivement à mesure que la note initiale baisse : seuls 58 % des émetteurs notés B conservent leur notation après cinq ans, contre seulement 10,4 % pour les émetteurs CCC/CC, où la probabilité de défaut atteint 58 % sur la même période.

Ce phénomène traduit à la fois la volatilité accrue du risque souverain dans les pays les plus fragiles et la tendance des agences à ajuster plus rapidement les notes dans les catégories spéculatives.

Les données annuelles confirment cette tendance de fond. Sur la période 1975-2024, environ 22 % des émetteurs ont vu leur notation changer chaque année (en moyenne pondérée), avec un ratio de 1,51 dégradations pour chaque rehaussement. Ce ratio varie fortement selon les périodes : il atteint 10 contre 1 en 2009, lors de la crise de la dette souveraine, et descend sous 0,2 contre 1 en phase de reprise (ex. : 2004-2007).

Les transitions de note constituent donc également un baromètre macroéconomique, révélateur des cycles de croissance et de tension dans l'économie mondiale.

Enfin, la structure asymétrique des transitions, plus fréquentes vers le bas dans les périodes de crise, illustre la dynamique procyclique des notations, thème développé en section 2.4. Mais à l'inverse, la stabilité des meilleures notes sur le long terme contribue à la fonction d'ancrage des agences dans la hiérarchie du risque de crédit.

Tableau 2. Taux de transition moyens sur cinq ans
pour les notations souveraines en devises étrangères (1975-2024) (en %)

	Les notations cinq ans plus tard								
De/à	AAA	AA	A	BBB	BB	B	CCC/CC	SD	NR
AAA	85,32	12,63	0,17	0,85	0,68	0	0	0	0,34
AA	10,31	73,68	12,28	1,54	0,66	0	0	0	1,54
A	0	17,41	59,38	18,75	2,23	0,22	0,45	1,12	0,45
BBB	0	0	19,59	60,82	13,81	2,47	0,21	2,27	0,82
BB	0	0	1,38	21,26	54,33	16,54	1,18	3,94	1,38
B	0	0	0,16	2,08	12,82	58,17	4,81	17,31	4,65
CCC/CC	0	0	0	0	4,17	16,67	10,42	58,33	10,42

Source : Standard & Poor's (2025)

2.3. Corrélation entre notation et spreads de crédit

Les agences de notation attribuent une évaluation qualitative du risque de défaut, mais les marchés financiers traduisent ce risque en conditions de financement concrètes. L'un des indicateurs les plus observés est le *spread* de taux d'intérêt, c'est-à-dire l'écart entre le rendement exigé sur une obligation souveraine et celui d'un actif sans risque de référence (les bons du Trésor émis par l'État de la devise de l'emprunt). Un autre indicateur clé est le *spread* de CDS (*Credit Default Swap*), qui mesure le coût d'assurance contre un éventuel défaut de paiement. Ils s'expriment en points de base (pbs) qui représentent un centième de pourcent (1 pbs = 0,01 %).

Les données issues de Bloomberg (figure 4) confirment clairement la corrélation entre la note et le *spread*, que ce soit pour les taux d'intérêt ou les CDS.

Le graphe fait apparaître une hausse régulière du coût du financement à mesure que la note se dégrade. Les pays notés *investment grade* (de AAA à BBB) bénéficient de conditions de financement nettement plus favorables, avec des *spreads* de taux inférieurs à 70 points de base et des CDS bien en dessous de 100 pb. À l'inverse, les pays classés spéculatifs (BB et au-delà) font face à des conditions de financement de plus en plus contraignantes ; un pays noté CCC paie un *spread* de près de 900 pb sur ses obligations, et ses CDS dépassent 850 pb, traduisant une probabilité de défaut perçue comme très élevée.

L'intérêt de croiser les deux types de *spreads* réside aussi dans leur sensibilité temporelle ; alors que les notations évoluent lentement, les CDS réagissent quasi immédiatement aux événements de marché (crises politiques, données macroéconomiques, etc.). Cela confère aux CDS un rôle de thermomètre en temps réel du risque souverain, là où les notations jouent un rôle de stabilisateur de long terme.

Cette double lecture confirme que, malgré leurs limites (voir section 3.2), les notations de crédit constituent un déterminant majeur du niveau de *spread*, et du coût d'accès au marché pour les émetteurs souverains. Ce lien est essentiel pour mesurer les implications concrètes d'un changement de note ou d'une révision de perspective sur le coût du financement d'un emprunteur.

Figure 4. Évolution des *spread* de taux et *spread* de CDS souverains en fonction du *rating* (2018-2024)

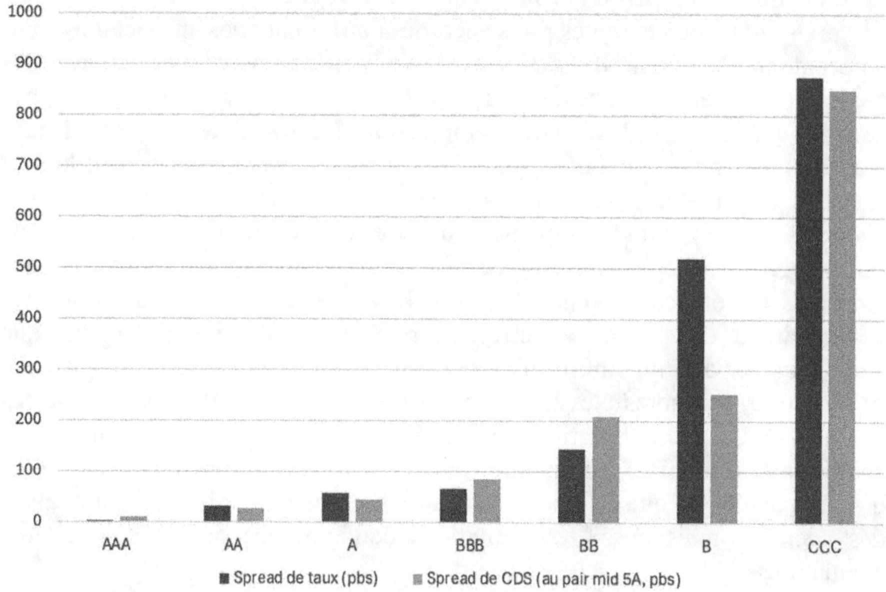

Source : Bloomberg

3. Crises, critiques et évolution de la régulation des agences

3.1. Crises révélatrices

Trois crises majeures ont mis en lumière les limites structurelles du modèle des agences de notation : la faillite d'Enron en 2001, la crise des *subprimes* en 2008, et la crise souveraine grecque en 2010. Ces épisodes ont révélé, chacun à leur manière, des angles morts méthodologiques, des défaillances de vigilance et une influence parfois déstabilisante sur les marchés.

Le défaut de paiement de la société Enron en 2001, constitue le premier grand scandale financier impliquant les agences de crédit du début du siècle. L'entreprise a conservé une note de catégorie investissement jusqu'à 4 jours précédant son défaut de paiement (White, 2010). Les agences n'avaient pas vu certaines opérations hors bilan à l'origine de pertes importantes, en raison de l'opacité des comptes de la société. Le cabinet d'audit comptable, Arthur Andersen, fut gravement mis en cause pour ne pas avoir signalé la comptabilité peu transparente de la société et, par la suite, dissout. Cependant, ce cas a illustré la faiblesse des analyses fondamentales des agences lorsqu'elles sont confrontées à des montages juridico-comptables complexes et la difficulté pour les agences de détecter les risques cachés lorsqu'elles s'appuient principalement sur les informations fournies par l'émetteur, même si elles sont valisées par un cabinet d'audit.

La crise des *subprimes* (2007-2008) a ouvert une brèche plus systémique. Les prêts *subprimes* sont des prêts accordés par les banques américaines à des emprunteurs de qualité de crédit médiocre, généralement pour acquérir des biens immobiliers. Faisant appel à la technique de la titrisation, développée dans les années 1980, les banques américaines ont transféré ces prêts risqués à des entités créées à cet effet (*Special Purpose Vehicle* – SPV), qui les ont financés en émettant des titres adossés sur ces actifs, les *Asset Backed Securities* (ABS), qui se déclinent en d'autres classes de titres selon les actifs (*Mortgage Backed Securities* – MBS, pour les obligations adossées à des emprunts hypothécaires, par exemple). Les agences ont accordé des notes généralement élevées à ces titres, alors que l'évaluation de leur risque s'appuyait sur des hypothèses biaisées.

En outre, ces notes élevées étaient accordées à des SPV conçus par des banques mais en collaboration avec les agences, qui les conseillaient sur les conditions nécessaires à l'obtention des notes, ce qui constituait un conflit d'intérêt évident. Cette crise a mis en cause non seulement les outils d'analyse des agences, mais aussi les incitations économiques qui guidaient leurs évaluations.

La suite est connue : les SPV se sont révélés insuffisamment capitalisés au regard des pertes des banques sur le secteur immobilier quand les prix ont commencé à chuter, entrainant des défauts de paiement sur les ABS. Les banques les plus exposées ont déposé le bilan (Lehman Brothers en septembre 2008), et la crise s'est propagée en Europe, et notamment dans les pays dont le secteur bancaire était le plus exposé à l'immobilier, à savoir l'Irlande, le Portugal, l'Italie, l'Espagne ainsi que la Grèce.

La crise de la dette souveraine de la zone euro (2010). Les recapitalisations du secteur bancaire dans les pays touchés par la crise des *subprimes* ont eu un impact budgétaire conséquent (voir chapitre 6) et ont amené les agences à réagir en dégradant de plusieurs crans les notes souveraines de ces pays[113].

Ces trois épisodes, Enron (défaut opaque), les *subprimes* (notation erronée de produits complexes) et la dette souveraine de la zone euro (contagion souveraine amplifiée), ont fait basculer la perception des agences : d'observateurs neutres, elles sont devenues des acteurs systémiques, dont les décisions peuvent renforcer l'instabilité au lieu de la contenir. Ces constats nourrissent aujourd'hui un corpus dense de critiques structurelles, que nous analysons dans les sous-sections suivantes.

3.2. Principales critiques

[113] Les erreurs des agences lors de cette crise sont commentées dans le chapitre 10.

3.2.1. Conflits d'intérêt inhérents au modèle « émetteur payeur »

Le modèle économique des agences de notation repose aujourd'hui largement sur le principe dit du « émetteur-payeur » : ce sont les émetteurs de dette qui rémunèrent les agences pour obtenir une évaluation publique de leur solvabilité. Si ce système a permis une large diffusion gratuite des notes sur les marchés, il pose un problème fondamental d'indépendance ; une agence peut être incitée à attribuer une notation clémente pour satisfaire son client et sécuriser ses revenus futurs.

Ce conflit d'intérêt a été dénoncé non seulement par des économistes renommés (Stiglitz, 2010) et des journaux reconnus tels que *The Economist* (2008), mais également par les organes de réglementation des marchés, dont la SEC (Council on Foreign Relations, 2015). Ce conflit d'intérêt est à l'origine de la crise des *subprimes* de 2008, car elle a incité les agences à accorder des notes généreuses aux opérations de titrisation de prêts *subprimes*. En effet, il est apparu que les banques structurant ces produits sélectionnaient parfois l'agence jugée la plus conciliante (« *rating shopping* »), accentuant la dérive. Bien que les agences mettent en avant l'existence de procédures internes (comités collégiaux, muraille de Chine entre les équipes commerciales et analytiques), ces garde-fous ont échoué à prévenir les excès.

Le modèle émetteur-payeur est d'autant plus problématique que le marché de la notation est extrêmement concentré. Trois agences (Moody's, S&P, Fitch) se partagent l'essentiel des notations au niveau mondial. Dans cet environnement oligopolistique, les agences ne sont guère incitées à adopter des standards plus stricts, et les investisseurs disposent de peu d'alternatives crédibles.

Certaines critiques vont plus loin, en soulignant que ce modèle a transformé les agences en fournisseurs d'accès au marché : sans note, pas de placement. Les émetteurs sont donc dans une forme de dépendance structurelle, tandis que les agences disposent d'un pouvoir de marché sans contrepartie de responsabilité juridique, les notes étant considérées comme de simples opinions protégées par la liberté d'expression.

La crise de 2008 a agi comme un révélateur, mais non comme un déclencheur de ces dérives. Elle a toutefois nourri une volonté politique de réformer la gouvernance et le modèle économique des agences, notamment en renforçant les obligations de transparence, de rotation des équipes et de séparation fonctionnelle. Ces réponses réglementaires seront analysées dans la section 3.3.

3.2.2. Risque systémique par homogénéité des comportements

Les agences de notation sont souvent perçues comme des évaluateurs indépendants. En pratique, leur pouvoir réside non seulement dans la note qu'elles attribuent, mais dans le fait qu'elles le font quasiment de façon coordonnée. Cette homogénéité de jugement, liée à des méthodologies similaires, à des sources d'information partagées et à un environnement concurrentiel restreint, peut produire des effets systémiques majeurs.

Lorsque les trois grandes agences dégradent simultanément un État, une entreprise ou un produit financier, l'impact sur les marchés est considérable. Cela peut entraîner des vagues de ventes automatiques (désinvestissements réglementés), une hausse brutale des primes de risque, voire des paniques auto-réalisatrices. L'épisode de la crise grecque de 2010 l'illustre parfaitement ; les abaissements successifs et convergents des notes souveraines ont accéléré la perte d'accès au financement, contribuant à faire d'une crise budgétaire une crise de liquidité.

Ce phénomène est renforcé par le fait que les investisseurs, les régulateurs (Bâle II/III, Solvabilité II) et les contreparties contractuelles (clauses de déclenchement) intègrent directement les notations dans leurs décisions, renforçant l'effet de meute. En période de tension, les agences peuvent ainsi amplifier les mouvements de marché au lieu de les atténuer.

De plus, dans un environnement où les agences sont perçues comme les garantes de la qualité du crédit, les investisseurs tendent à externaliser leur jugement en s'appuyant exclusivement sur les notations, ce qui uniformise encore davantage les comportements. Ce mimétisme induit une forme de dépendance collective, risquée dans un monde où les notations, bien que méthodologiquement encadrées, restent des opinions faillibles.

L'homogénéité des notations, loin d'être un gage de fiabilité, peut donc cristalliser les risques au lieu de les diversifier. En contribuant à une vision unique du risque, les agences deviennent elles-mêmes un facteur de vulnérabilité systémique.

3.2.3. Retards d'ajustement ou comportements procycliques

Les agences de notation sont souvent critiquées pour leur manque de réactivité face à la dégradation de la situation financière d'un émetteur, suivie d'une réaction brutale une fois la crise installée. Ce phénomène de retard d'ajustement renforce la nature procyclique de leur activité ; les notations restent élevées en phase d'euphorie, puis sont abaissées rapidement en période de stress, amplifiant les dynamiques de marché. Les retards dans l'abaissement de la note d'Enron ont fourni l'un des meilleurs exemples, de même que lors de la crise de la dette souveraine européenne (voir chapitre 10).

Ce comportement procyclique s'explique en partie par la prudence méthodologique des agences. Les comités de notation privilégient la stabilité des notes, pour ne pas provoquer d'instabilité injustifiée, mais cette inertie conduit souvent à des ajustements trop tardifs, ce qui limite la fonction d'alerte précoce que les agences affirment jouer.

En période de crise, une dégradation rapide de plusieurs émetteurs peut déclencher des réactions en chaîne : baisse mécanique des valorisations, désinvestissements obligatoires, appels de marge accrus. Cela affecte à la fois les émetteurs, qui voient leur coût de financement exploser, et les investisseurs, qui subissent des pertes sur des actifs précipités en catégorie spéculative.

Ainsi, en voulant rester neutres et objectives, les agences deviennent souvent suiveuses plutôt que préventives. Leur rythme d'ajustement, calé sur les faits établis plutôt que sur l'anticipation, les empêche de jouer un rôle contracyclique. Ce biais structurel affaiblit leur crédibilité et légitime les appels à encadrer plus strictement leur influence sur les marchés.

3.3. Réponses réglementaires

Les réponses réglementaires aux dérives des agences de notation ont été contrastées entre les États-Unis et l'Europe.

Les États-Unis ont réagi les premiers, en instaurant dès les années 1970 le statut de NRSRO, à la suite du défaut de Penn Central. Après la faillite d'Enron en 2001, ils adoptent rapidement le *CRA Reform Act* (2006), suivi du *Dodd-Frank Act* (2010), renforçant la transparence, la supervision et la responsabilité des agences.

L'Europe, en revanche, n'a légiféré qu'après 2008, sous l'effet de la crise financière mondiale et surtout de la crise des dettes souveraines. Elle met en place une régulation progressive avec les règlements CRA1 (2009), CRA2 (2011) et CRA3 (2013), encadrant l'activité des agences au niveau européen.

Ces différences de rythme et de contenu reflètent des priorités politiques distinctes, mais convergent vers un objectif commun : mieux contrôler un acteur devenu central et potentiellement systémique sur les marchés.

3.3.1. Règlements américains

Les États-Unis ont été les premiers à encadrer les agences de notation, bien avant la crise financière mondiale. Dès 1975, la SEC introduit le concept de NRSRO, afin de déterminer quelles agences pouvaient être utilisées par les institutions financières pour satisfaire à certaines exigences réglementaires (Partnoy, 1999 ; White, 2010). Ce statut, attribué de manière discrétionnaire par la SEC, donne aux agences reconnues un rôle quasi-officiel dans le fonctionnement des marchés financiers. Il renforce aussi leur pouvoir de marché, en instituant un oligopole de fait autour de Moody's, Standard & Poor's et Fitch.

Face aux critiques croissantes, notamment après les scandales Enron (2001) et Worldcom (2002), le Congrès américain adopte une première réforme structurelle : le *Credit Rating Agency Reform Act* de 2006. Ce texte formalise l'attribution du statut de NRSRO sur la base de critères explicites de gouvernance, de méthodologie et d'historique de performance (U.S. Congress, 2006). L'objectif était d'accroître la transparence, de favoriser l'entrée de nouveaux acteurs et de renforcer le contrôle public sur un secteur jusque-là largement autorégulé. Toutefois, comme le souligne White (2010), la domination des trois grandes agences n'a pas été réellement entamée, en raison de leur ancrage institutionnel auprès des régulateurs et des investisseurs.

La crise des *subprimes* (2007-2008) constitue un tournant. Les agences sont accusées d'avoir accordé des notations excessivement généreuses à des produits titrisés complexes, en situation manifeste de conflits d'intérêts (Coffee, 2002 ; CFR, 2015). En réponse, le Congrès adopte le *Dodd-Frank Wall Street Reform and Consumer Protection Act* en 2010, une réforme d'ampleur visant à réorganiser la régulation financière, y compris celle des agences de notation.

Le Dodd-Frank Act contient plusieurs dispositions clés concernant les NRSROs :

- Il supprime les références obligatoires aux notations dans les réglementations financières, afin de limiter la dépendance réglementaire aux notations.
- Il renforce les exigences de transparence méthodologique, en imposant la publication des hypothèses, des modèles et des données utilisées pour produire les notations.
- Il crée l'*Office of Credit Ratings* au sein de la SEC, chargé de superviser les agences de manière continue, d'effectuer des inspections annuelles et de sanctionner les éventuelles défaillances (White, 2010).
- Il encadre plus strictement les conflits d'intérêts, en imposant la séparation fonctionnelle entre les analystes et les équipes commerciales, la rotation des analystes, et des interdictions en cas de conflits manifestes.
- Enfin, le texte ouvre la voie à une responsabilité juridique accrue : les agences peuvent être poursuivies si une notation se révèle manifestement erronée et préjudiciable aux investisseurs.

Malgré la portée de cette réforme, ses effets concrets sont restés partiels. Le modèle économique émetteur-payeur n'a pas été remis en cause et la concentration du marché n'a pas diminué. Les agences conservent une position centrale dans l'architecture réglementaire américaine, bien que leur pouvoir fasse désormais l'objet d'une surveillance renforcée. En cela, la réforme américaine a inspiré les régulateurs européens, qui engageront à partir de 2009 leur propre série de textes réglementaires (CRA1 à CRA3).

3.3.2. Règlements européens

À partir de 2009, l'UE adopte un cadre réglementaire en trois temps (CRA1, CRA2, CRA3) pour encadrer l'activité des agences de notation, en réaction aux dérives révélées par la crise financière de 2008 et, plus encore, par la crise souveraine en zone euro.

Le CRA1 (règlement n° 1060/2009) met fin à l'autorégulation. Il impose l'enregistrement obligatoire des agences auprès du régulateur européen, d'abord le CESR puis l'ESMA à partir de 2011. Il introduit des exigences de gouvernance (séparation entre fonctions commerciales et analytiques, gestion des conflits d'intérêts), de transparence (publication des méthodologies et des performances passées), et rend les agences directement supervisables.

Le CRA2 (n° 513/2011) renforce ce cadre. Il étend la régulation aux notations de produits structurés (CDO, RMBS, ABS) et fait de l'ESMA l'unique autorité de supervision. Il promeut aussi une plus grande concurrence, afin de limiter la dépendance au trio dominant.

Le CRA3 (n° 462/2013) répond directement à la crise de la dette souveraine en Europe. Il encadre le calendrier et les conditions de publication des notations souveraines (notamment l'interdiction de publier à chaud en période de forte volatilité), impose plus de transparence sur les hypothèses utilisées pour noter les États, élargit la responsabilité civile des agences en cas de faute grave, et encourage l'usage d'au moins deux ou trois notations par émetteur.

Dans leur ensemble, ces règlements ont permis à l'UE de bâtir un cadre réglementaire original, centré sur la supervision directe, la responsabilité juridique et la limitation des effets systémiques des notations. Cependant, la concentration du marché reste forte, et les notations continuent de jouer un rôle important dans les normes prudentielles bancaires et assurantielles.

3.3.3. Tentatives de diversification (agences chinoises, européennes, notation ESG)

Face à l'oligopole des trois grandes agences, et aux critiques croissantes liées à leur concentration, à leurs méthodologies et à leur influence systémique, plusieurs initiatives ont vu le jour au cours de la dernière décennie pour diversifier l'écosystème mondial de la notation. Ces tentatives se sont développées à la fois selon des logiques géopolitiques, économiques, et environnementales/sociales.

Agences chinoises : une ambition stratégique

La Chine a été l'un des pays les plus actifs dans la volonté de créer des alternatives aux agences occidentales. Deux acteurs majeurs se sont imposés sur le marché local :

- *Dagong* Global Credit Rating, fondée en 1994, affichait l'ambition de proposer une vision « plus objective et indépendante » du risque de crédit, affranchie des standards anglo-saxons.
- China Chengxin International (CCXI), qui bénéficie d'un soutien étatique, est devenue la première agence agréée en Chine continentale.

Ces agences ont accompagné l'internationalisation du marché obligataire chinois, en évaluant la dette publique et privée domestique. Toutefois, leur capacité à s'imposer à l'international reste limitée, en raison d'un manque de reconnaissance par les régulateurs étrangers et de doutes sur leur indépendance politique.

Dagong, en particulier, a perdu sa licence en Chine en 2019 après des accusations de conflits d'intérêts et d'irrégularités financières, révélant les fragilités de ces modèles dans un cadre institutionnel peu transparent.

Tentatives européennes : une crédibilité difficile à asseoir

L'Europe a également cherché à encourager l'émergence d'alternatives régionales crédibles. Le projet *European Rating Agency* (ERA), soutenu un temps par la BCE et certains acteurs politiques, visait à créer une agence « indépendante et publique », capable d'introduire davantage de diversité méthodologique et de réduire la dépendance stratégique aux agences américaines.

Malgré plusieurs rapports parlementaires et appels à financement, l'initiative n'a jamais abouti, faute de consensus politique et de *business model* viable. D'autres acteurs européens comme *Scope Ratings* (Allemagne) ou *Euler Hermes Rating* (filiale d'Allianz) ont tenté de percer, avec un certain succès en matière de notation d'entreprises non cotées et d'émetteurs régionaux. Mais leur reconnaissance à des fins réglementaires demeure limitée et leur présence marginale sur les marchés internationaux.

Notation ESG : vers une redéfinition des critères de risque

La diversification passe aussi par une transformation de la nature même de la notation, avec l'émergence des notations ESG (Environnement, Social, Gouvernance). Celles-ci évaluent non pas le risque de crédit *stricto sensu*, mais la soutenabilité globale d'un émetteur face aux enjeux climatiques, sociaux ou éthiques.

De nouveaux acteurs spécialisés comme MSCI ESG Ratings, Sustainalytics, Vigeo Eiris (Moody's ESG Solutions), ou ISS ESG ont développé des méthodologies propres, souvent divergentes, ce qui reflète l'absence de normalisation du marché.

Si ces notations ne se substituent pas aux notations de crédit traditionnelles, elles influencent de plus en plus les choix des investisseurs institutionnels, des fonds ISR et des autorités prudentielles, notamment la BCE et la Commission européenne. Toutefois, leur prolifération non régulée et le manque de transparence méthodologique suscitent de nouvelles critiques, ouvrant la voie à une future régulation européenne de la notation ESG.

3.4. Rôle actuel dans les marchés régulés

Malgré les critiques qui ont entaché leur réputation, les agences de notation conservent aujourd'hui un rôle central dans le fonctionnement des marchés régulés. En effet, le nombre d'erreurs de notation commises demeure relativement modeste au regard du volume de dette notée. Il est cohérent avec les probabilités de défaut par note affichées. En fait, le rôle des agences est plus de renseigner sur la probabilité de défaut d'un émetteur que d'anticiper celui-ci. Elles ne sont plus seulement des fournisseurs d'opinions sur le risque de crédit, mais des référents techniques intégrés dans les dispositifs prudentiels des régulateurs bancaires, assurantiels et monétaires.

3.4.1. Rôle dans la régulation bancaire : Bâle II et Bâle III

Le Comité de Bâle a institutionnalisé le rôle des agences dans son deuxième accord de régulation bancaire (Bâle II), adopté au début des années 2000. Dans le cadre standardisé de calcul des exigences en fonds propres, les banques peuvent utiliser les notations externes pour déterminer le coefficient de pondération du risque de crédit (*Risk Weighted Assets*, RWA). Une entreprise notée AAA entraîne un besoin en capital bien moindre qu'une entreprise notée B ou non notée.

Ce mécanisme a renforcé la dépendance des établissements financiers aux notations. Une dégradation de note peut mécaniquement alourdir les contraintes en capital, réduisant la capacité de prêt ou provoquant des ajustements de portefeuille. Bâle III, qui renforce les exigences de fonds propres et introduit de nouveaux ratios de liquidité, maintient cette architecture, tout en incitant à une plus grande utilisation de modèles internes sous supervision.

3.4.2. Rôle dans le cadre prudentiel des assurances : Solvabilité II

Dans le secteur assurantiel, le régime Solvabilité II (entré en vigueur en 2016 au sein de l'UE) repose également sur une évaluation des actifs détenus, selon leur risque. Les agences de notation sont ici aussi intégrées au calcul du capital requis : les actifs notés dans la catégorie investissement sont moins pénalisés que les actifs spéculatifs.

Les assureurs, en tant qu'investisseurs institutionnels majeurs, accordent donc une importance cruciale aux notations, ce qui confère aux agences un pouvoir indirect mais déterminant sur les flux de capitaux vers les entreprises ou les États.

3.4.3. Rôle auprès des banques centrales : le cas de la BCE

La BCE utilise les notations des agences dans ses opérations de refinancement. Pour qu'un actif soit accepté en garantie (collatéral) auprès de l'Eurosystème, il doit respecter des seuils de qualité définis, généralement une note dans la catégorie investissement auprès d'au moins une des agences reconnues.

Cette pratique donne aux agences un droit d'accès implicite à la liquidité centrale. Une dégradation de la note d'un titre souverain ou bancaire peut le rendre inéligible au refinancement, créant un risque de liquidité immédiat. L'épisode grec de 2010 a illustré cette dépendance ; la BCE a dû ajuster ses propres règles pour continuer d'accepter les titres grecs malgré leur déclassement.

En résumé, les agences de notation sont devenues des piliers techniques des régulations financières modernes, intégrées dans les dispositifs de gestion des risques, de surveillance prudentielle et de politiques monétaires. Si leur rôle est aujourd'hui mieux encadré et partiellement diversifié, leur influence sur les flux de capitaux mondiaux demeure considérable.

Conclusion

La notation de crédit s'est développée dans les années 80, lorsque les marchés obligataires ont connu une expansion sans précédent dans le monde, sous l'effet de la remontée des taux d'intérêt réels et de l'ouverture des marchés de capitaux. Elle s'impose aujourd'hui comme un pilier des marchés financiers, en organisant la hiérarchisation du risque de crédit des obligations, influençant ainsi directement les conditions de financement. Elle joue un rôle crucial dans l'accès aux marchés obligataires des États, principaux émetteurs sur les marchés obligataires mondiaux.

De nombreuses critiques leur ont été adressées, notamment à la suite de la crise de 2008, qu'elles n'avaient pas anticipée. Il est cependant important de comprendre que les agences de notation n'ont pas pour mission de prévoir les défauts de paiement, mais d'en estimer la probabilité d'occurrence. Comme le montrent les chiffres présentés dans ce chapitre, celles-ci sont cohérentes avec les rendements observés, qui reflètent l'évaluation du risque par les investisseurs, ce qui explique que les marchés leur accordent leur confiance.

Les agences sont à présent assujetties à une réglementation des autorités de marché qui s'est renforcée à la suite de la crise de 2008. Elle a amené les agences à améliorer leur transparence, notamment en détaillant leurs critères de notation et en justifiant de manière détaillée les décisions qu'elles prennent. En Europe, la réglementation est devenue particulièrement stricte pour la notation souveraine.

Dans ce contexte, comprendre les critères, méthodes et enjeux de la notation souveraine est devenu indispensable. Le chapitre suivant y est consacré.

Chapitre 10
La notation souveraine

Les États - ou souverains dans la terminologie des marchés financiers - sont les plus importants emprunteurs sur les marchés de dette. Avec l'internationalisation et la croissance rapide des marchés de dette souveraine depuis les années 1980, les notes publiées par les agences ont une influence majeure, non seulement sur le coût de la dette, mais également sur l'accès au marché pour les souverains. Pour des États très endettés, une dégradation de note peut entraîner une hausse de la charge d'intérêt substantielle, nécessitant des coupes sur les autres postes du budget.

Les États, particulièrement ceux qui sont dans l'impossibilité de monétiser leur dette – dont la majeure partie des PVD – doivent donc éviter par tous les moyens une dégradation de note, et sont obligés, non seulement d'assimiler les critères de notation des agences, mais bien souvent de les intégrer dans leur politique économique.

La notation de crédit des États s'appuie sur des critères de notation spécifiques en raison du caractère souverain de l'émetteur de dette. Contrairement aux entreprises, les États ne sont assujettis à aucun droit des faillites et leurs biens ne peuvent être saisis par des créanciers, du moins ceux situés sur le territoire national. Le défaut de paiement peut être imputable, soit à l'incapacité de l'État à honorer sa dette, reflétant son insolvabilité, soit à sa volonté de ne pas payer ou de restructurer la dette.

Les considérations politiques influencent la décision d'un souverain de faire défaut sur sa dette. La répudiation de la dette publique par le gouvernement bolchevique en 1917 en constitue le meilleur exemple. Cependant, l'histoire montre que les défauts souverains sont principalement attribuables à l'insolvabilité de l'État. Celle-ci trouve sa source dans des facteurs liés à l'accumulation de déficits publics mais également à une insuffisance de revenus en devises lorsque l'État a contracté des dettes extérieures.

Figure 1. Les déterminants de la notation souveraine

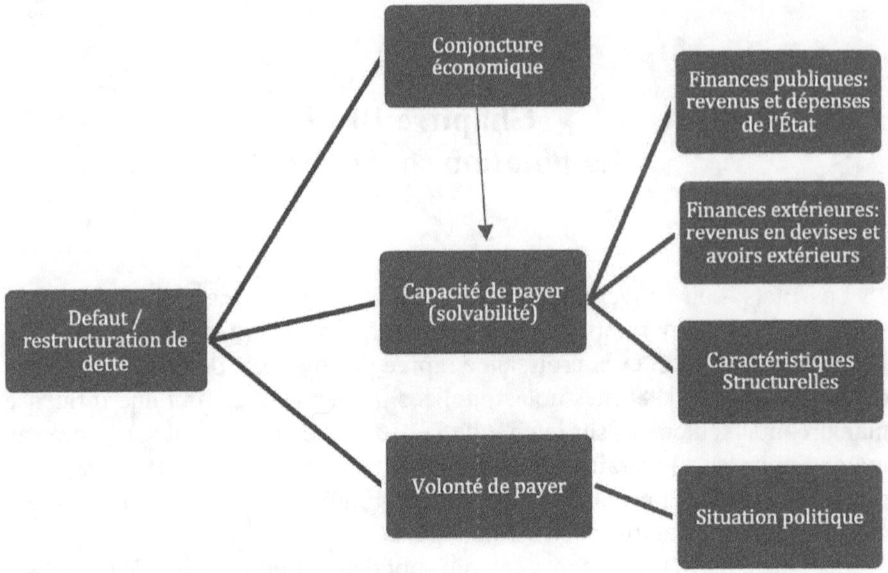

Source : auteurs et méthodologies de Fitch, Standard & Poor's et Moody's

La dégradation des finances publiques et extérieures est généralement attribuable à une conjoncture économique défavorable, mais celle-ci n'a pas le même effet sur tous les pays. Les retournements de conjoncture ont un effet plus prononcé sur les pays dont les structures économiques, sociales et politiques sont les plus faibles. Les impôts y sont plus difficiles à collecter, les contraintes sociales plus élevées et la gouvernance publique parfois déficiente.

Dans ce chapitre, nous présenterons les facteurs qui influencent les notes des agences, avant de mettre en évidence les limites que présente leur approche.

1. Les structures économiques, sociales et institutionnelles

On désigne par ce terme les facteurs, tels que les caractéristiques économiques et sociales d'un pays, qui ne peuvent varier que sur un horizon à long terme. On peut y adjoindre le statut de monnaie de réserve et le niveau de revenu par habitant, qui ont une incidence importante sur les notes.

1.1. Statut de monnaie de réserve

Le statut de monnaie de réserve constitue un facteur de notation déterminant. La plupart des pays avancés empruntent dans leur propre devise[114], ce qui leur permet de monétiser leur dette en cas de surendettement, et limite considérablement le risque de défaut. *A contrario*, la monétisation est impossible pour les dettes contractées en monnaie étrangère (cf. chapitre 5). Il est essentiel de comprendre qu'une note de crédit élevée signifie uniquement que l'État a une forte probabilité de rembourser sa dette, mais ne renseigne pas sur le pouvoir d'achat réel de la monnaie dans laquelle le créancier sera remboursé.

Ainsi, les États-Unis, qui empruntent uniquement en dollars, peuvent monétiser leur dette quasiment sans limite, ce qui explique que ce pays soit noté Aaa par Moody's et AA+ par Fitch et S&P alors que sa dette représente 115 % du PIB, soit un niveau nettement plus élevé que la plupart des pays notés en catégorie spéculative.

Le statut de monnaie de réserve peut se mesurer par la part d'une devise dans les échanges internationaux ou dans les réserves de change globales. À ce jour, le dollar US vient largement en tête, suivi de l'euro, du yen et des devises de pays avancés tels que le Royaume-Uni, l'Australie, le Canada et la Suisse[115].

Figure 2. Part de la devise dans les avoirs internationaux globaux (2024)

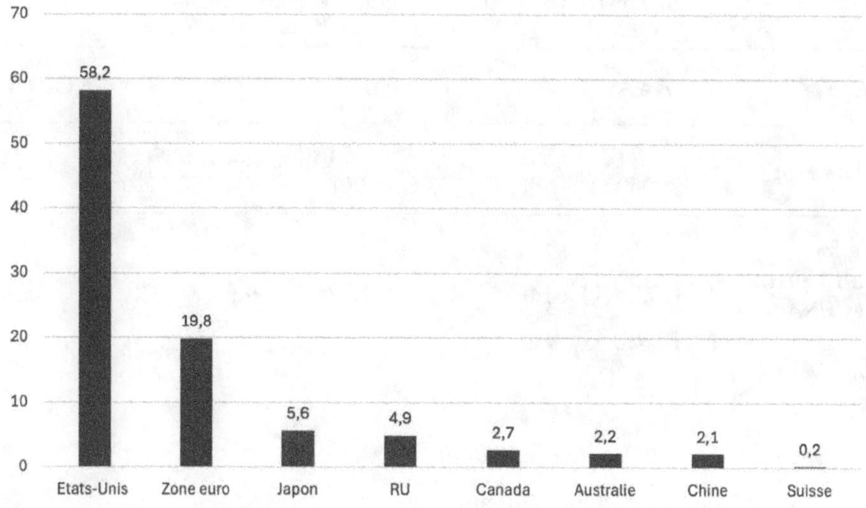

Source : FMI

[114] Voir chapitre 1, figure 4.
[115] Ces statistiques sont publiés et remises à jour par le FMI.

La quasi-totalité des PVD, dont la monnaie n'est pas une devise de réserve (les BRICS et quelques pays asiatiques constituent l'exception), ont recours à des emprunts libellés en devises étrangères, principalement en dollar américain (cf. chapitre 5). Cela pèse négativement sur leur note ; les notes des PVD sont, en moyenne, nettement inférieures à celles des pays avancés.

1.2. Les structures économiques, sociales et la gouvernance

Les structures économiques, sociales et politiques constituent un élément fondamental de la note de crédit d'un pays, car elles interviennent très en amont de la chaîne des causes expliquant un défaut de paiement. À l'exception du PIB/habitant, leur analyse s'appuie sur des facteurs difficiles à mesurer quantitativement, ce qui offre à l'agence une grande flexibilité dans la détermination de la note finale.

1.2.1. L'importance du PIB par habitant

Le PIB par habitant est un facteur essentiel dans l'appréhension du risque de défaut. Il indique le niveau de richesse du pays relativement à sa population. Plus le PIB par habitant est élevé, plus il est facile de collecter des impôts et donc des recettes pour l'État. Il est étroitement lié aux structures sociales et aux pratiques de bonne gouvernance. Sa corrélation avec le niveau des notes est très élevée, comme l'indique le tableau ci-dessous.

Tableau 1. PIB et notes de crédit (décembre 2024)

Note	**AAA**	**AA**	**A**	**BBB**	**BB**	**B**	**CCC-D**
PIB / Hbt	71 269	53 248	31 738	14 008	8 553	2 718	2 893
En % du PIB /Hbt des USA	82,5	61,6	36,7	16,2	9,9	3,1	3,3

Source : Fitch

1.2.2. Structures de l'économie

Elles incluent les facteurs suivants :

- Répartition du PIB par secteur : taille relative des secteurs primaire, secondaire et tertiaire, identification des principales filières industrielles. Présence de secteurs à forte valeur ajoutée (technologie, luxe, pharmacie, aéronautique), ou d'industries exposées à la concurrence internationale.

- Diversification sectorielle de l'économie : la concentration sur un petit nombre de secteurs, même à forte capacité exportatrice, affecte négativement la note.
- Ressources naturelles et situation géographique : la présence de richesses naturelles, la position géographique favorisant le commerce est un atout, surtout s'il s'agit d'hydrocarbures et de minéraux.
- Éducation et niveau de qualification des ressources humaines.
- Structure du commerce extérieur : présence d'industries exportatrices, dépendance trop importante aux importations.
- Mode d'organisation de l'économie : le libéralisme économique est considéré comme le système le plus efficace alors que l'interventionnisme est mal perçu.
- Politique en matière de commerce extérieur et d'investissements étrangers : mesures prises pour libéraliser ou contrôler le commerce international et pour attirer les investissements étrangers.

1.2.3. Structures sociales

L'environnement social n'a pas d'influence directe sur les notes, mais permet de comprendre les freins potentiels aux réformes économiques et politiques. L'analyse porte sur les facteurs suivants :

- *Démographie et culture :* taux de croissance de la population, répartition par âges, poids de la population urbaine/rurale, homogénéité du pays sur le plan religieux, existence de minorités culturelles ou ethniques ;
- *Structures éducatives et sanitaires :* niveau des structures éducatives, taux d'alphabétisation et de scolarisation, facilité d'accès aux soins, espérance de vie et mortalité infantile ;
- *Niveau et répartition des richesses :* niveau de concentration des revenus et des richesses, qualité des infrastructures (transport, énergie) ;
- *Fonctionnement du marché du travail :* taux de chômage, difficultés d'accès à l'emploi pour les jeunes, niveau des revenus, niveau des prélèvements sociaux, degré de flexibilité/rigidité du marché du travail, taux de syndicalisation.

Ces facteurs sont reflétés dans un indicateur publié par le Programme des Nations unies pour le développement (PNUD), l'Indice de développement humain (IDH), qui constitue une mesure pertinente des structures économiques et sociales d'un pays. Il est fortement corrélé aux notes de crédit.

Tableau 2. Indice du développement humain par niveau de note (2022)

Note	**AAA**	**AA**	**A**	**BBB**	**BB**	**B**	**CCC-D**
Percentile (en 2022)	96,3	91,4	82,2	65,1	53,1	23,9	32,5

Source : Fitch

1.2.4. Stabilité politique

La stabilité politique constitue un facteur clé dans la notation de crédit. L'analyse est largement qualitative et se focalise sur :

- *L'organisation de l'*État : degré de démocratisation du mode de gouvernance, centralisation des pouvoirs.
- *La vie politique intérieure :* fréquence de l'alternance politique, régularité des élections, crédibilité et popularité de l'opposition.
- *La stabilité du régime en place :* popularité et compétence des dirigeants, nombre d'années au pouvoir du régime en place, mode de désignation du successeur, existence de mouvements de rébellion.
- *Les relations extérieures :* objectifs de la politique extérieure, appartenance du pays à des organisations internationales ou à des unions (politique ou économique), relations avec les pays voisins et influence régionale, relations avec les organisations internationales, existence de menaces extérieures à la sécurité du pays.

1.2.5. Gouvernance publique

La manière dont un État est gouverné influence non seulement l'efficacité de l'économie mais également l'attractivité du pays et, en conséquence, les flux de capitaux étrangers. La qualité de la gouvernance se mesure à l'aune de plusieurs facteurs qualitatifs, parmi lesquels on peut citer la qualité des institutions publiques, l'efficacité des pouvoirs publics, la qualité de la réglementation, le fonctionnement de l'État de droit et la lutte contre la corruption.

Ces facteurs nécessitant une analyse qualitative, les agences se fondent sur les informations obtenues lors de leur visite, et, surtout, sur les indices fourmis par des observateurs extérieures objectifs, tels que Transparency International (indice de perception de la corruption – IPC) et la Banque mondiale (indices de gouvernance, comprenant six facteurs : voix citoyenne, stabilité politique, efficacité des pouvoirs publics, qualité de la réglementation, État de droit, maîtrise de la corruption).

Tableau 3. Indices de gouvernance de la Banque mondiale par niveau de note (2023)

Note	AAA	AA	A	BBB	BB	B	CCC-D
Moyenne des 6 indices	92,8	81,5	72,5	49,2	46,1	32,8	31,4
Stabilité politique	77,7	70,6	67,8	36,5	43,1	29,4	32,0
Efficacité des pouvoirs publics	97,6	90,1	78,8	58,0	49,1	34,0	33,3
État de droit	97,6	87,0	78,3	56,1	48,1	34,4	33,7
Maîtrise de la corruption	97,2	83,7	74,5	47,2	44,3	29,2	30,7
Qualité de la réglementation	97,2	90,3	76,4	60,8	52,8	30,2	29,2
Voix citoyenne	97,1	83,6	78,4	51,5	48,5	29,4	33,8

Source : Banque mondiale et Fitch

2. Performances économiques, financières et monétaires

Ces facteurs sont principalement de nature quantitative. Les agences s'appuient sur leur valeur passée ainsi que sur des prévisions à horizon de deux à trois ans.

2.1. Finances publiques

Afin d'anticiper un défaut de paiement, les agences doivent évaluer la capacité de l'État à générer des ressources financières afin d'assurer le service de sa dette à moyen et long terme.

2.1.1.Mesure de la dette

Nous avons étayé dans le chapitre 1 les différentes mesures de la dette publique. Les agences retiennent, pour mesurer la dette publique, le périmètre des administrations publiques (APU ou *general governement*). Elle peut être complétée par une analyse séparée de la dette de l'administration centrale (APUC ou *central government*) et des autres composantes de l'État (APUL et ASSO) pour les pays fortement décentralisés, mais celle-ci demeure secondaire car l'État a la possibilité de prélever des taxes sur les régions et provinces autonomes pour assurer le service de la dette de l'État central.

Les agences doivent d'abord s'assurer de la comparabilité des données entre les pays, puis calculer ensuite des indicateurs rapportant la dette et ses composantes à la taille de l'économie, mesurée par le PIB. La palette d'indicateurs retenus est large, mais les principaux sont les ratios de dette publique / PIB, dette extérieure / PIB, intérêts de la dette publique / PIB, répartition de la dette par composante. Nous présentons les plus pertinents dans le tableau 4

Tableau 4. Indicateurs d'endettement public par niveau de note (2024)

Note	**AAA**	**AA**	**A**	**BBB**	**BB**	**B**	**CCC-D**
Dette publique / PIB (%)	39,0	47,6	57,4	56,3	53,3	50,3	48,5
Dette des administrations / recettes de l'État (%)	82,3	161,0	141,6	266,8	188,8	350,0	350,8
Dette extérieure / Dette publique (%)	71,8	58,2	63,0	63,7	89,8	82,9	73,4

Source : Fitch

2.1.2. Ressources financières de l'État

L'évaluation de la capacité de l'État à honorer le service de sa dette s'appuie sur l'analyse des agrégats budgétaires du pays ; elle est réalisée à partir du budget de l'État (cf. chapitre 1), à partir desquels les agences réalisent des prévisions et évaluent le besoin en financement de l'État. Plusieurs indicateurs sont calculés afin de mettre en évidence les excédents ou déficits budgétaires relativement à la taille de l'économie ainsi que le montant et le service de la dette relativement aux revenus futurs de l'État.

Les agences privilégient le calcul du solde budgétaire sur la base des engagements plutôt que sur celle des encaissements, qui sont soumis aux variations de trésorerie. Les autres indicateurs les plus utilisés sont le solde primaire (avant charges financières) ainsi que les revenus et les dépenses de l'État rapportés au PIB. Le ratio des revenus de l'État sur le PIB fournit une bonne mesure du potentiel fiscal de la population, ce qui détermine les sommes pouvant être prélevées par l'impôt.

Le ratio des intérêts de la dette rapportés aux revenus ou au solde primaire permet d'appréhender le poids du coût de la dette dans le budget. Les agences rapportent également les amortissements et le service annuel de la dette aux revenus et au solde primaire afin de mesurer la capacité de remboursement.

Tableau 5. Indicateurs de ressources budgétaires par niveau de note (2024)

Note	AAA	AA	A	BBB	BB	B	CCC-D
Solde budgétaire / PIB (%)	0,2	2,3	2,8	3,8	3,2	3,4	4,3
Solde primaire / PIB (%)	0,7	-1 ,4	1,6	-1 ,3	0,3	0,6	0,6
Intérêts de la dette / Recettes de l'État (%)	1,3	3,3	3,6	8,9	10,2	12,9	15,4

Source : Fitch

Les indicateurs de finance publique ne sont pas tous corrélés à la note. On note que si les pays notés AAA sont les moins endettés relativement au PIB (39 %), le ratio de dette/PIB est très élevé pour certains pays notés AA, tels que les États-Unis et la France, qui bénéficient du statut de monnaie de réserve de leur devise et qui leur permet de monétiser facilement leur dette. Pour la même raison, les ratios de dette/PIB des pays en défaut ou proches du défaut se situent au même niveau que celui des pays en catégorie AA.

Si l'on observe les ratios des pays en catégorie CCC-D, on constate qu'ils se distinguent par une dette publique représentant plus de 350 % des recettes, et des charges d'intérêt supérieures à 15 % des recettes. Cela montre que les meilleurs indicateurs d'un défaut de paiement imminent sont les ratios fondés sur les ressources budgétaires et non sur le PIB. Les tableaux 4 et 5 montrent que ces ratios sont fortement corrélés aux notes des agences.

2.2. Engagements hors bilan

La crise de 2008 a mis en évidence la nécessité d'intégrer ces engagements dans l'analyse de la dette publique.

2.2.1. L'intégration des garanties explicites dans la dette publique

Lorsque l'État accorde sa garantie **explicite** à une dette, celle-ci est notée par les agences au même niveau que le souverain. L'effet des garanties **implicites** sur la dette n'est pas automatique. En effet :

- il n'est pas toujours aisé de déterminer si le soutien de l'État constitue une garantie implicite pour une entreprise ou une institution publique (cf. chapitre 2). Ainsi, le soutien de l'État accordé aux entreprises publiques, qui est un élément important de leur note, n'est pas intégré dans la dette publique. Il revient alors aux agences d'évaluer le risque que ce soutien implique pour l'État, ce qui se fonde en partie sur le jugement des analystes et non sur des données chiffrées ;
- la prise en compte des engagements de retraite des fonctionnaires pose un réel problème de comparaison des ratios d'endettement public, les pays ayant opté pour le système par répartition ne faisant apparaître aucune dette à leur passif (cf. chapitre 2).

Les méthodologies des agences sont opaques sur ce point. En particulier, elles ne mentionnent pas comment elles réconcilient la dette publique des pays dont la dette intègre les engagements de retraite des fonctionnaires (les pays anglo-saxons, pour résumer) avec celle des pays ayant opté pour le système par répartition (Europe continentale).

En ce qui concerne la France, les agences considèrent que, sur la base du décret de 1958 et de la loi de 1980, l'État se porte garant de la dette des EPIC ; ceux-ci, bien que ne bénéficiant pas d'une garantie explicite, sont notés au même niveau que le souverain. Cependant, les agences ne réintègrent pas la dette des EPIC dans la dette publique de la France. *Idem* pour les engagements de retraite des fonctionnaires, qui sont pourtant divulgués dans le CGE. La comparaison des ratios de dette avec un pays tel que les États-Unis ou l'Australie, qui intègrent leurs engagements de retraite dans leur dette, nécessiterait de procéder à ces retraitements.

2.2.2. Le système bancaire et financier

Nous avons montré dans le chapitre 2 que nombre de crises de dette souveraine, dont celles de 1929 et de 2008, ont provoqué la défaillance du système bancaire, nécessitant une intervention de l'État. Afin de jauger la stabilité du système financier, il est nécessaire d'évaluer la solvabilité et la liquidité des banques et d'identifier le risque de bulle sur les marchés financiers et immobiliers. Cela nécessite de s'interroger sur :

- La taille du secteur bancaire relativement à l'économie. Le total des actifs bancaires rapportés au PIB en fournit une bonne mesure (cf. tableau 6). Ce ratio est élevé pour les pays avancés et pour les pays bien notés, ce qui est signe de stabilité et permet d'attirer des capitaux. Cependant, un système bancaire surdimensionné peut entraîner des difficultés pour l'État si son intervention est nécessaire. Ce fut le cas pour l'Islande en 2007 et l'Irlande en 2009, par exemple, pays pour lesquels les actifs bancaires représentaient plus de 300 % du PIB, et dont la note fut dégradée de plusieurs crans suite au sauvetage du secteur bancaire.

- Le degré de contrôle des banques par des établissements étrangers et l'implication de l'État dans le capital des banques.
- *L'organisation de la réglementation bancaire*, en particulier le rôle de la banque centrale (est-elle un prêteur en dernier ressort ?) dans la prévention et la résolution des crises bancaires, l'existence d'un mécanisme de renflouement des banques illiquides ou insolvables (tel que le Fonds de résolution unique créé en 2014 pour soutenir les banques de l'UE en cas de besoin et éviter ainsi les interventions directes des États), l'historique récent des faillites bancaires.
- *La qualité de l'encours de crédit*, le ratio de l'encours de prêts douteux[116] rapporté à l'encours de prêts constitue un indicateur pertinent (cf. tableau 6). Il est fortement corrélé à la note souveraine. Il doit être complété par le degré de concentration des banques, la proportion des prêts accordés à l'État et aux entreprises publiques et le degré de provisionnement de l'encours douteux.
- *La santé financière des institutions bancaires*[117], qui peut se mesurer par le ratio de fonds propres réglementaires (ou *de Bâle*) pour l'ensemble des banques, les ratios de rentabilité (résultat net sur fonds propres et sur actif total) et les ratios de liquidité (prêts sur dépôts, actifs liquides sur dettes à moins d'un an). Cependant, ces ratios ont tendance à être faibles pour les banques des pays avancés, qui utilisent plus l'effet de levier que les banques des PVD ; en outre, le ratio de Bâle n'est pas toujours comparable pour les PVD, qui utilisent souvent des pondérations des risques fondés sur les notes locales, et donc plus généreuses. Ces indicateurs doivent donc être analysés avec prudence.

[116] Il s'agit généralement des prêts dont les annuités sont en retard de plus de trois mois.
[117] Voir la méthodologie de notation des institutions financières pour une présentation plus détaillée des indicateurs utilisés pour l'analyse de la solvabilité des banques.

Tableau 6. Indicateurs de stabilité du secteur bancaire par niveau de note (2024)

Note	AAA	AA	A	BBB	BB	B	CCC-D
Actifs bancaires totaux / PIB (%)	232,7	214,1	111,9	84,7	84,5	48,9	48,9
Prêts / dépôts (%)	157,8	97,1	83,4	86,4	93,0	86,0	75,8
Prêts non performants / Prêts (2023)	1,1	1,3	2,1	2,8	2,8	5,9	7,1
Ratio de Bâle (2023)	20,9	19,8	20,0	19,6	17,5	19,0	19,1

Source : Fitch

2.3. Finances extérieures

Le défaut d'un souverain sur sa dette en devises n'est pas uniquement lié à sa situation budgétaire. Il peut également trouver son origine dans une insuffisance de devises pour assurer le remboursement de la dette en monnaie étrangère.

2.3.1. Dettes et avoirs en devises

La dette extérieure totale du pays et celle libellée en devises doivent être comparées au PIB ainsi qu'au montant total de la dette publique. Pour la plupart des pays, et notamment les PVD, la dette en devises correspond à la dette extérieure ; ce n'est pas le cas des pays dont la monnaie est une devise de réserve (cf. chapitre 5). Cette dette doit aussi être rapportée aux avoirs internationaux conservés à la banque centrale (qui en constituent généralement l'essentiel). Ces avoirs sont constitués de titres de créance liquides (moins d'un an de maturité), émis par des États dont la devise est une monnaie de réserve, ainsi que d'or et de droits de tirage spéciaux (panier de monnaies du FMI). Les avoirs extérieurs du pays comprennent également les actifs extérieurs détenus par les entreprises privées et en particulier les banques. Ils sont cependant moins facilement mobilisables que les avoirs détenus par la Banque centrale en cas de crise.

Le montant des avoirs extérieurs, une fois déduit de la dette extérieure totale, permet de déterminer la dette extérieure nette. Elle doit être rapportée au montant du PIB ou des recettes en devises afin de la rendre comparable d'un pays à l'autre. Ces indicateurs ont un poids important sur la note, comme le montre le tableau 7. En effet, certains pays présentent une dette extérieure nette négative ; ils sont alors créanciers nets par rapport aux autres pays. Dans d'autres, les banques collectent des dépôts importants en devises, ce qui constitue une dette vis-à-vis de l'extérieur – leur retrait rapide est à l'origine de plusieurs crises financières (Corée du Sud en 1997). Il est nécessaire de limiter l'analyse de la solvabilité extérieure à l'État, auquel cas on retient la dette extérieure publique et les avoirs contrôlés par l'État – principalement ceux de la Banque centrale.

Tableau 7. Dette extérieure et avoirs internationaux par niveau de note (2024)

Note	AAA	AA	A	BBB	BB	B	CCC-D
Dette publique extérieure / PIB (%)	20,9	24,1	30,8	18,1	25,6	39,8	39,3
Dette publique extérieure nette / PIB (%)	14,0	-8,9	5,3	5,6	0,3	21,4	25,0
Dette publique en devise / Dette totale	0,0	0,0	1,4	27,2	54,7	58,5	55,8
Avoirs extérieurs en mois de dépenses extérieures courantes	1,9	3,7	1,9	5,5	4,9	4,5	3,5

Source : Fitch

Les avoirs extérieurs sont aussi comparés au montant annuel de l'ensemble des dépenses extérieures courantes, ce qui permet de déterminer le nombre d'années (ou de mois) de dépenses en devises que les réserves actuelles permettraient d'assurer sans que les pays ne perçoivent de recettes de l'étranger. Cet indicateur est peu corrélé aux notes car les pays à monnaie de réserve peuvent se dispenser de conserver des avoirs importants. Il est cependant à surveiller pour les pays plus faiblement notés, le seuil de trois mois constituant une alerte.

2.3.2. Flux financiers en devises

Les ressources et dépenses en devises du pays doivent être comparées à la dette et aux avoirs internationaux. Cela nécessite une analyse de la balance des paiements (BP, cf. chapitre 1), s'appuyant sur plusieurs indicateurs clés, notamment les ratios de revenus et de dépenses en devises rapportés au PIB, de solde du compte courant / PIB, de solde du compte courant + IDE / PIB, et de revenus en devises / intérêts de la dette en devises. Les intérêts et les amortissements de la dette extérieure et/ou en devises doivent également être comparés aux recettes courantes en devises du pays (ou aux exportations de biens et services).

Tableau 8. Flux financiers en devises par niveau de note (2024)

Note	**AAA**	**AA**	**A**	**BBB**	**BB**	**B**	**CCC-D**
Solde courant BP / PIB (%)	7,0	3,1	1,3	0,3	2,3	3,6	1,8
Dette publique extérieure / Recettes extérieures courantes (%)	21,0	45,4	42,2	42,4	45,0	109,2	113,4

Source : Fitch

L'agence doit également identifier les atouts et les contraintes du pays en matière de financement extérieur. Quels sont ses besoins futurs de financements ? Existe-t-il des limites à l'endettement fixées par des accords internationaux ? Elle doit ensuite cerner la stratégie financière suivie par le gouvernement afin de se procurer des financements au moindre coût tout en maintenant un niveau de liquidité suffisant. Les caractéristiques des émissions obligataires (maturité, taux variable ou fixe), le *spread* payé sur les emprunts, l'évolution récente du volume d'émissions de dette ou, au contraire, des remboursements anticipés, sont des indicateurs de la stratégie financière suivie.

2.4. Économie et monnaie

Les performances macroéconomiques, telles que la croissance économique, ont une influence secondaire sur les notes, en raison de leur caractère conjoncturel. Ainsi, la corrélation entre le taux de croissance du PIB et la note est généralement faible ; elle est un peu plus élevée pour l'inflation (mesurée par la variation de l'indice des prix à la consommation).

2.4.1. Croissance économique

On ne peut pas pour autant les occulter, mais l'analyse doit se concentrer sur les prévisions et non sur les données annuelles. Les agences se fondent donc sur des moyennes établies sur plusieurs années, trois à cinq ans, et sur des prévisions, pour mesurer ces variables. Elles peuvent également retenir la volatilité observée sur plusieurs années, à travers l'écart-type autour d'une moyenne historique.

En fait, les variables telles que le taux de croissance du PIB, sont surtout indispensables pour prévoir les données de finance publiques (déficit budgétaire par exemple) et extérieure (tel que le compte courant).

Tableau 9. Indicateurs de croissance, inflation et monnaie par niveau de note (2024)

Note	**AAA**	**AA**	**A**	**BBB**	**BB**	**B**	**CCC-D**
Croissance du PIB (%)	1,1	1,1	2,0	3,0	3,1	3,8	3,4
Inflation (%)	2,4	2,4	2,6	2,8	3,5	4,5	4,6
Masse monétaire / PIB (%)	99,0	111,2	102,6	57,2	58,7	39,0	39,2
Crédits au secteur privé / PIB (%)	127,8	110,3	75,3	35,4	52,0	25,1	25,0
Épargne intérieure brute / PIB (%)	31,6	29,7	24,7	23,9	19,9	17,6	18,8

Source : Fitch

2.4.2. Inflation et monnaie

L'inflation, en revanche, a une incidence plus forte sur les notes, car elle matérialise le risque de monétisation de la dette (cf. chapitre 6). La monétisation de la dette entraîne nécessairement une inflation, soit des biens de consommation, soit des actifs financiers ou immobiliers. Cette perte de valeur ne constitue pas un défaut *stricto sensu*, mais produit un effet comparable sur la richesse du créancier.

La note souveraine doit prendre ce risque de monétisation ainsi que son effet sur l'inflation et, de ce fait, sur le taux de change. L'objectif est d'évaluer la perméabilité de la relation entre le gouvernement et la banque centrale. Pour cela, les agences s'intéressent à plusieurs facteurs, dont la plupart sont qualitatifs, ce qui leur laisse une marge d'interprétation.

- *Institutions monétaires :* niveau d'indépendance de la banque centrale par rapport à l'État (si la banque centrale est réellement indépendante, elle n'acceptera pas nécessairement de monétiser la dette de l'État), appartenance du pays à une zone monétaire impliquant ou non l'existence d'une banque centrale régionale (si c'est le cas, influence du pays dans le processus de décision au niveau régional).
- *Politique monétaire :* croissance de la masse monétaire et de ses composantes, taux d'inflation observés, évolution des taux d'intérêt

(nominaux et réels) et de leur structure par terme, instruments de contrôle de la masse monétaire (imposition de réserves obligatoires aux banques, recours aux taux directeurs, ou utilisation des appels d'offres sur le marché), croissance récente du crédit à l'économie, objectifs fixés par la banque centrale en matière de contrôle de la masse monétaire.

3. Analyse de la méthodologie des agences

Bien qu'elles soient tenues réglementairement de publier leur méthodologie de notation, les agences s'octroient, dans leur approche, une importante marge d'appréciation fondée sur leur jugement. En principe, depuis la loi de 2012 passée dans l'UE, tout investisseur doit être en mesure de parvenir à la note attribuée par l'agence en appliquant ces méthodologies. En pratique, l'exercice est impossible en raison du grand nombre de critères qualitatifs utilisés par les agences.

Les trois principales agences utilisent *grosso-modo* les mêmes facteurs de notation - que l'on retrouve dans les facteurs présentés dans la section précédente - mais avec des pondérations et des algorithmes différents. S&P et Moody's optent pour une approche hybride regroupant critères qualitatifs et quantitatifs ; Fitch a recours à un modèle quantitatif, mais s'autorise à procéder à des ajustements subjectifs de la note ainsi produite.

3.1. L'approche de Moody's et S&P

Les approches de S&P et Moody's sont en de nombreux points similaires. Les facteurs quantitatifs et qualitatifs mentionnés ci-dessus sont regroupés en respectivement quatre (Moody's) et cinq (S&P) ensembles de critères auxquels elles attribuent un score. Ceux-ci sont issus de tables permettant d'associer à chaque valeur du critère - données quantitatives observées ou jugement de l'analyste - un niveau de score ou une note. Ceux-ci sont ensuite agrégés et transformés en note de crédit.

3.1.1. L'approche de Moody's

Les quatre ensembles de critères utilisés par Moody's (2022) sont : *performances économiques* (dynamique de croissance, taille, revenu), *institutions et gouvernance* (qualité des institutions, politiques mises en œuvre), *performances budgétaires* (poids de la dette publique, coût de la dette publique) et *risque de survenance d'une crise* (qu'elle soit politique, de liquidité des finances publiques, bancaire, ou liée aux finances extérieures).

Un score est calculé pour chaque groupe de critères, mais l'agence se laisse la possibilité d'ajuster celui-ci sur la base de jugements qualitatifs, ce qui, au final, lui octroie une large flexibilité dans l'attribution de la note. À partir de ces scores, des notes intermédiaires sont ensuite obtenues afin d'apprécier la résilience économique, la solidité financière de l'État, puis la note de crédit. Celle-ci peut être ajustée en prenant en compte d'autres éléments subjectifs liés au respect des méthodologies des autres secteurs influençant la note - le secteur bancaire, les caractéristiques des instruments de dettes notés ou d'autres facteurs susceptibles d'influencer la note.

Figure 3. Moody's : approche de notation souveraine

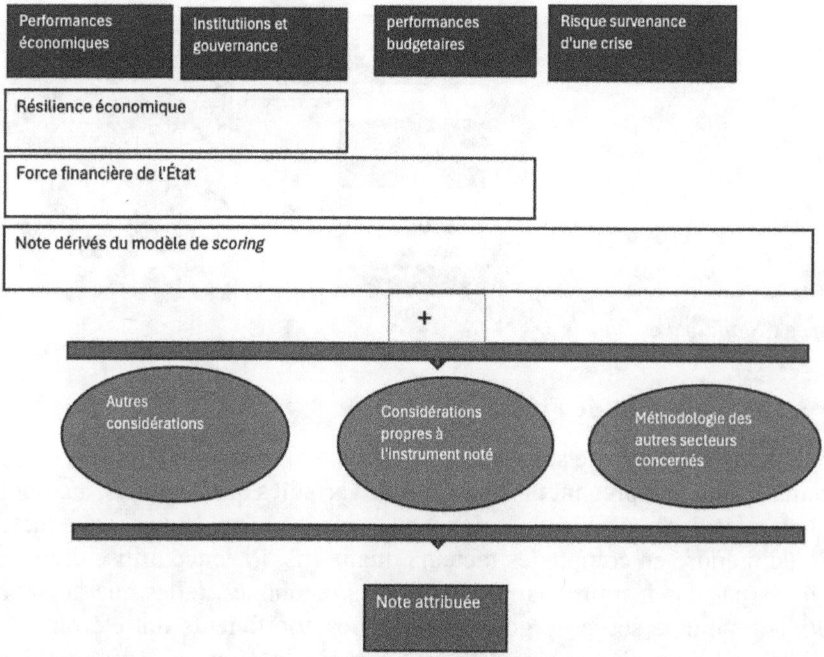

Source : Moody's

3.1.2. L'approche de S&P

S&P (2022) attribue un score pour le profil institutionnel et économique du pays, sur la base de critères proches de ceux utilisés par Moody's pour évaluer la résilience économique du pays (principalement les performances économiques et les caractéristiques structurelles du pays - institutions, gouvernance) et la solidité financière de l'État (qui inclut également les performances budgétaires). Pour chaque score, l'agence fait appel à des éléments de jugement subjectif.

À partir des notes attribuées à chaque profil, une note indicative est obtenue. Celle-ci peut être ensuite ajustée en prenant en comptes des éléments subjectifs pour parvenir à la note finale en devise internationale, puis à la note en devise locale.

Figure 4. S&P - Approche de notation souveraine

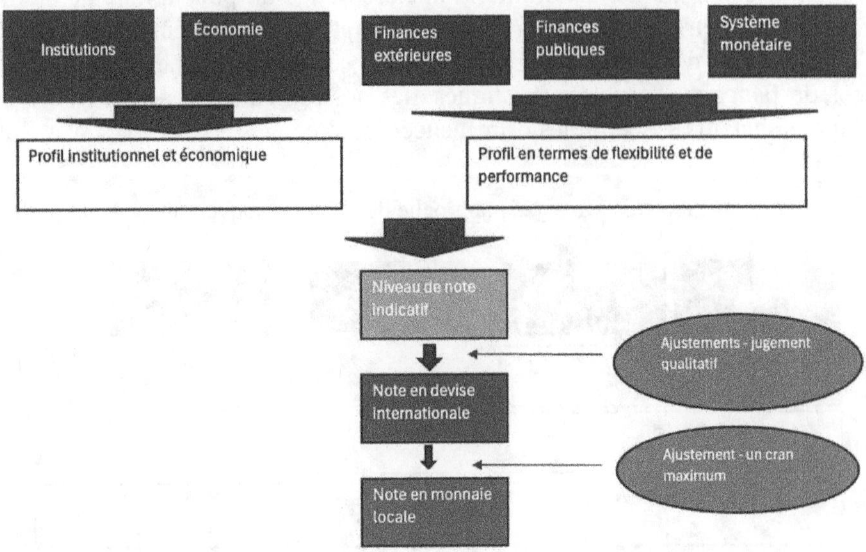

Source : Standard & Poor's

3.2. L'approche de Fitch

Fitch (2024) s'appuie sur une approche quantitative, où la note est obtenue par un modèle comprenant un ensemble de variables quantitatives, auxquelles sont affectés des coefficients, qui met en évidence le poids de chaque facteur. Afin de prendre en compte les facteurs qualitatifs, l'agence utilise des scores attribués par des institutions internationales reconnues, telles que la Banque Mondiale pour le score de gouvernance. Les coefficients ont été obtenus à partir d'une régression logistique, qui a permis de déterminer les principaux facteurs et leur poids respectif ; elle parait donc s'appuyer sur une démarche scientifique, réduisant la part du jugement qualitatif.

Cependant, l'agence se laisse la possibilité de modifier la note ainsi obtenue, sur la base de jugements qualitatifs. Les ajustements de la note obtenue par le modèle peuvent atteindre + ou - trois crans, ce qui lui octroie une marge de six crans sur une échelle qui en comprend 21.

Le modèle retenu par Fitch comprend dix-huit variables regroupées en quatre catégories de critères. Le risque politique et le climat des affaires sont englobés dans le score de gouvernance, qui est le critère ayant le poids le plus élevé dans le modèle (20 %), suivi du PIB par habitant ; les caractéristiques structurelles du pays ont un poids de 52,8 % dans la note attribuée par l'agence.

Tableau 10. Modèle de notation souveraine de Fitch

	Mesure	Impact	Poids (%)	Coefficient
Structures sociales et économiques			52,8	
Indicateurs de gouvernance	Année en cours	+	20	0,073
PIB par habitant	Année en cours	+	13,3	0,042
Part dans le PIB mondial	Année en cours	+	12,8	0,0583
Nombre d'années depuis dernier défaut	Année en cours	-	5,4	2,108
Masse monétaire M2 / PIB (%)	Année en cours	+	1,3	0,175
Performances macroéconomiques			11,1	
Volatilité de la croissance réelle PIB	Année en cours	-	5,5	0,886
Taux d'inflation (%)	Moyenne 3 ans	-	3	0,053
Croissance réelle PIB (%)	Moyenne 3 ans	+	2,6	0,084
Finances publiques			18,2	
Dette consolidée de l'État brute / PIB (%)	Moyenne 3 ans	-	8,3	0,022
Charge d'intérêts consolidée / Revenus de l'État (%)	Moyenne 3 ans	-	4,9	0,047
Excédent (déficit) public consolidé / PIB (%)	Moyenne 3 ans		2,5	0,047

	Mesure	Impact	Poids (%)	Coefficient
Dette consolidée en devises / Dette consolidée brute (%)	Moyenne 3 ans	-	2,5	0,07
Finances extérieures			17,9	
Statut de monnaie de réserve*	Année en cours	+	7,6	0,542
Position extérieure nette du souverain / PIB (%)	Moyenne 3 ans	+	7,1	0,012
Dépendance des exportations de matières 1eres	Année en cours	-	1,1	0,004
Avoir extérieurs (en mois de paiement ext. courants)	Année en cours	+	1,5	0,032
Service extérieur des intérêts / Revenus ext. courants	Moyenne 3 ans	-	0,4	0,006
Balance courante + IDE / PIB (%)	Moyenne 3 ans		0,4	0,002
Total			100,0	

Source : Fitch

4. Les limites de l'approche des agences

Il est important de rappeler que les agences de notation, contrairement aux cabinets d'audit comptable, n'ont pas pour objet de certifier des chiffres traduisant la situation financière actuelle ou passée d'une entreprise ou d'un État. Leur objectif est de mesurer la probabilité d'un défaut, en se fondant sur des prévisions qu'elles ont réalisées et sur leur propre appréciation de facteurs non mesurables quantitativement. Il est quasiment impossible de prévoir exactement, surtout sur un horizon lointain, la valeur des indicateurs mentionnés ci-dessus, et les erreurs sont inhérentes à l'activité des agences. Mais il est important de mesurer l'ampleur de ces erreurs et leurs conséquences sur les notes, et de déterminer si elles auraient pu être évitées.

4.1. Les critiques portant sur la notation souveraine

Nous avons présenté dans le chapitre 9 les principales critiques émises à l'encontre des agences. Certaines sont particulièrement acerbes lorsqu'il s'agit de notations souveraines, qui sont les émetteurs de dette les plus visibles du marché. Nous en proposons un aperçu ci-dessous.

- Pro-cyclicité des notes. Les agences ont été régulièrement accusées de ne pas avoir anticipé les défauts et crises de dette des souverains. Leurs actions tardives ont aggravé les crises et ont eu un effet auto-réalisateur. Cela fut particulièrement le cas lors de la crise asiatique de

1997. Selon certains économistes[118], les notes de ces pays ont été dégradées plus que nécessaire, ce qui a augmenté le coût de leur dette et rendu difficile l'accès au marché, aggravant ainsi la crise. Les agences seraient très sévères dans les situations de crise afin de préserver leur réputation, et plus généreuses en période de boom économique, comme ce fut le cas dans la période précédant la crise de 2008.

- Biais défavorables aux PVD, pouvant également avoir des effets autoréalisateurs[119]. Une étude de Griffith-Jones et Kraemer (2021) montre que les agences ont été beaucoup plus sévères avec les PVD lorsqu'elles ont évalué les conséquences de la crise de la Covid-19 sur les notes souveraines. Ce biais serait particulièrement fort vis-à-vis de l'Afrique et a conduit l'Union africaine à créer sa propre agence de notation[120].
- Prise en compte insuffisante des engagements hors bilan des pays, et en particulier du soutien au secteur bancaire, qui fut à l'origine de la crise financière de 2008[121].

4.2. Comment mesurer les erreurs des agences ?

Pourtant, la relation entre les notes et les taux de défaut présentée dans le chapitre précédent prouve qu'en moyenne, et sur une longue période d'observation, les notes des agences traduisent correctement le risque de défaut. En fait, on a observé, au cours des 30 dernières années, seulement une dizaine de cas de dégradation brutale de note souveraine. Le tableau 11 présente, pour l'agence Fitch, les cas où la note d'un pays a été dégradée de plus de six crans en moins de trois ans[122].

Il s'agit de cas de pays qui bénéficiaient d'une note moyenne-haute (BBB) ou moyenne-faible (BB) dans l'année qui précédait un défaut de paiement, ou de pays ayant dû faire appel à des fonds de secours alors qu'ils étaient très bien notés (AAA ou AA) quelques années avant. Il est clair que dans ces cas, les agences n'ont pas su anticiper les crises de dette suffisamment à l'avance.

---

118 Voir notamment Ferri, Lui et Stiglitz (1999).

119 Voir notamment Tennant, Tracey et King (2020).

120 Union africaine, African Peer Review Mechanism. https://aprm.au.int/en/documents/2025-02-11/africa-sovereign-credit-rating-outlook-2024-year-end-review

121 Voir le rapport *The uses and abuses of sovereign credit ratings, Global financial stability report sovereigns, funding, and systemic liquidity*, FMI, 2010.

122 Rappelons que les matrices de transition réalisées par les agences à partir des historiques de défaut indiquent qu'une dégradation de plus d'un cran en un an est rare. On peut donc considérer qu'une dégradation de deux crans et plus non provoquée par des événements imprévus, est une erreur de la part de l'agence.

Tableau 11. Cas de dégradation de note par Fitch
de plus de six crans en moins de 3 ans

Pays	Date début de crise	Note	Date fin de crise	Note	Laps de temps	Nbre de crans d'écart
Corée du Sud	juin-96	AA-	janv-98	B-	19 mois	12
Indonésie	déc-97	BBB-	mars-98	B-	4 mois	6
Argentine	Mars-01	BB	déc-01	Défaut	9 mois	8
Uruguay	mars-02	BBB	mai-03	Défaut	14 mois	10
Islande	mars-07	AA-	janv-10	BB+	33 mois	7
Irlande	avr-09	AAA	déc-10	BBB+	19 mois	7
Grèce	avr-10	BBB+	mars-12	Défaut	23 mois	14
Portugal	mars-10	AA	nov-11	BB+	20 mois	8
Espagne	mai-10	AAA	juin-12	BBB	25 mois	9
Russie	août-19	BBB	mars-22	C	21 mois	13

Source : Fitch et auteurs

Nous tentons d'analyser les raisons de ces erreurs et d'en tirer des enseignements.

4.2.1. La crise asiatique (1997-1998)

En 1997, plusieurs pays asiatiques ont dû faire face à un retrait massif des capitaux étrangers (cf. chapitre 8). Or, certains avaient financé leur croissance rapide par des dettes à court terme ou des dépôts bancaires étrangers. La conséquence fut une insuffisance d'avoirs internationaux au regard de leur dette en devises. L'Indonésie fut dégradée de six crans en seulement quatre mois et la Corée du Sud de douze crans en moins de deux ans. Le défaut ne fut évité que grâce à des prêts d'urgence des multilatéraux.

Les agences n'avaient pas accordé suffisamment d'importance à la faible liquidité internationale de ces pays. Après cette crise, Fitch introduisit dans sa méthodologie un ratio dit de liquidité internationale, comparant les avoirs extérieurs aux dettes extérieures à moins d'un an, augmentées du service de la dette pour l'année en cours.

4.2.2. La crise argentine

L'erreur des agences sur la notation de l'Argentine est moins grave qu'il n'y paraît, malgré une dégradation de huit crans en neuf mois. En effet, lorsqu'un pays est faiblement noté et, *a fortiori*, qu'il approche du défaut, sa situation financière peut se détériorer rapidement et, comme l'indiquent les matrices de transition, les notes sont moins stables. Cependant, bien qu'elles aient attribué une note spéculative (BB+) au pays, les agences ne s'attendaient pas à un défaut de paiement imminent, et durent dégrader la note de huit crans au cours de l'année 2001.

Si l'on remonte la chaîne de causalité, on peut attribuer ce défaut à la libéralisation trop rapide du pays, imposée par le FMI, et au système de caisse d'émission liant le peso au dollar US (cf. chapitre 8). Or, sur ce point, les agences font preuve du même dogmatisme que les institutions de Bretton Woods. Elles ont sous-évalué le risque de récession induit par une compression trop rapide des dépenses publiques et les fuites de capitaux qui s'en suivent.

Le défaut de l'Uruguay, pays dont l'économie est très liée à celle de l'Argentine, peut être analysé comme un dégât collatéral, attribuable à la chute du commerce et des transactions financières avec leur voisin. Les agences ne l'avaient pas compris à temps, la note fut dégradée de dix crans en quatorze mois, à partir d'une note d'investissement (BBB). L'erreur était donc plus grave que pour l'Argentine.

4.2.3. La crise des dettes européennes

L'incapacité des agences à anticiper la crise des pays dits périphériques de la zone euro a constitué la principale erreur de notation souveraine des agences. Le défaut de la Grèce en mars 2012, qui était notée en catégorie d'investissement (BBB+) deux ans auparavant (et A moins de trois ans avant) a été, par son montant, le plus important de l'histoire économique moderne (cf. chapitre 4)

La crise des dettes européennes débuta en 2007, avec la dégradation brutale de l'Islande, petit pays hors UE, qui avait dû renflouer dans l'urgence son secteur bancaire surdimensionné. Puis, à partir de 2009, suite à la crise des *subprimes*, des pays bien notés tels que l'Irlande (AAA), l'Espagne (AAA) et le Portugal (AA), durent également s'endetter pour soutenir leurs banques et furent dégradés de sept à neuf crans en moins de deux ans, dévoilant ainsi les faiblesses d'un modèle économique centré sur la banque et l'immobilier, qui n'avait été perçues ni par les agences de notation ni par le FMI ou l'UE.

Pour la Grèce, la situation fut aggravée par des pratiques comptables douteuses. Après une dégradation de quatorze crans en moins de deux ans, un record inégalé en temps de paix, le défaut fut déclaré. Sans les prêts d'urgence massifs du FESF et du MES, créés par les pays européens dans l'urgence en 2010 et 2012, il est probable que Chypre, l'Irlande, l'Espagne, et le Portugal se seraient également déclarés en défaut sur leur dette.

Il apparait que les agences n'avaient pas évalué correctement le risque associé aux engagements hors-bilan que constituaient un secteur bancaire surdimensionné et fortement engagé sur le secteur immobilier, qui entra en crise à partir de 2008. Trop d'importance avait été accordée aux indicateurs de croissance, alors que celle-ci était tirée par les secteurs bancaires et immobiliers.

En revanche, bien qu'elle ait été brutale (treize crans), la dégradation de la Russie entre 2019 et 2022 ne peut être considérée comme une erreur des agences, la guerre avec l'Ukraine ne pouvant être anticipée.

4.3. Quels enseignements tirer sur la qualité des notations souveraines ?

Ces erreurs mettent en lumière des limites méthodologiques qui ne se manifestent que dans les situations de stress intense, comme ce fut le cas pour les crises asiatique, argentine et de la zone euro. Ainsi, l'insuffisante prise en compte du risque de liquidité internationale (crise asiatique de 1997) et la sous-estimation des engagements hors bilan des souverains (crise de la zone euro) en sont les principaux exemples. Si les agences ont, depuis 2008, pris en compte dans leur méthodologie les garanties implicites accordées au secteur bancaire, certaines dettes contingentes, telles que les engagements de retraite ou le soutien aux organismes internationaux, ne sont pas encore prises en considération.

4.3.1. Les engagements de retraite

Les engagements de retraite des pays ayant opté pour le régime par répartition continuent de croître avec le vieillissement des populations (cf. chapitre 2). Des pays tels que la France, l'Italie et la Grèce n'ont pas créé suffisamment de réserves pour financer la progression séculaire des dépenses de retraite, qui absorbent une part croissante du budget.

Or, ces engagements, dont les montants sont pourtant disponibles dans les comptes patrimoniaux des pays, ne sont pas intégrés dans les mesures de dette des agences de notation, ce qui a pour effet de sous-estimer les ratios de dette, et de biaiser les comparaisons par rapport aux pays ayant adopté le système par capitalisation, en particulier les anglo-saxons. On rappelle qu'en France, ces engagements s'élevaient à 1 841 milliards d'euros, soit un montant équivalent à près de la moitié de la dette totale des administrations.

4.3.2. Le soutien aux institutions multilatérales

Les dettes des institutions supranationales, telles que les BMD (cf. chapitres 1 et 7), bénéficient du soutien des États-membres. Pour certaines d'entre elles, ce soutien est indispensable pour maintenir une note élevée. C'est le cas de l'UE dont la note AAA repose entièrement sur la garantie implicite des États-membres[124]. Nous avons montré, dans le chapitre 2, que ces engagements, qui prennent la forme de capital appelable ou de clause de soutien dans des traités internationaux, apparaissent en hors bilan dans les comptes des États. Ils représentent des montants importants, en particulier pour les pays européens, qui apportent leur soutien non seulement aux BMD, mais également aux institutions supranationales européennes. Selon une étude de Fitch (Paget-Blanc *et al.*, 2019), ces engagements représentaient 4,3 % du PIB pour l'Allemagne et 5,1 % pour la France.

Les agences de notation n'intègrent dans la dette publique que les engagements bénéficiant d'une garantie explicite ; seul le FESF l'a obtenu. Or, l'UE a considérablement augmenté son endettement à la suite de la Covid-19 et envisage de créer une nouvelle institution supranationale, le Mécanisme Européen de Défense afin de financer son plan de réarmement de 800 milliards d'euros, ce qui se traduira par une hausse des engagements des États-membres… qui ne sont pas pris en compte par les agences.

Conclusion

Les méthodologies de notation souveraine développées par les trois principales agences s'appuient, dans l'ensemble, sur les mêmes facteurs, et les notes qu'elles attribuent aux dettes des pays diffèrent peu. Si le niveau d'endettement public est un critère déterminant de notation, les critères qualitatifs, en particulier les structures économiques sociales et institutionnelles d'un pays, ont une influence primordiale, ce qui laisse aux agences une large marge de manœuvre dans l'attribution des notes. Le revenu par habitant et le statut de monnaie de réserve constituent des facteurs clés, ce qui explique que les notes des pays avancés soient plus élevées que celles des PVD. Pour ces derniers, la part de l'endettement en devises et le montant de la dette extérieure nette des avoirs internationaux sont particulièrement importants, car ils déterminent la capacité à rembourser les créanciers étrangers.

Dans l'ensemble, on constate une forte corrélation entre les notes souveraines et les taux de défaut observés. Les reproches adressés aux agences doivent donc être relativisés. Cependant, bien qu'elles soient peu nombreuses,

[124] Les traités européens stipulent que si l'UE n'a pas à sa disposition les fonds nécessaires pour assurer le service de sa dette, les états-membres sont tenus, collectivement, de fournir les fonds nécessaires.

les erreurs d'analyse commises ont entraîné des dégradations brutales de note, qui ont eu des conséquences lourdes pour les pays concernés et pour les investisseurs. Les agences ont revu leurs critères afin de mieux appréhender le risque d'illiquidité internationale et celui lié aux engagements des États à soutenir leur secteur bancaire. Certaines dettes contingentes, telles que les engagements de retraite ou le soutien aux organismes supranationaux, paraissent toutefois encore sous-estimées.

Les agences ne semblent pas avoir intégré dans leurs notes la remise en cause du statut de monnaie de réserve du dollar et des autres devises fortes occidentales, telles que l'euro ou le yen. Or, plusieurs signes devraient les alerter, notamment la multiplication des transactions sur les matières premières réalisées en devises de pays émergents, ou les ventes massives de dollars américains par les banques centrales de ces pays, en particulier la Chine. Si le dollar ou l'euro venaient à perdre leur statut de réserve, la note de crédit des États-Unis et de nombreux pays européens, au premier rang desquels la France, devraient être abaissées de plusieurs crans. Ce processus sera long, mais on peut se demander si les agences ne devraient pas commencer à ajuster progressivement leurs notes.

Conclusion

Nous avons tenté, dans cet ouvrage, de comprendre comment les États résolvent les crises de dette publique. L'histoire montre que peu de pays sont parvenus à surmonter une dette excessive par la seule croissance économique, comme le fit la Grande-Bretagne au XIXe siècle, ou par une hausse massive de la fiscalité. Mais cette trajectoire reposait sur une démographie dynamique, des gains de productivité considérables et une industrialisation en plein essor, accompagnées d'une expansion coloniale génératrice de revenus. Aujourd'hui, dans les pays avancés, le vieillissement des populations et la stagnation de la croissance rendent une telle issue improbable. Les PVD, quant à eux, disposent d'un potentiel de croissance plus important, mais nombre d'entre eux demeurent contraints par le poids de leur dette en devise étrangère.

1. De Charybde en Scylla : choisir entre monétisation et restructuration de la dette

Tels les navigateurs antiques tentant de passer entre Charybde et Scylla, deux rochers mortels habités par des monstres, les États surendettés doivent arbitrer entre deux solutions fatales pour les épargnants : la monétisation ou la restructuration de la dette. Elles ont en commun d'entraîner des pertes pour les créanciers, mais leurs conséquences économiques et sociales diffèrent.

La monétisation permet à l'État d'effacer sa dette sans se déclarer en défaut, mais elle dilue lentement la valeur des créances, entraînant à terme la ruine des prêteurs. Elle a également pour effet de provoquer une hausse généralisée des prix qui, si elle n'est pas compensée par un relèvement des revenus, affecte le pouvoir d'achat de l'ensemble de la population, épargnants et salariés. Dans les pays ayant adopté un système de retraite par capitalisation, elle peut également entraîner la ruine des retraités. Ainsi, la monétisation engagée entre 2009 et 2012 dans les pays avancés, en réponse à la hausse de l'endettement de plusieurs États, tels que les États-Unis et la France, a provoqué une hausse des prix à la consommation, mais surtout de la valeur des actions, des biens immobiliers et des métaux précieux.

Ceci affecte le pouvoir d'achat des salariés, mais également celui des personnes désireuses d'acquérir un logement, c'est-à-dire essentiellement les jeunes générations, tandis que les propriétaires et les détenteurs d'actions –

principalement des retraités ou des rentiers – bénéficient pleinement de l'effet de richesse. Il s'ensuit un conflit intergénérationnel latent et une montée des inégalités, très perceptible en France. Cette situation pourrait être aggravée par l'érosion de la valeur de l'épargne investie en obligations d'État, telles que les assurances-vie, dont la population ne semble pas encore avoir pris conscience.

La restructuration de la dette pénalise les détenteurs de capital financier, principalement les banques commerciales et les divers fonds d'investissement qui la détiennent. Si, dans le passé, les principaux perdants étaient des rentiers généralement aisés – ce fut le cas des porteurs d'emprunts russes en 1917 –, elle touche désormais les petits épargnants ayant placé leurs économies dans des fonds de placement collectif ou dans des contrats d'assurance-vie. Ainsi, les détenteurs de parts d'OPCVM ayant investi dans des titres d'État grecs ont subi de lourdes pertes, tout comme les investisseurs ayant acheté des eurobonds émis par l'Argentine dans les années 1990. Mais les principaux perdants demeurent les populations à faible revenu des pays emprunteurs. En effet, les restructurations de dette sont accompagnées de mesures d'austérité drastiques imposées par les créanciers, typiquement des baisses de subventions sur les produits énergétiques ou alimentaires, ou encore des réductions de salaires et de pensions. Elles impliquent également des réformes fiscales destinées à améliorer la collecte des impôts. Un grand nombre de PVD, très endettés vis-à-vis de créanciers étrangers, ont fait ce choix, tout comme la Grèce, seul pays avancé à avoir fait défaut sur sa dette à l'époque contemporaine. Celle-ci a dû réduire massivement les salaires et les retraites des fonctionnaires, et la population n'a toujours pas retrouvé son niveau de vie de 2009.

Nous avons montré que le choix entre ces deux options dépend avant tout de la devise dans laquelle est libellée la dette : la monétisation n'est possible que si la dette a été contractée en monnaie nationale. Ainsi, dans la période qui a suivi la Seconde Guerre mondiale, les pays avancés, qui s'endettent toujours dans leur propre devise, ont opté pour une monétisation massive afin d'effacer leurs lourdes dettes de guerre. Cela entraîna la ruine de nombreux retraités et rentiers.

Jusqu'en 2010, les restructurations de dette ne concernaient que les PVD, principalement africains ou latino-américains, qui avaient contracté des emprunts en dollars pour financer leur développement, engagés à la suite des indépendances. Suite à la crise de 2008, les marchés financiers ont réalisé que nombre de pays avancés étaient surendettés, et certains ont dû renégocier leurs dettes auprès des bailleurs de fonds supranationaux. Les principaux pays avancés ont dû avoir recours, à partir de 2009, à la monétisation de la dette, qui avait pourtant été proscrite depuis la fin des années 1970.

2. Le statut de monnaie de réserve : la clé de l'accès à une note élevée et au marché de la dette

Dans les pays avancés, la fin du financement des déficits publics par les banques centrales a entraîné un changement de paradigme au début des années 1980. En effet, une fois la création monétaire maîtrisée, l'inflation a diminué, provoquant une hausse des taux d'intérêt réels des bons du Trésor, devenus attractifs pour les investisseurs. La demande de titres de dette publique s'est alors envolée, en particulier aux États-Unis et dans de nombreux pays de la zone euro (dont la France). Ces derniers ont bénéficié du statut de monnaie de réserve de leur devise pour placer leurs bons du Trésor dans les réserves de change des banques centrales du monde entier, y compris celles des PVD, qui continuent ainsi, de fait, à participer au financement des déficits des pays avancés.

Il s'en est suivi une croissance exponentielle des marchés obligataires, stimulée également par le démantèlement des barrières aux flux de capitaux. C'est dans ce contexte qu'ont émergé les agences de notation de crédit, dont la fonction est d'informer les acheteurs de titres sur le risque de défaut des émetteurs souverains. Alors qu'elles n'avaient qu'une utilité marginale dans un monde où les banques centrales étaient les principaux bailleurs de fonds des États, elles ont rapidement acquis un rôle clé dans l'accès des États aux marchés internationaux de la dette, où les investisseurs ont besoin d'informations sur le risque auquel ils s'exposent. Non régulées et dépourvues de réelle expérience dans l'analyse du risque souverain, alors même que leurs décisions étaient lourdes de conséquences, elles n'ont pas anticipé à temps les crises de la dette souveraine asiatique dans les années 1990, ni celle de la zone euro entre 2009 et 2012.

Il est cependant important de comprendre que les agences de notation n'ont pas pour mission de prévoir les défauts de paiement, mais d'en estimer la probabilité d'occurrence. En ce qui concerne les dettes souveraines, les défauts tardivement anticipés ont principalement concerné les pays asiatiques en 1998 et, surtout, les pays de la zone euro entre 2009 et 2012, en particulier la Grèce. Rapporté au nombre total de notes attribuées, leur fréquence reste relativement limitée et cohérente avec les probabilités de défaut associées aux notations.

La sévérité des agences à l'égard des PVD a également fait l'objet de critiques. Or, il ne faut pas oublier que les notes intègrent la capacité d'un État à monétiser sa dette – c'est même le critère principal. En conséquence, il est logique que les pays dont la monnaie a le statut de devise de réserve, et en particulier les États-Unis, bénéficient d'une note très élevée, tandis que ceux qui s'endettent en devise étrangère, principalement les PVD, soient faiblement notés, car ils s'exposent à un risque d'assèchement de leurs réserves de change nécessaires au remboursement de la dette. L'injustice que ces derniers perçoivent n'est que le reflet du système monétaire international établi en 1944, qui a consacré le dollar comme principale monnaie de réserve.

Dans les années 2010, ce système a commencé à être remis en question par plusieurs PVD, menés par la Chine, le Brésil, la Russie, l'Inde et l'Afrique du Sud (les BRICS). Leur objectif est de mettre fin à la prééminence du dollar dans les échanges et dans les avoirs internationaux. La part du dollar dans les réserves mondiales a d'ailleurs commencé à diminuer. Mais ce processus sera long, car aucune des monnaies des PVD n'offre encore un degré de liquidité et de sécurité suffisant pour remplacer le dollar – voire l'euro ou le yen – comme monnaie de réserve. Si ce processus venait à aboutir, les États-Unis et les autres pays à monnaie de réserve rencontreraient alors des difficultés accrues à placer leurs titres de dette auprès des banques centrales étrangères.

3. La France : passager clandestin de la zone euro

Le statut de monnaie de réserve de l'euro et le soutien des pays d'Europe du Nord permettent à la France, malgré la croissance exponentielle de sa dette, de bénéficier d'une note relativement élevée et d'avoir accès aux marchés financiers à des conditions très favorables, avec une marge de 0,7 % à 0,8 % par rapport à l'Allemagne pour les obligations à dix ans. En effet, l'Allemagne, les Pays-Bas et le Luxembourg jouissent de la note maximale AAA. Les pays présentant davantage de risques en bénéficient indirectement grâce aux achats de titres de la BCE, qui constituent une forme de mécanisme de solidarité financière intra-européen. C'est le cas de la France, dont la note a été dégradée à plusieurs reprises par les agences – dont Fitch, qui l'a abaissée à A+ en septembre 2025 –, ce qui la situe dans la même catégorie que le Portugal et l'Espagne. À la différence de ces deux pays, la France n'a cependant pas vu sa note relevée ces dernières années, et les perspectives demeurent négatives.

Ces dégradations successives traduisent l'incapacité de l'État français à réduire son déficit budgétaire et à stabiliser sa dette, dans un contexte d'instabilité politique croissante. L'éventualité d'une restructuration de la dette, voire d'un défaut, est régulièrement évoquée dans la presse. Certains comparent la situation de la France à celle de la Grèce en 2009, un an avant la restructuration de sa dette.

En effet, comme la Grèce, la France doit supporter, outre la dette de ses administrations, une dette contingente importante dont la matérialisation est certaine : les pensions à verser aux fonctionnaires. De ce point de vue, on peut affirmer que la dette publique française, qui s'élève à 3 400 milliards d'euros à fin septembre 2025, mériterait d'être réévaluée d'environ 1 800 milliards d'euros (soit environ + 53 %) afin d'être comparée à la dette des pays anglo-saxons. Cette dette contingente se matérialise par l'augmentation rapide des pensions des fonctionnaires, qui absorbent chaque année une part croissante des recettes de l'État. La plupart des pays anglo-saxons, plus prudents, intègrent ces dépenses futures dans la dette des administrations publiques.

Le rétablissement de l'équilibre budgétaire est freiné par deux autres facteurs sur lesquels la France se distingue des autres pays avancés : (i) l'importance des dépenses sociales, qui sont les plus élevées du monde relativement au PIB et sont appelées à progresser plus vite que les revenus de l'État ; (ii) le poids de l'administration, qui se traduit par un nombre de fonctionnaires par habitant parmi les plus élevés au monde. Les autres causes du déficit identifiées par les analystes des agences et les économistes – au premier rang desquelles la faiblesse de la croissance économique – ne doivent pas être pour autant occultées, mais elles sont communes à d'autres pays avancés, y compris ceux bénéficiant des meilleures notes de crédit.

Selon le Projet de loi de finances – le budget présenté au Parlement – la charge de la dette de l'État atteindra 59,3 milliards d'euros en 2026. Elle représentera 14,9% des recettes prévues de l'État, un ratio comparable à celui des pays notés dans les catégories de note CCC / D, dont la probabilité de défaut est la plus élevée. Cet indicateur constitue un signal précoce de difficulté à honorer le service de la dette : il se situait à 12,8% pour la Grèce en 2009, avant de passer à 16,9% en 2010, l'année où sa dette fut restructurée. Comme la Grèce, la France est dans l'impossibilité théorique de monétiser sa dette. Bien que la dette française soit libellée en monnaie domestique, l'euro, la création monétaire relève de la BCE, qui est théoriquement indépendante.

La restructuration demeure donc, en principe, la seule option possible pour résoudre la situation de surendettement de la France. Cependant, depuis 2012, la BCE a clairement montré que les pays de la zone euro ne laisseraient pas l'un des leurs faire défaut sur sa dette – *a fortiori* la France, qui représente 19 % de l'économie de la zone. Un défaut français entraînerait des pertes colossales pour les investisseurs et aurait des conséquences systémiques, c'est-à-dire susceptibles d'entraîner l'effondrement du système financier européen, voire mondial. Il est donc, en réalité, peu envisageable que la BCE refuse d'acheter des bons du Trésor français, d'autant que les mécanismes récemment mis en place rendent cela possible. Depuis juillet 2022, le *Transmission Protection Instrument* permet même à la BCE d'acheter de manière ciblée la dette d'un pays membre pour contenir une hausse brutale de ses taux. Mais on peut s'attendre à une pression accrue des gouvernements européens pour pousser la France à respecter les critères de convergence, comme ils l'ont fait pour les pays du Sud de l'Europe après la crise des années 2010-2012. La France devra alors cesser de se comporter comme le passager clandestin de la zone euro ; la question est de savoir quand.

À moins que les autres pays avancés, à commencer par les États-Unis, n'empruntent définitvement le chemin de la monétisation de leur dette, dans quel cas la France pourrait poursuivre sa fuite en avant budgétaire. En effet, à l'instant où nous achevons la rédaction de cet ouvrage, les États-Unis, le Japon, le Royaume-Uni et plusieurs pays de la zone euro ne semblent pas en mesure de revenir à l'équilibre budgétaire. La Fed a abaissé ses taux directeurs, ce qui indique qu'elle va poursuivre sa politique monétaire expansionniste afin de financer les déficits du pays, d'autant que les pays émergents vendent leur stock de *Treasury Bills*. Les Européens n'auront d'autre choix que de suivre…

Bibliographie

African Development Bank (2018). *Zimbabwe country strategy paper 2014-2018.*

Agence France Trésor (2024). *Présentation des spécialistes en valeurs du Trésor.* Ministère de l'Économie et des Finances.

Agence France Trésor (2024). *Rapport annuel 2023.* Ministère de l'Économie et des Finances.

Agence France Trésor (s.d.). *Définition du périmètre de la dette.* https://www.aft.gouv.fr/fr/definition-perimetre

Agénor, P.-R., & Montiel, P.J. (2015). *Development Macroeconomics.* Princeton University Press (4th ed.).

Alesina, A., & Perotti, R. (1997). Fiscal Adjustments in OECD Countries: Composition and Macroeconomic Effects. *IMF Staff Papers*, 44(2), 210-248.

Andreau, J. (2006). Existait-il une dette publique dans l'Antiquité romaine ? Dans J. Andreau, G. Béaur, J.-Y. Grenier & C. Pébarthe (eds.), *La dette publique dans l'histoire* (p. 101-114). Institut de la gestion publique et du développement économique. https://doi.org/10.4000/books.igpde.1810

Asonuma, T., & Trebesch, C. (2016). *Sovereign debt restructurings: Pre-emptive or post-default* (IMF Working Paper 16/212). International Monetary Fund.

Bairoch, P. (1995). *Economics and world history: Myths and paradoxes.* Chicago: University of Chicago Press.

Bank for International Settlements (2023). *Locational banking statistics.* Retrieved from https://www.bis.org/statistics/bankstats.htm

Bank of Canada (janvier 2025). *La fin du resserrement quantitatif et les prochaines étapes.* https://www.banqueducanada.ca/2025/01/la-fin-du-resserrement-quantitatif-et-les-prochaines-etapes/

Bank of Canada (février 2025). *Assouplissement quantitatif expliqué.* https://www.banqueducanada.ca/2025/02/assouplissement-quantitatif-explique/

Bank of England (2009, March). *BoE launches asset purchase programme.* https://www.bankofengland.co.uk/news/2009/march/boe-launches-asset-purchase-programme

Bank of England (2020, March). *Bank of England increases holdings of UK government bonds and corporate bonds.* https://www.bankofengland.co.uk/news/2020/ march/bank-of-england-increases-holdings-of-uk-government-bonds-and-corporate-bonds

Bank of Japan (2001, March 19). *Introduction of quantitative easing policy.* https://www.boj.or.jp/en/mopo/mpmdeci/mpr_2001/mpr0103a.htm

Bank of Japan (2013, April 4). *Introduction of "Quantitative and Qualitative Monetary Easing".* https://www.boj.or.jp/en/announcements/release_2013/ k130404a.pdf

Banque centrale européenne (2007). *La politique monétaire dans la zone euro.*

Banque centrale européenne (2012, July 26). *Speech by Mario Draghi, President of the European Central Bank, at the Global Investment Conference in London.* https://www.ecb.europa.eu/press/key/date/2012/html/sp120726.en.html

Banque centrale européenne (2015, January 22). *ECB announces expanded asset purchase programme (APP).* https://www.ecb.europa.eu/press/pr/date/2015/ html/pr150122_1.en.html

Banque centrale européenne (2016). *The ECB's negative interest rate policy: Expectations and concerns.*

Banque centrale européenne (2018). *ECB explains: How the Asset Purchase Programme works.*

Banque centrale européenne (2020, March 18). *ECB launches pandemic emergency purchase programme (PEPP).* https://www.ecb.europa.eu/press/pr/date/2020/ html/ecb.pr200318_1~3949a6b341.en.html

Banque centrale européenne (2022). *Pandemic Emergency Purchase Programme (PEPP).*

Banque centrale européenne (2024). *Statistiques PSPP/PEPP par pays.* Francfort. Banque centrale européenne (2025). *Statistiques – Bilans consolidés.*

Banque de France (2020, octobre). *Comment est créée la monnaie ?* [Note économique n° 67]. https://blocnotesdeleco.banque-france.fr/billet-de-blog/comment-est-creee-la-monnaie

Banque de France (2024). Les politiques monétaires non conventionnelles. *ABC de l'économie.* https://www.banque-france.fr/fr/publications-et-statistiques/publications/les-politiques-monetaires-non-conventionnelles

Banque de France (2024). *Stat Info – Titres de créance négociables détenus par les non-résidents.*

Banque de France (2024). *Statistiques financières et monétaires.*

Banque des Règlements Internationaux (2006). *International convergence of capital measurement and capital standards: A revised framework – comprehensive version.* Basel Committee on Banking Supervision. https://www.bis.org/publ/ bcbs128.htm

Banque des Règlements Internationaux (2021). *Annual Economic Report*. Bâle.

Banque mondiale (1993). *World debt tables 1993-1994: External finance for developing countries.*

Banque mondiale (2020). *Lebanon Economic Monitor: The Deliberate Depression.*

Banque mondiale (2021). *International debt statistics 2021.*

Banque mondiale (2022). *Debt Service Suspension Initiative: Q&A.*

Banque mondiale (2023). *International Debt Statistics*. Washington.

Banque mondiale (2023). *Rapports annuels BIRD/IDA*. Washington.

Banque mondiale (2023). *Nouvelle classification des pays en fonction de leur revenu pour l'exercice 2024 (1er juillet 2023 30 juin 2024).* https://blogs.worldbank. org/fr/opendata/nouvelle-classification-pays-revenu-2024

Banque mondiale (2024). *Heavily Indebted Poor Countries (HIPC) Initiative*. https:// www.worldbank.org/en/topic/debt/brief/hipc

Banque mondiale (2024). *World Development Indicators*. Washington.

Banque mondiale & OCDE (2024). *Multilateral Development Finance Report*. Paris & Washington.

Beers, D., & Mavalwalla, M. (2023). *A world of debt: Sovereign defaults, borrowing and lending, 1960-2022* [jeu de données]. Bank of Canada & Bank of England. https://www.bankofcanada.ca/research/world-of-debt-dashboard/

Bennett, B.A., & Zimmerman, G. C. (1988). U.S. Banks' Exposure to Developing Countries: An Examination of Recent Trends. *Federal Reserve Bank of San Francisco Economic Review*, 2, 14-29.

Berg, A., & Borensztein, E. (2000). *The pros and cons of full dollarization* (IMF Working Paper No. WP/00/50). International Monetary Fund. https://doi.org/10.5089/9781451846724.001

Bernanke, B.S. (2012, August 31). *Monetary policy since the onset of the crisis.* Federal Reserve Bank of Kansas City Economic Symposium, Jackson Hole.

Bernanke, B.S., & Blinder, A. S. (1988). Credit, money, and aggregate demand. *American Economic Review*, 78(2), 435-439.

Bernanke, B.S., & Reinhart, V.R. (2004). Conducting monetary policy at very low short-term interest rates. *American Economic Review*, 94(2), 85-90.

Bertrand, L., & Zorghely, S. (2021). *Le positionnement de la Chine parmi les bailleurs en Afrique*. Direction générale du Trésor. https://www.tresor.economie.gouv.fr/Articles/6d741555-355a-4b18-94b9-48d2d6e7d0ae/files/d5db3a8d-3b974b44-800c-760921e555c5

Birdsall, N., Claessens, S., & Diwan, I. (2002). Will HIPC matter? The debt game and donor behavior. *The World Bank Economic Review*, 16(3), 409-424.

Birdsall, N., & Humphrey, C. (2002). *The relationship between multilateral development banks and the international financial architecture* (CGD Working Paper 4).

Birdsall, N., & Williamson, J. (2002). *Delivering on debt relief.* Center for Global Development.

Blanchard, O. (1990). *Suggestions for a new set of fiscal indicators* (OECD Economics Department Working Papers No. 79). OECD Publishing. https://doi.org/10.1787/435618118376

Blanchard, O. (2021). *Fiscal Policy under Low Interest Rates*. Peterson Institute for International Economics.

Blanchard, O., Dell'Ariccia, G., & Mauro, P. (2010). *Rethinking Macroeconomic Policy* (IMF Staff Position Note No. 2010/03). International Monetary Fund.

Blanchard, O., & Summers, L.H. (1986). Hysteresis and the European Unemployment Problem. *NBER Macroeconomics Annual*, 1, 15-90.

Blejer, M.I. (2006). *Some Lessons from the Recent Financial Crisis in Argentina* (2001/02). IMF Seminar Paper.

Bloomberg (2024). *Sovereign credit spreads by rating category* [Données issues du terminal Bloomberg, consultation mai 2024].

Bolton, P., Buchheit, L.C., Gulati, M., Panizza, U., & Weder di Mauro, B. (2020). *Sovereign debt standstills: An update* (CEPR Policy Insight 103).

Borensztein, E., & Panizza, U. (2009). The costs of sovereign default. *IMF Staff Papers*, 56(4), 683-741. https://doi.org/10.1057/imfsp.2009.20

Borio, C., Gambacorta, L., & Hofmann, B. (2017). The influence of monetary policy on bank profitability. *International Finance*, 20(1), 48-63. https://doi.org/10.1111/infi.12104

Bota, E., Ruiz-Arranz, M., Toscani, F., & Ture, E. (2016). *The fiscal cost of contingent liabilities: A new dataset* (Working Paper No. WP/16/14). Fonds monétaire international. https://www.imf.org/external/pubs/ft/wp/2016/wp1614.pdf

Bouvier, J. (2015). Comment mesure-t-on la dette publique ? *Regards croisés sur l'économie*, 17, 21-30. https://doi.org/10.3917/rce.017.0021

Braun, B. (2016). From performativity to political economy: Index investing, ETFs and asset manager capitalism. *New Political Economy*, 21(3), 257-273.

Broadberry, S., & Harrison, M. (2005). *The Economics of World War I.* Cambridge University Press.

Broner, F., Martin, A., & Ventura, J. (2010). Sovereign risk and secondary markets. *American Economic Review*, 100(4), 1523-1555. https://doi.org/10.1257/aer.100.4.1523

Bruno, M., & Sachs, J. (1985). *Economics of Worldwide Stagflation.* Harvard University Press.

Béaur, G. (13 août 2011). Le long passé de la dette publique. *Le Monde*. https://www.lemonde.fr/idees/article/2011/08/13/le-long-passe-de-la-dette-publique_1559248_3232.html

Bénassy-Quéré, A., Coeuré, B., Jacquet, P., & Pisani-Ferry, J. (2014). *Économie de la politique économique*. De Boeck (3e édition).

Callaghy, T., & Lancaster, C. (2011). *Beyond sovereign debt crises: Nigeria's 2005 deal in perspective.* Georgetown University.

Calvo, G.A., & Végh, C. A. (1992). *Currency substitution in developing countries: An introduction* (IMF Working Paper No. WP/92/40). International Monetary Fund. https://doi.org/10.5089/9781451973482.001

Cantor, R., & Packer, F. (1995). The credit rating industry. *Federal Reserve Bank of New York Quarterly* Review, 19(2), 1-26.

Cassimon, D., & Van Campenhout, B. (2007). Aid effectiveness, debt relief and public finance response: Evidence from a panel of HIPC countries. *Review of World Economics*, 143(4), 742-767.

Cebotari, A. (2008). *Contingent liabilities: Issues and practice* (IMF Working Paper). Fonds monétaire international. https://www.imf.org/en/Publications/WP/Issues/2016/12/31/Contingent-Liabilities-Issues-and-Practice-22398

Center for European Policy Expertise (2011). *State guarantees in PPPs.* Banque européenne d'investissement. https://www.eib.org/attachments/epec/epec_ state_guarantees_in_ppps_en.pdf

Chen, W., Mrkaic, M., & Nabar, M.S. (2019). *The global economic recovery 10 years after the 2008 financial crisis* (IMF Working Paper No. 19/83). International Monetary Fund. https://doi.org/10.5089/9781498318531.001

Choi, S.J., Gulati, M., & Posner, E. (2012). Political risk and sovereign debt contracts. *Duke Law Journal*, 63, 1-61.

Clements, B., Bhattacharya, R., & Nguyen, T.Q. (2005). *Can debt relief boost growth in poor countries?* IMF Economic Issues 34.

China Africa Research Initiative (2023). *Chinese Loans to Africa Database.*

Club de Paris (2023). *Chiffres clés.* https://clubdeparis.org/fr/communications/ page/chiffres-cles

Club de Paris (2023). *Rapport d'activité : décembre 2023.* Ministère de l'Économie, des Finances et de la Souveraineté industrielle et numérique.

Club de Paris (2025). *Chiffres clés*. https://clubdeparis.org/fr/communications/page/chiffres-cles (consulté le 18 juin 2025).
Coffee, J.C. (2002). Understanding Enron: It's about the gatekeepers, stupid. *Business Lawyer*, 57(4), 1403-1420.
Cohen, D. (2000). The HIPC initiative: True and false promises (CEPR Discussion Paper 3083).
Comin, F. (2019). La gestion hétérodoxe de la dette souveraine espagnole aux XIXe et XXe siècles : un exemple à ne pas suivre. Dans G. Béaur, L. QuennouëlleCorre & Institut de la gestion publique et du développement économique (eds.), *Les crises de la dette publique* (p. 239-262). https://books.openedition.org/igpde
Commission européenne (2012). Traité sur le fonctionnement de l'Union européenne (TFUE). *Journal Officiel de l'Union européenne*, 123.
Commission européenne (2017). *Coping with the international financial crisis at the national level in a European context: Impact and financial sector policy responses 2008-2015* (SWD(2017) 373).
Commission européenne (2024). *Economic Forecast for Greece*. https://economy-finance.ec.europa.eu
Conseil de normalisation des comptes publics (2014). Classement des normes de l'IPSAS Board par le CNOCP - Note de synthèse. https://www.economie.gouv.fr/files/files/directions_services/cnocp/international/2016/Note_de_synthese_IPSAS_janvier_2014.pdf
Conseil de normalisation des comptes publics (26 juin 2024). *Règlement intérieur du Conseil de normalisation des comptes publics*. Ministère de l'Économie et des Finances.
https://www.economie.gouv.fr/files/files/directions_services/cnocp/missions/textes/Reglement_interieur_CNOCP_26_juin_2024.pdf
Cosio-Pascal, E. (2015). *The Paris Club: A retrospective*. UNCTAD.
Council on Foreign Relations (2015, February 19). *The credit rating controversy*. https://www.cfr.org/backgrounder/credit-rating-controversy.
Cour des comptes (2019). *La dette des entités publiques : périmètres et risques*. https://www.ccomptes.fr/fr/publications/la-dette-des-entites-publiques-perimetre-et-risques
Cour des comptes (2023). *Certification des comptes de l'État - Exercice 2022*. https://www.ccomptes.fr/sites/default/files/2023-10/20230413-certification-comptes-État-exercice-2022.pdf
Cruces, J.J., & Trebesch, C. (2013). Sovereign defaults: The price of haircuts. *American Economic Journal: Macroeconomics*, 5(3), 85-117.
Debt Management Office Nigeria (2005). *Nigeria's Debt Relief Deal with the Paris Club*.
De Montgolfier, A. (2017). *Rapport d'information sur les évolutions, les perspectives et la gestion de la dette publique en France* (Sénat, Rapport n° 566). https://www.senat.fr/rap/r16-566/r16-5661.pdf
De Paoli, B., Hoggarth, G., & Saporta, V. (2006). *Costs of sovereign default* (Financial Stability Paper n° 1). Londres: Bank of England.
https://www.bankofengland.co.uk/financial-stability-paper/2006/costs-of-sovereign-default
Dincecco, M. (2009). Fiscal centralization, limited government, and public revenues in Europe, 1650-1913. *The Journal of Economic History*, 69(1), 48-103.

Direction générale du Trésor (s.d.). *Les créanciers des États dans le monde.* https://www.tresor.economie.gouv.fr/Articles/27380123-154a-4651-95e6-61eab988e618/files/dbd1d79a-6051-4e39-ad1f-6361d2ebbcb2

Dockès, P. (2022). Crises et capacité d'endettement public : la révolution financière anglaise aux XVIIe et XVIIIe siècles. *Revue d'économie financière*, 146(2), 67-83. https://doi.org/10.3917/ecofi.146.0067

Draghi, M. (2015, January 22). *Introductory statement to the press conference.* European Central Bank. https://www.ecb.europa.eu/press/pressconf/2015/html/is150122.en.html

Drelichman, M., & Voth, H.-J. (2014). *Lending to the borrower from hell: Debt, taxes, and default in the age of Philip II.* Princeton University Press.

École des hautes études en sciences sociales (s.d.). *Assignats et prix pendant la Révolution française : une correspondance familiale.* https://lettresfamiliales.ehess.fr/w/index.php?title=Assignats_et_prix_pendant_la_R%C3%A9volution_fran%C3%A7aise&oldid=31244

Edwards, S. (1996). *Why are Latin America's savings rates so low?* (Inter-American Development Bank Working Paper n° 354).

Eichengreen, B. (1992). *Golden Fetters: The Gold Standard and the Great Depression, 1919-1939.* Oxford University Press.

Eichengreen, B. (2004). *Capital Flows and Crises.* MIT Press.

Eichengreen, B. (2008). *Globalizing capital: A history of the international monetary system.* Princeton University Press (2nd edition).

Eichengreen, B. (2011). *Exorbitant Privilege: The Rise and Fall of the Dollar and the Future of the International Monetary System.* Oxford University Press.

Eichengreen, B., El-Ganainy, A., Mitchener, K.J., & Esteves, R.P. (2019). *Public debt through the ages* (IMF Working Paper No. WP/19/6). Fonds monétaire international.
https://www.imf.org/en/Publications/WP/Issues/2019/01/15/Public-Debt-Through-the-Ages-46503

Eichengreen, B., & Hausmann, R. (1999). *Exchange rates and financial fragility* (NBER Working Paper No. 7418). National Bureau of Economic Research. https:// doi.org/10.3386/w7418

Eichengreen, B., & Portes, R. (1989). Dealing with debt: The 1930s and the 1980s.
European Economic Review, 33(2-3), 299-306.

Erce, A., Mallucci, E., & Picarelli, M. (2024). *Sovereign defaults at home and abroad* (ESM Working Paper No. 60). European Stability Mechanism.

Escolano, J. (2010). *A practical guide to public debt dynamics, fiscal sustainability, and cyclical adjustment of budgetary aggregates* (IMF Technical Notes and Manuals No. 10/02). International Monetary Fund. https://www.imf.org/external/pubs/ft/tnm/2010/tnm1002.pdf

European Stability Mechanism (2023). *Financial assistance.* https://www.esm.europa.eu/financial-assistance

Eurostat (2023). *Manual on government deficit and debt - Implementation of ESA 2010.*

Farhi, E., & Maggiori, M. (2018). The rise of safe assets. *American Economic Review,* 108(5), 1239-1289. https://doi.org/10.1257/aer.20161627

Faubert, V. (2011, octobre). *Quels enseignements tirer de la première mondialisation (1870-1914) ?* ÉcoTrésor. Ministère de l'Économie. https://www.tresor.econo-

mie.gouv.fr/Articles/27380123-154a-4651-95e6-61eab988e618/files/dbd1d79a6051-4e39-ad1f-6361d2ebbcb2
Federal Deposit Insurance Corporation (1987). *Commercial Banking Performance First Quarter 1987*. Quarterly Banking Profile.
Federal Deposit Insurance Corporation (1997). *History of the Eighties Lessons for the Future* (Chap. 5: The LDC Debt Crisis).
Federal Reserve (2008, November 25). *Federal Reserve initiates QE1 with agency debt and MBS purchases*. https://www.federalreserve.gov/newsevents/pressreleases/monetary20081125b.htm
Federal Reserve (2010, November 3). *Federal Reserve announces QE2 - additional Treasury purchases*. https://www.federalreserve.gov/newsevents/pressreleases/monetary20101103a.htm
Federal Reserve (2012, September 13). *Federal Reserve launches QE3 with open-ended MBS purchases*. https://www.federalreserve.gov/newsevents/pressreleases/monetary20120913a.htm
Federal Reserve (2020, March 23). *Federal Reserve announces unlimited QE in response to COVID-19*. https://www.federalreserve.gov/newsevents/pressreleases/monetary20200323b.htm
Federal Reserve (2022). *Balance sheet developments*. Board of Governors. https://www.federalreserve.gov/monetarypolicy/bst_recenttrends.htm
Federal Reserve Bank of St. Louis (2024). *FRED Economic Data*. St. Louis, MO: Federal Reserve Bank.
Federal Reserve Bank of St. Louis (2025). *FRED Economic Data*. https://fred.stlouisfed.org
Fergusson, A. (1975). *When money dies: The nightmare of the Weimar collapse*. William Kimber.
Ferri, G., Liu, L.-G., & Stiglitz, J. E. (1999). The procyclical role of rating agencies: Evidence from the East Asian crisis. *Economic Notes*, 28(3), 335-355. https://doi.org/10.1111/1468-0300.00016
Fipeco (2018, 6 septembre). *Les administrations publiques de la comptabilité nationale*. https://www.fipeco.fr/fiche/Les-administrations-publiques-de-la-comptabilit%C3%A9-nationale
Fischer, S. (1982). Seigniorage and the case for a national money. *Journal of Political Economy*, 90(2), 295-313. https://doi.org/10.1086/261059
Fitch Ratings (2019, November 26). *Support for supranationals: What is the cost for sovereigns?* https://www.fitchratings.com/research/sovereigns/sup- port-for-supranationals-what-is-cost-for-sovereigns-26-11-2019
Fitch Ratings (2023, April 11). *Supranationals Rating Criteria*. https://www.fitchratings.com/research/sovereigns/supranationals-rating-criteria-11-04-2023
Fitch Ratings (2025). *Sovereign rating criteria* [Mentionné à titre de comparaison dans la typologie des notations]. https://www.fitchratings.com/research/sovereigns/sovereign-rating-criteria-15-09-2025
FMI (2020). *Dollarization in Sub-Saharan Africa: Experiences and lessons*.

FMI (2020). *Public sector debt definitions and reporting in low income developing countries*. https://www.imf.org/en/Publications/PPEA2020005
FMI (2021). *Global Financial Stability Report: Preempting a Legacy of Vulnerabilities*.
FMI (2021). *Public Sector Debt Statistics: Guide for Compilers and Users*. Washington.
FMI (2021). *Quotas and Voting Power*. Washington.
FMI (2021). *Special Drawing Rights Allocation - Fact Sheet*. Washington. FMI (2021, October). *World Economic Outlook Database*.
FMI (2024). *Global Debt Database*. Washington. FMI (2024). *Global Debt Monitor*. Washington.
FMI (2024). *Primary Commodity Price System (PCPS)*. https://www.imf.org/en/Research/commodity-prices
FMI (2024). Public *Finances in Modern History - Real long-term government bond yield (1800-2023)*. https://www.imf.org/external/datamapper/datasets/FPP
FMI (2025). *Currency Composition of Official Foreign Exchange Reserves (COFER), données T4 2024*. https://www.reuters.com/markets/currencies/percent-global-fx-reserves-dollars-ticks-up-amounts-fall-imf-data-shows-2025-03-31
FMI (2025). *Historical Public Debt Database*.
FMI (2025, April). *World Economic Outlook Database*.
Forni, L., Palomba, G., Pereira, J., & Richmond, C. (2016). *Sovereign debt restructuring and growth* (IMF Working Paper WP/16/147). Washington: International Monetary Fund. https://doi.org/10.5089/9781498382236.001
France Assureurs (2024). *Données clés de l'assurance française 2023*. Fédération française de l'Assurance.
Gelpern, A., & Gulati, M. (2006). Public symbol in private contract: A case study.
Washington University Law Review, 84(7), 1627-1715.
Gelpern, A., & Gulati, M. (2013). The wonder-clause. *Journal of Comparative Economics*, 41(2), 367-385.
Gelpern, A., & Guzman, M. (2021). Innovation after the revolution: Sovereign debt restructuring in the 2020s. *Capital Markets Law Journal*, 16(2), 160-184.
Gelpern, A., & Panizza, U. (2022). What is a preferred creditor? *CEPR Policy Insight*, (114).
Gouvernement du Canada (2021). *Aperçu du plan d'intervention économique du Canada pour répondre à la COVID-19*.
Graeber, D. (2013). *Dette : 5000 ans d'histoire*. Actes Sud, coll. « Babel ».
Grenier, J.-Y. (2006). Introduction. Dettes d'État, dette publique. Dans J. Andreau,
G. Béaur, J.-Y. Grenier & C. Pébarthe (eds.), *La dette publique dans l'histoire* (p. 1-19). Institut de la gestion publique et du développement économique. https://doi.org/10.4000/books.igpde.1810
Griffith-Jones, S., & Kraemer, M. (2021). *Credit rating agencies and developing economies* (DESA Working Paper No. 175). New York: United Nations, Department of Economic and Social Affairs.
Hamon, P. (2006). Les dettes du roi de France (fin du Moyen Âge XVIe siècle) : une dette « publique » ? Dans J. Andreau, G. Béaur, J.-Y. Grenier & C. Pébarthe (eds.), *La dette publique dans l'histoire* (p. 85-97). Institut de la gestion publique et du développement économique. https://doi.org/10.4000/books.igpde.1810

Hanke, S.H., & Krus, N. (2012). World hyperinflations. *In* R. Parker & R. Whaples (eds.), *The Routledge handbook of major events in economic history* (p. 392-402). Routledge.
Hardouvelis, G.A., & Vayanos, D. (2023). *The Greek economic crisis and the banks* (GreeSE Paper No. 180). Londres: Hellenic Observatory, London School of Economics and Political Science.
Hausmann, R., & Panizza, U. (2003). On the determinants of original sin: An empirical investigation. *Journal of International Money and Finance*, 22(7), 957-990. https://doi.org/10.1016/j.jimonfin.2003.09.006
Hausmann, R., Panizza, U., & Stein, E. (2001). Why do countries float the way they float? *Journal of Development Economics*, 66(2), 387-414. https://doi.org/10.1016/ S0304-3878(01)00169-8
Hautcoeur, P.-C. (1997). *Le marché boursier et le financement des entreprises françaises 1890-1939*. Publications de la Sorbonne.
Hautcoeur, P.-C. (2008). Marchés financiers et développement économique : une approche historique. *Regards croisés sur l'économie*, 1(3), 159-172.
Heffet, J. (2006). L'âge classique de la dette publique américaine (1789-1916). Dans J. Andreau, G. Béaur, J.-Y. Grenier & C. Pébarthe (eds.), *La dette publique dans l'histoire*. https://doi.org/10.4000/books.igpde.1846
History of Financial Crises (2021, September 29). *The International Banker*. https://internationalbanker.com/history-of-financial-crises/history-of-financial-crises/
Holtfrerich, C.-L. (1986). *The German Inflation 1914-1923: Causes and Effects in International Perspective*. Walter de Gruyter.
Horn, S., Reinhart, C.M., & Trebesch, C. (2020). China's overseas lending. *Journal of International Economics*, 133, 103539. https://doi.org/10.1016/j.jinteco.2021.103539
Horn, S., Reinhart, C. M., & Trebesch, C. (2021). *China's overseas lending and the looming developing-country debt crisis* (Kiel Working Paper 2267).
Horton, M., Belhocine, N., El-Ganainy, A., & Abbas, A. (2011). *Lessons from a century of large public debt reductions and build-ups*. Center for Economic Policy Research.
IMF & IDA (2023). *Heavily Indebted Poor Countries (HIPC) Initiative Statistical Update*.
Institut national de la statistique et des études économiques (INSEE). (s.d.). *Définition - Dette publique*. https://www.insee.fr/fr/metadonnees/definition/c1553
Institute of International Finance (2020). *Principles for stable capital flows and fair debt restructuring*.
Institute of International Finance (2024). *Global Debt Monitor*.
International Monetary Fund & World Bank (2013). *Staff guidance note for public debt sustainability analysis in market-access countries*.
International Monetary Fund (2003). *Public Information Notice: IMF Concludes 2003 Article IV Consultation with Uruguay* (PIN No. 03/91).
International Monetary Fund (2004). *Iraq: 2004 Article IV consultation* (IMF Country Report 04/325).
International Monetary Fund (2005). *Argentina 2005 Article IV Consultation Staff Report* (IMF Country Report No. 05/236).

International Monetary Fund (October 2010). The uses and abuses of sovereign credit ratings (Chapter 3). *Global Financial Stability Report: Sovereigns, funding, and systemic liquidity*. Washington.

International Monetary Fund (2013). *Greece: Ex Post Evaluation of Exceptional Access under the 2010 Stand-By Arrangement* (IMF Country Report No. 13/156).

International Monetary Fund (2013). *Staff guidance note for public debt sustainability analysis in market-access countries.*

International Monetary Fund (2014). *Revised guidelines for public debt management.* https://www.imf.org/en/Publications/Policy-Papers/Issues/2016/12/31/ Revised-Guidelines-for-Public-Debt-Management-PP4855

International Monetary Fund (2015). *The Fund's Lending Framework and Sovereign Debt: Further Considerations*. IMF Policy Paper. https://www.imf.org/en/Publications/Policy-Papers/Issues/2016/12/31/The-Fund-s-LendingFramework-and-Sovereign-Debt-Further-Considerations-PP5019

International Monetary Fund (2015). *Ukraine: Request for extended arrangement under the extended fund facility* (IMF Country Report 15/69).

International Monetary Fund (2017). *Heavily Indebted Poor Countries (HIPC) Initiative and Multilateral Debt Relief Initiative (MDRI): Statistical update.*

International Monetary Fund (2020). *Guidance note on sovereign debt.*

International Monetary Fund (2021). *The international architecture for resolving sovereign debt involving private-sector creditors.*

International Monetary Fund (2022). *Global Financial Stability Report: April 2022—Chapter 2, "The sovereign-bank nexus in emerging markets: A risky embrace".* Washington.

International Monetary Fund (2022). *Ukraine: Request for purchase under the Rapid Financing Instrument* (IMF Country Report 22/74).

International Monetary Fund (2023). *Common framework implementation update.* International Monetary Fund (2023). *HIPC Initiative — Overview.*

International Monetary Fund (2023). *Implementation of the G20 common framework for debt treatment.*

International Monetary Fund (2023). *Review of the IMF's arrears policies and perimeters.*

Irwin, T.C. (2015). *Defining the government's debt and deficit* (IMF Working Paper No. WP/15/4). https://www.imf.org/en/Publications/WP/Issues/2016/12/31/Defining-the-Governments-Debt-and-Deficit-43408

Ito, T., & Hoshi, T. (2022). Revisiting the Japanese Government Bond Market in the Age of Monetary Accommodation. *Asian Economic Policy Review*, 17(1), 1-22.

Ivashina, V., & Scharfstein, D. (2010). Bank lending during the financial crisis of 2008. *Journal of Financial Economics*, 97(3), 319-338.

Jeanne, O. (2000). Currency crises: A perspective on recent theoretical developments (Special Papers in *International Economics*, n° 20).

Jeanneret, P., & Souissi, S. (2016). Currency composition and sovereign default risk. *Journal of International Money and Finance*, 66, 110-130.

Keynes, J.M. (1919). *The Economic Consequences of the Peace*. Macmillan.

Kindleberger, C.P., & Aliber, R.Z. (2005). *Manias, panics and crashes: A history of financial crises*. Palgrave Macmillan (5th edition). https://doi. org/10.1057/9780230628045

Kraay, A., & Nehru, V. (2006). *When is external debt sustainable?* World Bank Policy Research Working Paper 3200.

Krippner, L. (2015). *Zero lower bound term structure modeling: A practitioner's guide*. Palgrave Macmillan.

Krugman, P. (1998). It's baaack: Japan's slump and the return of the liquidity trap. *Brookings Papers on Economic Activity*, (2), 137-205.

Lequiller, F. (2018). *La dette publique est-elle sous-estimée à cause des retraites ?* Variance. https://variances.eu/?

Lequiller, F., & Blades, D. (2014). *Understanding national accounts*. OCDE. https://www.oecd-ilibrary.org/economics/understanding-national-accounts_9789264214637-en

Les partenariats public-privé dans l'UE : de multiples insuffisances et des avantages limités (2018). Rapport spécial, Cour des comptes européenne. https://www.eca.europa.eu/Lists/ECADocuments/SR18_09/SR_PPP_FR.pdf

Lindert, P.H. (2004). *Growing public: Social spending and economic growth since the eighteenth century. Volume 1: The story*. Cambridge University Press.

Loayza, N., Schmidt-Hebbel, K., & Servén, L. (2000). What drives private saving across the world? *The Review of Economics and Statistics*, 82(2), 165-181. https://doi.org/10.1162/rest.2000.82.2.165

Maddison, A. (2001). *The world economy: A millennial perspective*. Organisation for Economic Co-operation and Development (OECD).

Ministère de l'Économie et des Finances (s.d.). *La dette publique*. https://www.economie.gouv.fr/facileco/comptes-publics/dette-publique

Ministère de l'Économie et des Finances (2024). *Projet de loi de finances pour 2025*. https://www.budget.gouv.fr

Ministère de l'Économie, des Finances et de la Souveraineté industrielle et numérique (2023). *Compte général de l'État - 2022*. https://www.budget.gouv.fr/reperes/comptes_État/articles/comptes-de-lÉtat-2022

Ministère de l'Économie, des Finances et de la Souveraineté industrielle et numérique (2024). *Comptes généraux de l'État 2023 (CGE 2023)*. https://www.budget.gouv.fr/documentation/comptes-letat/comptes-letat-2023

Monnet, E., & Pagliari, S. (2019). The many lives of central bank independence. European *Review of Economic History*, 23(4), 803-834.

Moody's Investors Service (2023). *Annual default study: Corporate default and recovery rates* [Document interne mentionné dans le cadre général des études sur le risque de défaut].

Moody's Investors Service (2023). *Rating symbols and definitions*.

Morris, S., & Sandefur, J. (2020). *The new multilateral development banks and the future of preferred-creditor status* (CGD Note).

Murphy, A. (2006). John Law et la gestion de la dette publique. Dans Institut de la gestion publique et du développement économique, *La dette publique dans l'histoire* (p. 269-296). https://doi.org/10.4000/books.igpde.1837

Neal, L. (1990). *The rise of financial capitalism: International capital markets in the Age of Reason*. Cambridge University Press.

Organisation de coopération et de développement économiques (2012). *La gouvernance publique des partenariats public-privé*. https://www.oecd.org/fr/gov/budgetisation/PPPRecommandation.pdf

Organisation de coopération et de développement économiques (2021). Solde budgétaire des administrations publiques. *Panorama des administrations publiques 2021*. https://doi.org/10.1787/9556b25a-fr

Organisation de coopération et de développement économiques (2024). *Indicateurs des prix des logements*. https://data.oecd.org/fr/price/ housing-prices.htm

Paget-Blanc, E., Louis, A., Ruziev, K., Bernárdez, E., & Perry, N. (2019). *Support for supranationals: What is the cost for sovereigns?* (Working Paper). HAL.

Panizza, U., Sturzenegger, F., & Zettelmeyer, J. (2009). The economics and law of sovereign debt and default. *Journal of Economic Literature*, 47(3), 651-698. https://doi.org/10.1257/jel.47.3.651

Parlement européen & Conseil de l'Union européenne (2009). Règlement (CE) n° 1060/2009 sur les agences de notation de crédit (CRA1). *Journal officiel de l'Union européenne.*

Parlement européen & Conseil de l'Union européenne (2011). Règlement (UE) n° 513/2011 modifiant le règlement CRA1 (CRA2).

Parlement européen & Conseil de l'Union européenne (2013). Règlement (UE) n° 462/2013 modifiant le règlement CRA1 (CRA3).

Partnoy, F. (1999). The Siskel and Ebert of financial markets: Two thumbs down for the credit rating agencies. *Washington University Law Quarterly*, 77(3), 619-712.

Partnoy, F. (2002). The paradox of credit ratings. *In* R.M. Levich, G. Majnoni, & C.M. Reinhart (eds.), *Ratings, rating agencies and the global financial system* (p. 65-84). Kluwer Academic Publishers.

Queyranne, M. (2014, 10 mai). *Gestion des risques budgétaires liés aux partenariats public-privé*. Conférence FAD, Yaoundé. https://www.imf.org/external/np/seminars/eng/2014/CMR/fra/pdf/Queyranne_FRE.pdf

Raffalovich, A. (1902, January). The public debt of Russia. *The North American Review*, 174(542), 73-83. https://www.jstor.org/stable/25105280

Reinhart, C.M., & Rogoff, K.S. (2009). *This Time is Different: Eight Centuries of Financial Folly*. Princeton University Press.

Reinhart, C., & Rogoff, K. (2011). The forgotten history of domestic debt. *Economic Policy*, 26(66), 467-517.

Reinhart, C.M., Reinhart, V.R., & Rogoff, K.S. (2012). Public debt overhangs: Advanced economy episodes since 1800. *Journal of Economic Perspectives*, 26(3), 69-86.

Reinhart, C.M., & Rogoff, K.S. (2022). *Debt, Defaults, and Inflation: Historical Perspectives*. NBER Working Paper No. 30331. https://doi.org/10.3386/w30331

Reinhart, C.M., Rogoff, K.S., & Savastano, M.A. (2003). Debt Intolerance. *Brookings Papers on Economic Activity*, 34(1), 1-74.

Reinhart, C.M., Rogoff, K.S., & Savastano, M.A. (2003). *Addicted to Dollars*. NBER Working Paper No. 10015. https://doi.org/10.3386/w10015

Reinhart, C.M., & Sbrancia, M.B. (2011). *The Liquidation of Government Debt*. NBER Working Paper No. 16893. https://doi.org/10.3386/w16893

Reinhart, C.M., & Sbrancia, M.B. (2015). The Liquidation of Government Debt. *Economic Policy*, 30(82), 291-333.

Rieffel, L. (2003). *Restructuring sovereign debt: The case for ad hoc machinery*. Brookings Institution Press.

Rodrigues, C. (2024, 9 février). *Comprendre les crises financières. Éléments de retour sur les crises de 1929 et de 2008. Ressources en sciences économiques et sociales*

- *ENS de Lyon.* https://ses.ens-lyon.fr/articles/comprendre-les-crisesfinancieres-elements-de-retour-sur-les-crises-de-1929-et-de-2008
Rogoff, K. (2011). Costs and benefits to phasing out paper currency. *In* J.A. Parker & M. Woodford (eds.), *NBER Macroeconomics Annual 2014* (vol. 29, p. 445-456). University of Chicago Press. https://www.nber.org/chapters/c13483
Rowe, J.L. (1983, December 29). Mexico, Lenders Agree on $3.8 Billion '84 Loan. *The Washington Post.*
S&P Global Ratings Credit Research & Insights, & S&P Global Market Intelligence's CreditPro®. (2025). *Sovereign foreign and local currency default and transition data (1975-2024)* [Extraits et graphiques utilisés avec autorisation].
Sachs, J. (1990). A strategy for efficient debt reduction. *Journal of Economic Perspectives*, 4(1), 19-29. https://doi.org/10.1257/jep.4.1.19
Sbrancia, B., & Reinhart, C.M. (2015). The liquidation of government debt. *Economic Policy*, 30(82), 291-333.
Schneider, M., & Tornell, A. (2004). Balance sheet effects, bailout guarantees and financial crises. *Review of Economic Studies*, 71(3), 883-913. https://doi.org/10.1111/0034-6527.00307
Servière, S.F. (2014). *CJUE : le statut juridique des EPIC dans le collimateur.* Fondation IFRAP. https://www.ifrap.org/État-et-collectivites/cjue-le-statut-juridique-des-epic-dans-le-collimateur
SIFMA (2024). *Capital Markets Fact Book.* New York: Securities Industry and Financial Markets Association.
Sims, J., & Romero, J. (n.d.). *Latin American Debt Crisis of the 1980s.* Federal Reserve History.
Sommer, M. (2016). *The principle of comparability of treatment and the Paris Club* (IMF Working Paper 16/82).
Spoerer, M. (2019). La dette publique allemande après la Première Guerre mondiale : origines et politique de gestion. Dans G. Béaur, L. Quennouëlle-Corre & Institut de la gestion publique et du développement économique (eds.), *Les crises de la dette publique - XVIIIe-XXIe siècle* (p. 185-209). https://doi.org/10.4000/ books.igpde.6056
Standard & Poor's (2024). *Sovereign rating methodology.*
Standard & Poor's (2025). *Annual global sovereign default and rating transition study.* S&P Global Ratings. https://www.spglobal.com/ratings/en/research/articles/240313-annual-global-sovereign-default-and-rating-transition-stu dy-2025-13007582
Stiglitz, J.E. (2010). *Freefall: America, free markets, and the sinking of the world economy.* New York: W. W. Norton & Company.
Story, L., Landon Jr., T., & Schwartz, N.D. (2010, February 13). Wall St. helped to mask debt fueling Europe's crisis. *The New York Times.* https://archive.nytimes.com/dealbook.nytimes.com/2010/02/15/wall-st-helped-to-mask-debt-fuelingeuropes-crisis/
Streeck, W. (2014). *Buying Time: The Delayed Crisis of Democratic Capitalism.* Verso Books.
Sturzenegger, F., & Zettelmeyer, J. (2005). *Haircuts: Estimating Investor Losses in Sovereign Debt Restructurings, 1998-2005* (IMF Working Paper 05/137).
Sturzenegger, F., & Zettelmeyer, J. (2007). *Debt defaults and lessons from a decade of crises.* MIT Press.

Sylla, R. (2002). An historical primer on the business of credit rating. *In* R.M. Levich, G. Majnoni, & C.M. Reinhart (eds.), *Ratings, rating agencies and the global financial system* (p. 19-40). Kluwer Academic Publishers.

Temin, P. (1989). *Lessons from the Great Depression*. MIT Press.

Tennant, D.F., Tracey, M.R., & King, D.W. (2020). Sovereign credit rating: Evidence of bias against poor countries. *The North American Journal of Economics and Finance*, 51, 101055.

The Washington Post (1987, February 21). *Brazil Halts Payments on Debt.*

Tooze, A. (2018). *Crashed : Comment une décennie de crise financière a changé le monde* (trad. fr.). Les Belles Lettres.

Tooze, A. (2021). *Shutdown: How Covid Shook the World's Economy*. Viking.

Trebesch, C., & Zettelmeyer, J. (2018). ECB interventions in distressed sovereign debt markets: The case of Greek bonds. *IMF Economic Review*, 66(2), 287-332.

U.S. Congress (2006). *Credit Rating Agency Reform Act of 2006*, Pub. L. No. 109291, 15 U.S.C. § 78o-7.

U.S. Congress (2010). *Dodd-Frank Wall Street Reform and Consumer Protection Act*, Pub. L. No. 111-203.

U.S. Senate (2003). *Credit rating agencies and the financial markets: Hearing before the Committee on Governmental Affairs*, United States Senate, 108th Congress.

Ugolini, S. (2017). *The Evolution of Central Banking: Theory and History*. Palgrave Macmillan.

UK Public Spending (s.d.). *UK national debt analysis*.
https://www.ukpublicspending.co.uk/uk_national_debt_analysis

Vasquez, K., Alex-Okoh, K., Ashcroft, A., Gullo, A., Kroytor, O., Liu, Y., ... Snipeliski,

R. (2024). *The legal foundations of public debt transparency: Aligning the law with good practices* (IMF Working Paper).

Velde, F. (2022). La dette publique en France au XIXe siècle. *Revue d'économie financière*, 146(2), 85-100. https://doi.org/10.3917/ecofi.146.0085

Waibel, M. (2011). *Sovereign defaults before international courts and tribunals*. Cambridge University Press.

Walsh, C.E. (2017). *Monetary theory and policy*. MIT Press (4th edition).

White, E.N. (2001). Making the French pay: The cost and consequences of the Napoleonic reparations. *European Review of Economic History*, 5, 337-365. https://www.jstor.org/stable/41377902

White, L.J. (2010). Markets: The credit rating agencies. *Journal of Economic Perspectives*, 24(2), 211-226.

Woodford, M. (2012). *Methods of policy accommodation at the interest-rate lower bound*. Federal Reserve Bank of Kansas City Economic Symposium. https://www.kansascityfed.org/publications/research/escp/symposiums/escp-2012/

Wyplosz, C. (2013). *Europe's quest for fiscal discipline* (European Economy - Economic Papers No. 498). https://ec.europa.eu/economy_finance/publications/economic_paper/2013/pdf/ecp498_en.pdf

Revue « Marché et Organisations »

Promouvoir la recherche originale sur les relations de plus en plus étroites entre le marché et les organisations. Les acteurs économiques de taille, de puissance et de pouvoir différents dont les intérêts peuvent être convergents, complémentaires ou, le plus souvent, antagoniques, ont tendance à organiser les marchés. La raison du marché, pourtant, est la référence stratégique pour l'entreprise ainsi que pour les institutions publiques de décision économique.

N°6 : Entrepreneuriat et accompagnement. Outils, actions et paradigmes nouveaux, 2008
N°7 : Développement durable des territoires. Economie sociale, environnement et innovations, 2008
N°8 : Développement durable et responsabilité sociale des acteurs, 2009
N°9 : Gouvernance : exercices de pouvoir, 2009
N°10 : Le travail collaboratif. Une innovation générique, 2009
N°11 : Economie sociale et solidaire. Nouvelles trajectoires d'innovations, 2010
N°12 : Relations à la marque et marques de la relation. Regards croisés sur le management relationnel de la marque, 2010
N°13 : Les contrats au service de la recherche ?, 2011
N°14 : Le potentiel économique de l'Afrique subsaharienne, 2011
N°15 : Management de la distribution, 2012
N°16 : Territoire Vert. Entreprises, Institutions, Innovations, 2012
N°17 : Eco-conception, conception et innovation. Les nouveaux défis de l'entreprise, 2013
N°18 : Intelligence économique : entreprises et territoires, 2013
N°19 : La finance globale. Un monde fini, 2013
N°20 : La crise du « développement », 2014
N°21 : La Chine innove. Politiques publiques et stratégies d'entreprise, 2014
N°22 : Go East! Nouvelles Economies de Marché, 2015
N°23 : L'économie du changement, 2015
N°24 : Le temps des artisans. Permanences et mutations, 2015
N°25 : Innovations de proximité et esprit d'entreprise, 2016
N°26 : L'avenir des économies du Maghreb : entre inertie structurelle et envie de rupture, 2016/3 (n° 27)
N°27 : Le sport aux frontières du marché du travail, 2016
N°28 : Dynamiques internationales des entreprises, 2017
N°29 : L'univers du risque, 2017
N°30 : Les petites entreprises dans l'histoire industrielle, 2017
N°31 : Economie sociale et *social business* ? Au défi d'entreprendre et se financer, 2018
N°32 : Éducation et fertilisation des économies africaines, 2018
N°33 : L'entrepreneuriat innovant dans les pays du Maghreb, 2018
N°34 : L'entrepreneuriat scientifique : institutions et innovation, 2019
N°35 : Le champ économique de la culture, 2019
N°36 : Economie sociale et solidaire ? Modèles d'innovation et modes de gouvernance, 2019
N°37 : Rethinking Luxury Business, 2020
N°38 : La santé connectée. Nouvelles technologies et réorganisation des soins, 2020
N°39 : Options stratégiques et systèmes complexes d'innovation, 2020
N°40 : Les services : intégration des systèmes productifs et lien social, 2021
N°41 : Crise pandémique, crise globale. Réalité et controverses théoriques, 2021
N°42 : La crise de la covid-19. Le marché et les organisations en perspective, 2021
N°43 : (Re)faire système. *Bug & reset*, 2022
N°44 : Aléas du marché et management du risque, 2022
N°45 : Le renouveau du transport et de la logistique : les systèmes d'information, 2022
N°46 : Entrepreneuriat et innovation dans l'enseignement supérieur, 2023
N°47 : Le tourisme créatif. Culture, créativité, patrimoine, management, 2023
N°48 : L'Afrique : questions de performances, 2023
N°49 : *Fintech* en sciences du management, 2024

https://www.cairn.info/revue-marche-et-organisations.htm

Collection « L'esprit économique »
fondée par Sophie Boutillier et Dimitri Uzunidis en 1996

Dernières parutions

► ***Série Economie et Innovation***
G. DUTHIL, *Handicap et insertion professionnelle*, 2022.
T. MICHAUD, *La science-fiction institutionnelle*, 2023.
M. TOMAS, *Gouvernance territoriale et développement économique au Maroc : l'opportunité d'une étude économétrique*, 2025.
► ***Série Le Monde en Question***
R. A. OBAM NLONG, *Du franc CFA à l'Afrix : la nécessaire refonte du Fonds Monétaire Africain*, 2024.
A. N. BASAHAG, *La réforme budgétaire dans les États de la Communauté économique et monétaire d'Afrique centrale (CEMAC)*, 2025.
A. OUCHEN, *Analyse des crises financières de grande ampleur : étude économétrique de contagion*, 2025.
O. S. AWAL, *Dette publique et développement au Cameroun : outils, stratégies et souveraineté économique*, 2025.
M.-C. DJIENA WEMBOU, E. B. AKONO, *Réformes économiques et financières en Afrique centrale : bilan et perspectives*, 2025.
E. FAKABA SISSOKO, *L'État, le marché et la fragilité : dynamiques croisées de l'investissement public et privé dans l'Alliance des États du Sahel (AES)*, 2025.
Ch. PROVIDENCE, *Développement durable dans la Caraïbe francophone : économie, culture et politique sociales face aux enjeux territoriaux*, 2025.
J. O. IGUE, *L'économie du Bénin : de l'indépendance à l'ère de la rupture : 1960-2026*, 2026.
► ***Série Krisis***
B. LANDAIS, *Théorie générale de la croissance économique et du développement*, 2024.
V. SOYER, *Critique de la théorie contemporaine de la valeur*, 2024.
E. CARREY, H. LANDIER, *De l'économie financière à l'économie du sens et du soin*, 2025.
J.-E. BRUNIE, *Faire le choixce : Une monnaie universelle pour réparer le capitalisme et protéger le vivant*, 2026.
► ***Série Clichés***
B. S. BONBON, *Géométrie parabolique tridimensionnelle ou perspective parabolique*, 2023.
S. BOUTILLIER, B. LAPERCHE, S. T. K. LE, *Ports industriels en transition : De l'économie circulaire à la décarbonation*, 2024.
B. HAGIARIAN, *En route vers le capitalisme.* Suivi de *Qu'est-ce qu'un supermarché ?*, 2025.
► ***Série Cours Principaux***
B. LANDAIS, *Macroéconomie. Les fondamentaux*, 2024.
A. KATFI, O. EL MNOUER (dir.), *Mathématiques financières. Cours d'initiation et exercices corrigés*, 2024.
J. NGONGO NGOY, *Manuel d'analyse financière*, 2024.
H. GUENICHI, *Analyse avancée de données de panel : aperçu du cadre théorique et applications avec Stata et R*, 2025.
Y. KEHO, F. B. DOUCOURE, *Économétrie des données de panel : rappels de cours et applications avec Stata*, 2025.
Z. T. M. VAHI, *Modélisation du risque de crédit bancaire/ Les enjeux de la norme IFRS 9*, 2025.
M. Y. EL ALAOUI ISMAILI, J. AYEGOU, B. GBAOUI, *Méthodologie de recherche en sciences économiques : réussir sa thèse et son mémoire de fin d'études*, 2026.
► ***Série L'économie formelle***
J.-L. VILLOUTREIX, *L'eau coule à Aguad : un conte économique*, 2024.
B. MEUNIER, *L'insoutenable dette publique de la France*, 2024.
J. LATREILLE, *Le PIB, ou la mesure de notre démesure*, 2024.
C. MEIDINGER, *Controverses macroéconomiques contemporaines*, 2024.
J.-M. RUFFIE, *La loi de l'offre et du besoin : décrocher de la demande*, 2025.
J.-N. COTTIER, *Les financières de l'immobilier locatif : SCPI, OPCI (SPPICAV et FPI) et SIIC*, 2025.
O. S. AWAL, *Fiscalité, financement structuré et le rôle du leveraged buyout : théories financières, nouvelles approches de valorisation et application aux économies émergentes*, 2026.

Structures éditoriales du groupe L'Harmattan

L'Harmattan Italie
Via degli Artisti, 15
10124 Torino
harmattan.italia@gmail.com

L'Harmattan Hongrie
Kossuth l. u. 14-16.
1053 Budapest
harmattan@harmattan.hu

L'Harmattan Sénégal
10 VDN SICAP AMITIE 3
BP 45034 Dakar-Fann
direction@senharmattan.com

L'Harmattan Cameroun
Tsinga/Derrière polyclinique FECAFOOT
BP 11486 Yaoundé
Jacques.koukam@harmattan.fr

L'Harmattan Burkina Faso
Villa 281, secteur 23 623, rue 14.32
Ouagadougou
zagbie@outlook.fr

L'Harmattan Guinée
Almamya, rue KA 028 OKB Agency
BP 3470 Conakry
harmattanguinee@yahoo.fr

L'Harmattan RDC
185, avenue Nyangwe
Commune de Lingwala – Kinshasa
matangilamusadila@yahoo.fr

L'Harmattan Congo
219, avenue Nelson Mandela
BP 2874 Brazzaville
deunovmikhael@gmail.com

L'Harmattan Mali
Immeuble Mgr Jean Marie Cissé
Aci Hamadallaye
BP 145 Bamako
syllaka@yahoo.fr

L'Harmattan Togo
Djidjole – Maison Amela
face EPP BATOME
02 BP 20680 Lomé
didieramela11@gmail.com

L'Harmattan Côte d'Ivoire
Résidence Karl – Cité des Arts
Abidjan-Cocody
03 BP 1588 Abidjan
harmattan.ivoire@gmail.com

L'Harmattan Bénin
Rue 604, (Immeuble à l'entrée
de la rue UCAO- Cite de Saint-Jean)
Cotonou
stepcorpus@gmail.com

Nos librairies en France

Librairie internationale
16, rue des Écoles
75005 Paris
librairie.internationale@harmattan.fr
01 40 46 79 11
www.librairieharmattan.com

Librairie des savoirs
21, rue des Écoles
75005 Paris
librairie.sh@harmattan.fr
01 46 34 13 71
www.librairieharmattansh.com

www.ingramcontent.com/pod-product-compliance
Lightning Source LLC
LaVergne TN
LVHW011256061026
849535LV00005B/1279

* 9 7 8 2 3 3 6 5 9 3 4 9 4 *